CLÁUDIA BARROS

RECICLE SUA LIDERANÇA

Presidente do conselho:
Maurício Sita

Presidente:
Alessandra Ksenhuck

Vice-presidentes:
Cláudia Pires e Julyana Rosa

Diretora de projetos:
Gleide Santos

Capa e Projeto gráfico:
Gabriel Uchima

Diagramação:
Candido Ferreira Jr.

Revisão:
Rodrigo Rainho, Graciela Botella e Letícia Pataquine

Dados Internacionais de Catalogação na Publicação (CIP)
(Câmara Brasileira do Livro, SP, Brasil)

Barros, Cláudia
Recicle sua liderança / Cláudia Barros. -- 1. ed. -- São Paulo : Literare Books International, 2025.

ISBN 978-65-5922-958-1

1. Desenvolvimento sustentável - Aspectos ambientais 2. Gerenciamento de pessoas 3. Liderança 4. Responsabilidade social das empresas I. Título.

24-228229 CDD-658.4092

Índices para catálogo sistemático:

1. Liderança : Administração de empresas 658.4092

Aline Graziele Benitez - Bibliotecária - CRB-1/3129

Literare Books International.
Alameda dos Guatás, 102 – Saúde– São Paulo, SP.
CEP 04053-040
Fone: +55 (0**11) 2659-0968
site: www.literarebooks.com.br
e-mail: literare@literarebooks.com.br

FSC www.fsc.org MISTO
Papel | Apoiando o manejo florestal responsável
FSC® C196274

CLÁUDIA BARROS

RECICLE SUA LIDERANÇA

Agradecimento

Agradeço primeiramente a Deus por me presentear com o dom de transformar ideias em livros que impactem a sociedade, gerando conscientizações e transformações. Agradeço meus pais, que, com muito carinho, me apoiam constantemente.

Agradeço meu amado esposo Carlos Eduardo Barros, pelo apoio incondicional.

Agradeço meus familiares, que sempre me incentivam e me apoiam constantemente.

Agradeço a todos(as) os(as) amigos(as), profissionais e conhecidos(as), que torceram por mim em toda a minha jornada profissional.

Agradeço a todos(as) os(as) liderados(as) que passaram por minha liderança, que me fizeram lapidar a mim mesma e perceber cada vez mais a importância de exercer uma liderança de verdade, Eco-LÓGICA.

Agradeço imensamente à Andreia Carvalho, CEO da empresa Papel Semente, que acreditou nesta obra e escreveu um capítulo sobre essa empresa incrível que transforma papéis em plantas e está como parceira deste livro, com esses marcadores que viram plantas. De fato, é uma parceria literalmente Eco-LÓGICA. Gratidão!

Agradeço a todos(as) que me concederam entrevistas para esta obra: o empresário Diogo Souza Gomes, CEO da Imobiliária Souza Gomes; à arquiteta em Design Biofílico, Lívea Rocha, de São Paulo; À empresa Sustentech, que oferece soluções de sustentabilidade e estratégias ESG (sigla para Environmental, Social and Governance, que em português significa Governança ambiental, social e corporativa) voltadas para ativos imobiliários, edificações, empreendimentos, comunidades e cidades; à Daniela Garcia, diretora de operações do movimento Capitalismo Consciente Brasil; e à @regenecossistemas, representada por Luiz Klöppel e Alexandre Sathler, que me concederam a grande oportunidade de parceria para uma causa muito nobre e extremamente Eco-LÓGICA.

Dedicatória

Dedico este livro a todos os líderes do mundo, que estão cada vez mais dispostos a reciclar suas lideranças e, portanto, desejam sinceramente deixar um legado à humanidade, fazendo a diferença na vida das pessoas e no planeta.

Sumário

Prefácio

Aos olhos de Wanessa Dose Bittar

Vida & Cultura
Contexto dinâmico para a mudança ambiental

Bem-vindo(a) criador(a) de cultura(s).

Primeiramente quero agradecer ao feliz convite em poder contribuir com a minha reflexão para este livro. Assunto importantíssimo para o tempo de transição que vivemos, e eu acredito no poder da liderança que transforma por suas virtudes e atos. Costumo dizer que se queremos mudar alguma coisa no mundo, que seja começando por nós mesmos. Uma conquista pessoal que pode ser: a busca por melhores escolhas como o "tempo de qualidade", "conhecimento profundo" e o "foco" são importantes aliados do viver melhor todos os dias. Essa perspectiva reflete em nosso trabalho e na relação que estabelecemos com as pessoas ao nosso redor. Podemos ser fonte de inspiração e respeito para conquistar a mudança externa que almejamos para diferentes ambientes e ecossistemas humanos.

Graças ao que chamamos de **VIDA**, que significa mudanças constantes, movimento, interação, multiplicação, mutação, desenvolvimento, ciclos etc... pode-se acreditar que é possível transformar, evoluir pensamentos, transcender em diferentes dimensões para melhorar ambientes físicos e relacionais. O tempo todo estamos em relações que nos transformam e fazem pensar como estamos compreendendo a realidade para melhorá-la. Nesse sentido, o ambiente exerce influências dinâmicas para as nossas mudanças culturais. Estas que criamos a partir da interação com a realidade e também as transformamos conforme ampliamos conhecimentos e experiências em nossa vida individual e coletiva. Algumas características se perdem e outras aparecem nas diferentes sociedades por circunstâncias que desafiam a vida transformando a consciência em prol da evolução.

Um exemplo que gosto de citar é o da "Cultura Permanente" ou "Permacultura" que é uma expressão criada por Bill Mollison e David Holmgren na década de 70, originada no campo de conhecimento da agricultura e hoje transcende para diferentes áreas científicas como uma ciência socioambiental que se dedica a três éticas: o cuidado com a "Terra", as "Pessoas" e o "Futuro" (desenvolvimento, consumo e partilha justa). Nesse sentido, visa contribuir para o entendimento da ecologia, padrões naturais, uso de energia, manuseio de recursos na paisagem, planejamento e até elaboração de ambientes humanos que podem se tornar mais produtivos e harmoniosos com a natureza, conforme conhecimentos do design biofílico, que também é apresentado neste livro como importante recurso para o ambiente de trabalho.

Interessante destacar o cuidado que a autora **Cláudia Barros** teve ao organizar esta obra sobre Liderança Eco-**LÓGICA** ao relacionar o ciclo de vida de uma árvore de pêssego com os cuidados que devemos ter com as pessoas nas diferentes organizações para que seja possível ter um futuro melhor para todos em relações e prosperidades. E ainda, ao final, ela deixa como conselho os ensinamentos do que é possível extrair ao observar o ciclo de vida de uma árvore (esse eu deixo para você elaborar suas conclusões na "degustação" desta leitura).

RECICLE sua Liderança por meio da Liderança traz ao leitor a importância de uma transição de consciência para melhor relacionar com uma realidade que se apresenta ambientalmente desequilibrada em diversos aspectos, que acelera a perda de biodiversidade, o processo de mudanças climáticas, afeta as atividades econômicas, de infraestruturas, e gera pandemias, como o caso da COVID-19. O fato é que a nossa realidade precisa urgente de atualizações em processos, recursos, leis e cuidados diversos para todas as espécies, incluindo a nossa, já que somos criadores das condições de futuro.

O avanço da tecnologia permitiu o aumento do conhecimento humano com relação à degradação ambiental e a total dependência da saúde e bem-estar nesta relação com os serviços da biosfera. Imagine a escassez de alimentos e de água, o descontrole climático... Os desastres nunca são naturais, pois temos responsabilidade em nossas escolhas, que afetam a capacidade de existência de vida no planeta. E nesse processo de responsabilidade, retorno atenção aos hábitos culturais, as condições econômicas das variadas classes sociais, a falta de planejamento urbano e de sistemas de trabalho. Todos esses fatores contribuem para a ressignificação ambiental, de modo a gerar ou não mais vidas.

Atualmente, uma pauta fervorosa no mundo do trabalho é a nossa percepção de que os problemas estão cada vez mais complexos de serem resolvidos por estarem relacionados. Exemplo disso é quando se trata de questões econômicas, sociais e ambientais de uma organização que está ligada a um território que pode ou não estar incentivando a pauta ambiental por meio de políticas públicas. Muitas vezes, o papel do empreendedor ou do líder do projeto é articular um movimento para que seja estabelecido um ambiente propício para tal realização. Ou seja, a sustentabilidade ou o próprio ESG, que tem relação com as questões ambientais e sociais de governança, só funcionam atrelados a comunidades internas e externas.

A questão econômica é fator importante para mudança de hábitos, criação de sistemas e suas regulações. Esse é o desafio do líder deste tempo!

Então...

Como promover grupos de pessoas engajadas nas questões complexas do trabalho? Como tornar os liderados agentes de transformação nas suas atividades profissionais? Como promover a saúde e o bem-estar no sistema de trabalho e gerar valor coerente para a sociedade? Algumas questões como estas são reflexões apontadas na obra da escritora Cláudia Barros. Vale conferir!

Destaco a importância para a busca de conhecimento no campo da Liderança Eco-**LÓGICA**, que traz com ela os desafios do tratamento da diversidade e questões intergeracionais na comunidade de trabalho para promover bem-estar e produtividade com propósito.

De acordo com a autora, o fator humano é o principal responsável no processo de liderar. E nesse contexto, a prática da escuta ativa, o conhecimento das personalidades e também dos diferentes tipos de lideranças, motivações e até da inteligência emocional são oportunidades para o desenvolvimento de um grande Líder Eco-**LÓGICO**.

O poder de criar nova cultura, que respeite a dinâmica da vida para a mudança ambiental depende do desenvolvimento de *Soft Skills* como: a comunicação interpessoal, a persuasão, a proatividade, habilidade analítica, resolução de problemas, liderança, assertividade, compromisso social, adaptação a mudanças e, principalmente, a confiabilidade. São qualidades que transcendem a mera aquisição de conhecimentos sobre determinada ciência (*Hard Skills*) e toca diretamente na ética e na moral do indivíduo.

Será que conseguimos desenvolver a consciência de que o trabalho é uma plataforma para o desenvolvimento humano? E que a dignidade do tempo de trabalho está na capacidade do indivíduo aprimorar as suas transformações na perspectiva individual e coletiva?

O bom é saber que nada é para sempre!!

Eu convido você para a "degustação" desta importante leitura!

Wanessa Dose Bittar
Mestra em Artes, Urbanidades e Sustentabilidade pela UFSJ
Diretora do Studio Dialeto
www.studiodialeto.com.br

Introdução

Liderar é o desejo apaixonado de fazer a diferença. Essa é a LÓGICA!

Diante dessa lógica, decidi escrever este livro para reforçar a importância de sermos líderes que tenham a real consciência do impacto que exercem na vida do outro e do planeta.

Por meio deste livro, quero influenciar demais líderes do mundo a também decidirem, a cada dia, fazer a diferença na vida das pessoas e do planeta por reciclarem suas lideranças, por meio da Liderança Eco-LÓGICA.

O impacto que uma liderança exerce sobre a vida do outro e do planeta é surreal. Ter consciência da importância de exercermos uma Liderança Eco-LÓGICA é de suma importância. A Liderança Eco-LÓGICA se trata de uma liderança consciente, que ecoa marcas positivas nas pessoas e no planeta, gerando valor para a sociedade e o meio ambiente. Além disso, quero que cada leitor, independentemente se exercer um cargo de liderança ou não, compreenda que em sua autoliderança, como ser humano consciente, pode sim ser Eco-LÓGICO; tanto nas ações para com o próximo no dia a dia, bem como nas ações para com o meio ambiente. O que você tem feito verdadeiramente para contribuir positivamente com o crescimento do outro e para cuidar do planeta? Se, a cada dia, cada um de nós fizer o nosso melhor, certamente faremos MUITO em um longo período.

"Hoje melhor do que ontem e amanhã melhor do que hoje."

Essa é a LÓGICA! *(Filosofia Kaizen)*

Existem muitas definições de liderança, mas quero destacar a de Jack Welch:

"Antes de você se tornar um líder, o seu sucesso é se preocupar com o seu próprio crescimento. Depois que você se torna um líder, o sucesso é fazer os outros crescerem".

Essa é a LÓGICA!

"Só aquele que comanda com amor é servido com lealdade."

Francisco de Quevedo

Liderança Eco-LÓGICA

Qual é a LÓGICA?

A LÓGICA é cuidar das pessoas e do planeta para gerar resultados sustentáveis.

Imagem: freepik.com

Inicio esta obra desejando para você Kokhmahá.

Kokhmahá é uma palavra que surgiu da junção do termo hebraico kokhma (sabedoria) e do português há (seja), logo, seu significado é: "seja sábio".[1] Ser sábio lhe permitirá aproveitar todo o conhecimento e os exemplos deste livro, para o seu bem como ser humano, que, liderando a si mesmo e aos demais com sabedoria, ajudará a obter e espalhar a Liderança Eco-LÓGICA.

1 Referência: http://giovanicherini.com › kokhmaha

PARABÉNS!!!! GRATIDÃO!!!

Cada pessoa que adquirir este livro, adquire um privilégio que contribuirá para com o planeta.

VOCÊ acaba de adquirir o privilégio de ter uma muda de árvore plantada por meio do apoio da Regen Ecossistemas, em Valinhos - SP, da empresa Papel Semente. Gratidão!

Além disso, o marcador deste livro é de papel semente da empresa Papel Semente - RJ. Sendo assim, sele sua atitude Eco-LÓGICA por plantar o marcador deste livro, deixando, dessa forma, sua contribuição neste planeta. Parabéns!!!

Imagem: freepik.com

O projeto do livro *Recicle sua liderança* consiste em conscientizar cada um de nós, e em especial os líderes, a contribuírem positivamente, por meio de AÇÕES ecológicas e sustentáveis no TODO deste planeta; o que consiste em liderar com excelência e humanização, para deixar marcas positivas na vida dos liderados, bem como deixar um legado neste mundo, contribuindo, assim, com a geração futura.

A fim de complementar sua leitura, recomendo que escute a música *O rock da liderança,* disponível em meu perfil do Instagram, @claudiabarrosoficial_.

"Se eu, se tu, se nós deixarmos de SE e passarmos a conjugar o FAÇO eu, FAZES tu, FAZEMOS nós em pequenas ações, conjugaremos o lindo verbo CUIDAR, cuidado este de mim, de ti, de todos e do PLANETA. Essa é a LÓGICA!"

Cláudia Barros

CAPÍTULO 1

Essa é a LÓGICA da liderança:

"Entender de PESSOAS e falar no 'idioma' delas, proporcionando desafios e desenvolvendo-as, é liderar de verdade."

Cláudia Barros

O que é a Liderança Eco-LÓGICA?

É uma liderança consciente, que aprende com a sabedoria da natureza, cuida das pessoas e do planeta para gerar re$ultados sustentáveis, porque essa é a LÓGICA!

É uma liderança que ecoa impactos positivos, gerando valor para a sociedade e o meio ambiente.

Todos nós podemos exercer uma Liderança Eco-LÓGICA. Eu, você, seus filhos, sua família, enfim, todo ser humano; é uma questão de escolha.

Definição de Liderança

De acordo com o dicionário Aulete, liderar é conduzir ou dirigir como um líder, estar em primeiro lugar. Na realidade, o líder deve ser exemplo, deve estar, sim, à frente de conceitos e de técnicas, para poder contribuir com a sua equipe. Ele também precisa compreender que impacta profundamente na vida de outro ser humano e, por isso, precisa ter habilidades e sensibilidade para lidar com tal.

Aqui temos um ponto crucial desta obra, visto que, quando compreendemos essa responsabilidade e desempenhamos uma Liderança Eco-LÓGICA, com foco nas pessoas, naturalmente, os resultados chegam a uma empresa, organização ou até mesmo às mais diferentes áreas da vida. Em geral, uma empresa remete os "resultados" ao impacto econômico, ao faturamento, porém, esse retorno é consequência de movimentos que consideram a pessoa, o colaborador, de maneira holística, ou seja, em todas as suas dimensões: física, emocional, biológica, espiritual e multidimensional.

Vale destacar que esse líder deve também ter sabedoria, compreender o momento adequado para determinada orientação ou ação. Ele precisa estar atento aos perfis comportamentais dos integrantes da equipe, ter autoconhecimento, saber se posicionar de maneira adequada, porém, humanizada, saber dar *feedback*, inspirar e motivar o time, conhecer técnicas de gestão e de desenvolvimento humano, reter talentos, valorizar as principais habilidades de cada membro da equipe, entre outras abordagens.

Eu elevado a nós (Eu^{nós})

Reid Hoffman, fundador do LinkedIn, e Ben Casnocha, autor, empresário e investidor americano, cunharam o termo "Eu elevado a nós (Eu^{nós})" e a importância da unidade e do trabalho em equipe. Assim como na natureza em geral, o senso do coletivo é fundamental também quando pensamos em equipes de trabalho, famílias, ou qualquer situação em que várias pessoas trabalhem juntas.

Evoquemos, por exemplo, a Selva Amazônica, da que tanto se fala, e da sua preservação. Sabia que se eliminarmos somente algumas das diversas formas de vida desse bioma, será suficiente para que, em curto tempo, todo o sistema se deteriore e colapse? E se desaparecerem as espécies responsáveis pela polinização e transporte de sementes? Por mais impressionantes que sejam algumas espécies animais ou vegetais, ainda dependem de pequenos seres que fazem o papel de amálgama entre eles.

Quando pensamos, por exemplo, nos grandes feitos de Ayrton Senna na Fórmula 1, costumamos dizer que sua genialidade, audácia, senso de oportunidade e talento fizeram o fenômeno Ayrton Senna nos encantar durante muitos anos. Porém, ele mesmo costumava dizer que sem a equipe que o apoiava, ele não conseguiria fazer nada, e é verdade.

Claro que uma equipe é formada por muitos "eus". Se olharmos bem para a expressão Eu^{nós}, fica claro que o "nós" é o fator exponencial fundamental, mas se o "Eu" não existe, o resultado é nulo.

O ser humano, em colaboração com outros, consegue fazer o que máquina nenhuma consegue: resolver problemas de pessoas com criatividade e competência. Criatividade, sensibilidade, intuição são coisas próprias do ser humano que jamais robôs conseguirão substituir. Falaremos sobre isso no capítulo onde destacamos as *Soft Skills*.

Daí a importância de fortalecermos a nós mesmos em busca de uma vida mais Eco-LÓGICA, e como o comportamento é contagioso (tente rir a gargalhadas no Metrô e verá o quanto o riso é contagioso), o melhor que podemos fazer é nos cercarmos de pessoas que já são como nós gostaríamos de ser. Se produzirmos muitas ações Eco-LÓGICAS, contagiaremos e seremos contagiados de forma exponencialmente positiva, e nos tornaremos pessoas contagiantes.

Definição de Ecologia

Imagem: freepik.com

A **Ecologia** é a área da Biologia responsável por estudar as relações que seres vivos estabelecem entre si e com o meio em que vivem. **Ecologia** é um termo derivado do grego que é formado pela junção das palavras "oikos", que significa casa, e "logos", que significa estudo.

Nesse momento, ampliamos o conceito de ecologia para uma nova consciência coletiva na qual estamos interconectados em um sistema. Um ecossistema.

No momento de escolher ou tomar uma decisão, precisamos considerar o todo (ter sabedoria), e para isso precisamos nos autoconhecer!

Pessoas se conectam com pessoas. Pessoas influenciam pessoas e mais além: lideram seres humanos!

Até a forma de líderes negociarem, precisa ser Eco-LÓGICA. Conceito *Human to Human* (H2H).

Por mais que você negocie com empresas em relações B2B, você estará sempre falando com pessoas, negociando com pessoas, por isso pessoas estão no centro. Por isso, o conceito Humano para Humano. Daí a importância de sermos cada vez melhores na comunicação com as pessoas.

Como se conectar com o outro? Falando o idioma do outro.

A seguir, veremos sobre os sistemas representacionais que ajudarão você a entrar no mundo do outro e a estabelecer uma relação forte em suas lideranças.

CAPÍTULO 2

Essa é a LÓGICA da liderança:

"Comunicação não é o que você fala; é o que o outro entende."

Cláudia Barros

Como falar a língua do outro para liderar com assertividade?

Os sistemas representacionais

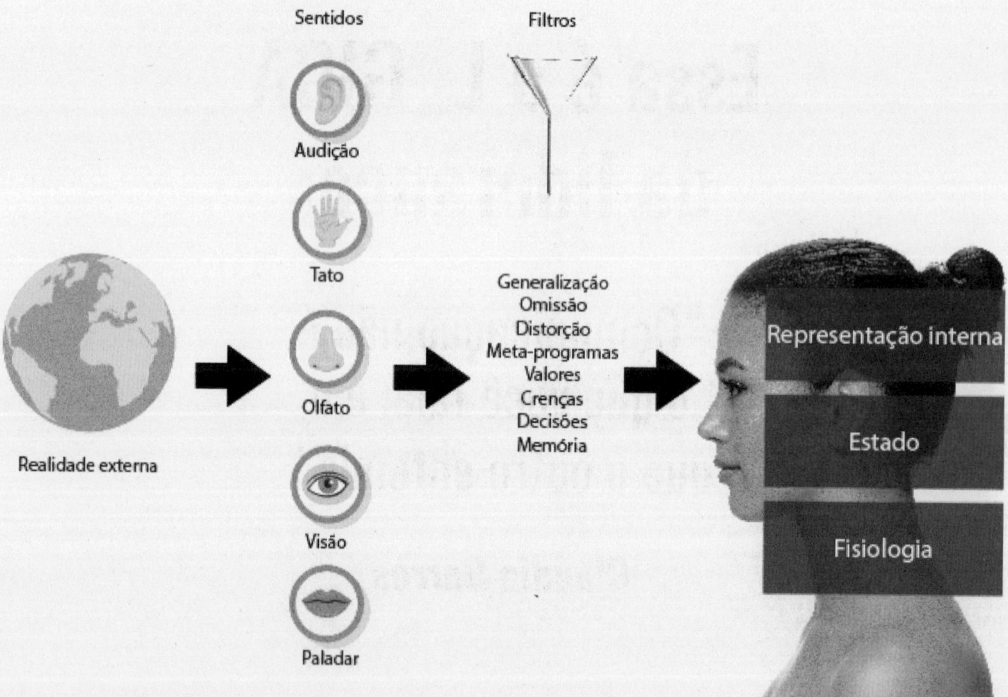

Imagem: Cláudia Barros.

Os sistemas representacionais são os filtros pelos quais coletamos, armazenamos e decodificamos as informações que selecionamos de fora, em nossas mentes.

Em outras palavras, é a maneira como percebemos as coisas que acontecem no mundo. Agora, quais são essas formas de perceber o mundo? Em princípio, e em geral, existem 4 sistemas representacionais.

O Sistema Visual é o sistema que possui o órgão sensorial ocular por excelência, através da visão; quando olhamos para objetos no mundo exterior, e quando visualizamos coisas com a mente. Uma pessoa visual tem a visão como forma de obter informações, identificando as coisas por meio de imagens. Essas pessoas têm memória fotográfica e geralmente demoram a repetir instruções orais/faladas.

O Sistema Auditivo é o sistema que possui o órgão sensorial do ouvido por excelência, através da escuta; chamamos quando ouvimos sons externos e para escuta interna. Essas pessoas apreciam ouvir os outros, têm vocabulário amplo, se expressam com objetividade. Aprendem com mais facilidade a partir da escuta e também apreciam o silêncio.

O sistema representativo cinestésico é o sistema que possui os sentidos do paladar, olfato e tato por excelência; cada um interpreta as informações do mundo através de sensações, emoções e os sentidos internos de equilíbrio e movimento. É aquilo que sente. O cinestésico gosta de abraçar, dançar e sentir. São pessoas que percebem as coisas por meio do contato, do corpo e da experimentação. São intuitivas e valorizam bastante o local onde estão inseridas.

O sistema representativo digital. A pessoa digital faz muitas perguntas e precisa de informação. Quando tem essas características, estuda as ideias, pensando se fazem sentido, sempre dialogando internamente. Tem dificuldade para se concentrar.

É importante especificar que os sistemas não são estáticos, mas, sim, dinâmicos, interagindo entre si. Em uma pessoa, um sistema pode predominar e ser nutrido pelos benefícios de um ou mais outros sistemas.

À medida que a pessoa se aprofunda em cada sistema e o pratica, mais natural é sua passagem de um sistema para outro, consequentemente tem melhores ferramentas para suas situações comunicativas.

Para compreender esse campo importante, buscamos referências na Programação Neurolinguística (PNL) e na Neurociência para sintetizar ou até mesmo aprimorar a maneira de falar "a língua" do outro.

Esse convite de olhar e revisitar quem nós somos, como vivemos, as escolhas que realizamos, onde estamos e os papéis que desempenhamos é fundamental para compreendermos as mudanças necessárias e, principalmente, fazermos escolhas mais assertivas a partir da compreensão de que somos seres humanos e que ocupamos um lugar especial neste mundo. E está cada vez mais do que na hora de adotarmos uma nova postura, uma nova consciência e uma Liderança Eco-LÓGICA diante das mais variadas situações nas quais tivermos a oportunidade de manifestar essa capacidade inata que o ser humano possui.

CAPÍTULO 3

Essa é a LÓGICA da liderança:

"A natureza nos ensina como liderar com excelência."

Cláudia Barros

Como a natureza pode ajudar na autoliderança e liderança?

Convido você neste momento a se conectar com a natureza para que, dessa forma, você possa aprender com ela e, assim, construir a sua liderança e a sua autoliderança de forma sólida. A natureza nos ensina e muito.

Aprender com a natureza

Imagem: freepik.com

A natureza não é um outro. Nós fazemos parte da natureza.

Os povos Guarani falam de Teko Porã, que é um lugar para bem viver, um bom caminho. Precisamos sempre da natureza.

Os quatro elementos para pensar o Teko Porã são:

1. Bem viver ou caminho bom

Terra do bem. É indispensável ter natureza; rio, árvore, conexão com a natureza. A natureza é fonte de nossa força vital e nós somos parte da natureza.

Em uma pesquisa feita com crianças de 5, 6 e 7 anos, de vários lugares do mundo, foi solicitado que desenhassem o que é a natureza para elas. Quando perguntaram o que é a natureza, muitas crianças desenharam o sol, um bicho, a lua, a árvore; as crianças indígenas e africanas fizeram o pai, a mãe, uma pessoa, a mão. Eles entendem que fazemos parte da natureza. Não somos seres apartados da natureza. A concepção ocidental é que a natureza é um outro. Mas não somos um estranho à natureza, somos partes da natureza.

2. Respeito à ancestralidade

Conexão do passado e do presente. Avós são representantes da memória. Conexão com os netos e avós.

3. Respeito às relações

A capacidade de se aproximar dos outros.

4. Disposição para uma inclusão profunda

Conviver com o diferente.

Respeitar a natureza, pois somos parte dela.

O ser humano, por um interesse mercantilista, desrespeita a natureza e isso não é uma LÓGICA saudável.

O antropocentrismo radical faz com que os interesses humanos ultrapassem os limites da natureza. Tratam-na como se fosse um supermercado no qual se vai às gôndolas, pega o que precisa, urânio, petróleo, o que for, e retira os recursos de forma inconsequente, causando impactos irreversíveis no planeta, e como somos interdependentes, o ser humano recebe os ônus dessas atitudes tóxicas à humanidade e ao planeta.

Nós precisamos aprender a conversar com a natureza, escutar a natureza. É preciso fazer uma troca com a natureza. Ela está dizendo o que pode dar. Sem isso, atacamos a espécie humana. Escute os rios, as árvores, os pássaros, eles têm muito a dizer. E eles estão gritando, e muito alto, pois o ser humano está ultrapassando os limites há muito tempo.

O que o reino vegetal e o reino animal podem nos ensinar? Como podemos nos fazer valer de seus exemplos em nosso dia a dia como líderes?

Sobre o reino vegetal, daremos mais à frente um exemplo extenso, a partir de uma analogia entre a Liderança Eco-LÓGICA e a arte de plantar uma árvore específica, no caso dessa analogia, um pessegueiro.

Sobre o reino animal, há muito a se dizer, salvaguardando as óbvias restrições ao fazer essa analogia. Temos aqui três exemplos, mas você poderá encontrar muito mais sobre a liderança no reino animal, observando seu comportamento e estudando seus hábitos e características próprias de cada espécie.

Leões

Imagem: freepik.com

Os leões não esperam que as coisas aconteçam. Eles fazem as coisas acontecerem, planejam e se preparam.

Você sabia que, quando sai para caçar, o leão falha de 7 a 10 vezes antes de capturar uma presa? Conclui-se que 85% da vida dele é fracasso. E o que faz dele um rei? A perseverança.

Os leões reservam um tempo para regeneração de suas forças, para restaurar suas energias e equilibrar suas emoções por meio de pausas planejadas e calculadas. Intuitivamente sabem que esforços físicos e mentais possuem certos limites e que devem ser bem administrados.

Formigas

Imagem: freepik.com

As formigas nos ensinam, e muito. Elas são pequeninas, mas instintivamente sábias. Esses insetos podem se levantar e carregar algo muitas vezes mais pesado do que elas mesmas por longas distâncias.

Elas superam seus limites constantemente.

Muitas vezes ficamos nos poupando, economizando energias, acomodados e com preguiça de nos desafiar e superar nossas limitações.

As formigas estão expostas a diversos obstáculos em sua dura caminhada. Os obstáculos não vão detê-las. Elas usam o foco e a criatividade para contornar os obstáculos pelos lados, por cima ou por baixo. Elas arrumam uma saída, uma solução. Não importa a forma! Elas avançam em direção à sua meta.

Se você destruir um formigueiro, seu esforço será em vão. As formigas imediatamente vão refazê-lo e certamente em pouco tempo o formigueiro funcionará a todo o vapor. Elas são muito unidas e organizadas. O trabalho em equipe delas é impressionante! Elas sabem perfeitamente o que devem fazer diante de uma adversidade.

Águias

Imagem: freepik.com

A águia tem sido considerada um exemplo de superioridade e liderança em muitas civilizações e em todos os tempos. O que mais a destaca é a sua capacidade visual. Seus olhos são maiores (em peso) do que o seu cérebro. Elas enxergam, mesmo em pleno voo, um pequeno coelho a mais de 3 quilômetros de distância. Com as águias, temos a inspiração para sermos pacientes, olharmos o ambiente como um todo, e estarmos prontos para agir quando houver uma oportunidade. Elas vão ajustando o seu foco à medida que descem rumo à sua caça, pelo que suas incursões em busca de uma presa são poucas, se comparadas, por exemplo, ao leão.

Aprender com outras culturas

Muitos povos e civilizações são exemplos bons ou ruins de como organizar a própria vida, bem como liderar de forma Eco-LÓGICA.

Ubuntu

É um termo da filosofia africana que significa humanidade.

Provérbio Zulu:

"Uma pessoa é uma pessoa através de outras pessoas."

Ética da interdependência

Ubuntu não é a ausência de conflito. Reconhece o conflito, mas não pode fugir do conflito. Precisamos colaborar, conviver. O convívio é inevitável, sendo assim, precisamos achar saídas coletivas, colaborativas, para a construção de uma sociedade melhor. Nelson Mandela, um grande líder ecoLÓGICO, demonstrou esse pensamento filosófico muito bem. Ele sempre procurou unificar.

"Somos seres interdependentes, precisamos negociar e encontrar um caminho em que todos possam se sentir confortáveis o melhor possível. Somente nos humanizamos porque estamos em uma relação com os outros." (Nelson Mandela)

Somos humanos, temos divergências, pensamos e sentimos de formas diferentes, e isso é o que nos faz humanos, diante disso, precisamos ter a capacidade de encontrar um caminho perante as adversidades.

Encontrar um caminho para que o respeito seja um modo operacional dos nossos encontros, que esse respeito possa carrear nossos maiores recursos, nossas melhores habilidades e competências em favor da gente e da comunidade. Usar o que temos de melhor a favor da comunidade e nós mesmos. Só tem sentido que o nosso presente seja melhor se presentearmos os outros com o que temos de melhor.

Isso requer conexão com o outro.

Atente-se a essa fantástica LÓGICA Ubuntu.

Competição

Significado original de competição: *competere*, procurar em conjunto a melhor solução para um dado problema, um dado lugar e um dado momento. A melhor solução não é sinônimo de solução única. Competir não é mais passar o outro em favor só de ganhar, competir é procurar uma solução para um problema em um dado momento, e essa solução respinga e ajuda não só quem está fazendo, mas outras pessoas também. Competição, aqui, tem um sentido colaborativo, porque à medida que resolvo um problema, isso não resolve só para mim, mas também para outras pessoas. Não tem a ver com a exclusão do outro. Competir é resolver um problema, encontrar a melhor solução naquele momento; e a melhor solução nunca é individual. É uma solução ampliada, tem que dizer respeito a muitas pessoas.

O competir promove uma alter ajuda, e não autoajuda. Ninguém é capaz de se ajudar sozinho. Ninguém é capaz de sair do abismo só. Precisamos sempre de um suporte, sempre de um apoio. Neste sentido, só tem nexo de causalidade falarmos de alter ajuda. Alter (outro). O outro me ajudando.

A ajuda por si só implica que seja um outro faça comigo um caminho que sozinho não sou capaz de fazer.

Competere, procurar em conjunto a melhor solução para um dado problema, um dado lugar, em um dado momento. A seleção da melhor solução para todos. Fazer colaborativo. Não que não possamos fazer algumas coisas sós. Mas o colaborativo é a maneira pela qual podemos encontrar um caminho que tem a ver com humanização, humanidade, com se conectar a uma realidade que, de repente, é desconhecida de nós mesmos. E somente na conexão com essa realidade que seremos capazes de enfrentar e construir novos caminhos e novas possibilidades.

Todas as relações estão em conexão.

Assumir que precisamos reparar os nossos equívocos; para isso é necessária uma ética do cuidado. Sem cuidado com o outro não é possível realizar o reparo de nossos equívocos.

Os sete princípios do Ubuntu que nos ajudam na implementação de uma competição com uma resolução colaborativa em conjunto de problemas para enfrentar os conflitos conosco e com os outros:

Unidade – Empenhar-se pelo bem-estar da comunidade. Se a comunidade que fazemos parte, família, ou qualquer outro grupo, está bem, eu também estarei bem.

Autodeterminação – É importante que possamos e saibamos nos autodefinir e falemos por nós mesmos. Falar como parte de um todo, que não seja um outro falando por nós, sem porta-voz. Nós temos que falar das nossas questões.

Trabalho coletivo – Perceber como nossos os problemas dos outros. Responsabilidade coletiva. Precisamos de suporte, apoio.

Interdependência financeira – Economia cooperativa. Produzir recursos juntos. Compartilhar as coisas, trocar.

Propósito – Transformar em vocação coletiva a construção e o desenvolvimento da comunidade de modo harmônico.

Criatividade – Trabalhar em prol da comunidade, para que se torne mais bela do que ela era quando nós a recebemos. Ou seja, recebi um vaso de flor, eu vou entregar melhor do que eu recebi. Tudo aquilo que me deixaram, vou entregar melhor para o outro do que quando recebi. Não vou acabar com aquilo que ganhei. Não vou desmatar e acabar com aquilo que eu recebi. Vou entregar melhor.

Fé – Acreditar em nossos mestres. Acreditar nas pessoas que nos orientam. Ter confiança. Quando envelhecemos, nossas rugas são autorizações para podermos dizer coisas, para podermos orientar. Em alguns povos seria muito estranho mudar a cor do seu cabelo, ou cirurgia plástica, pois seria esconder o que você tem para dizer. A fé é ver naquela pessoa que as rugas são marcas do tempo e o tempo está nos dizendo as possibilidades do que tenho para trocar, do que tenho para dizer para a comunidade.

Estabelecer e construir uma sociedade e uma cultura melhor — Ubuntu é um exercício. Não é ausência de conflitos. Mas ultrapassá-los e conseguir, não de modo solitário, porém, de um modo acompanhado, enfrentá-los e encontrar um caminho melhor, se apoiar mutuamente.

Os conflitos são oportunidades para encontrarmos as melhores saídas para os problemas que nunca são nossos, mas são coletivos. Por isso, podemos estender as mãos e enfrentar de modo colaborativo, nos apoiando mutuamente.

Humanize-se! Abra os braços para si mesmo e para os outros, reconhecendo que temos muito que aprender e fazer, desde que possamos colaborar e fazer juntos. Isso é fundamental para nossa humanização.

Diante disso, por meio desta obra, venho encarecidamente pedir que todos nós possamos agir de forma sábia e cuidar da natureza. Aprender com ela e termos atitudes Eco-LÓGICAS uns para com os outros e para com o nosso planeta.

Na sua autoliderança e ao liderar outros, seja Eco-LÓGICO. Atue de forma consciente, humana, e certamente terá resultados sustentáveis.

Este livro vem conscientizar o quanto eu, você, nós, em nossas atitudes diárias para com o próximo e para com o planeta, podemos deixar um legado positivo, ecoando marcas positivas na vida das pessoas e do planeta, porque essa é a LÓGICA.

Nesta obra, você aprenderá e se inspirará a exercer uma Liderança Eco-LÓGICA no seu modo de vida. Em todas as suas atuações, seja Eco-LÓGICO porque essa é a LÓGICA.

CAPÍTULO 4

Essa é a LÓGICA da liderança:

"Liderar é fazer o outro crescer."

Cláudia Barros

Conheça a árvore da liderança Eco-LÓGICA

Vamos plantar a árvore da liderança?

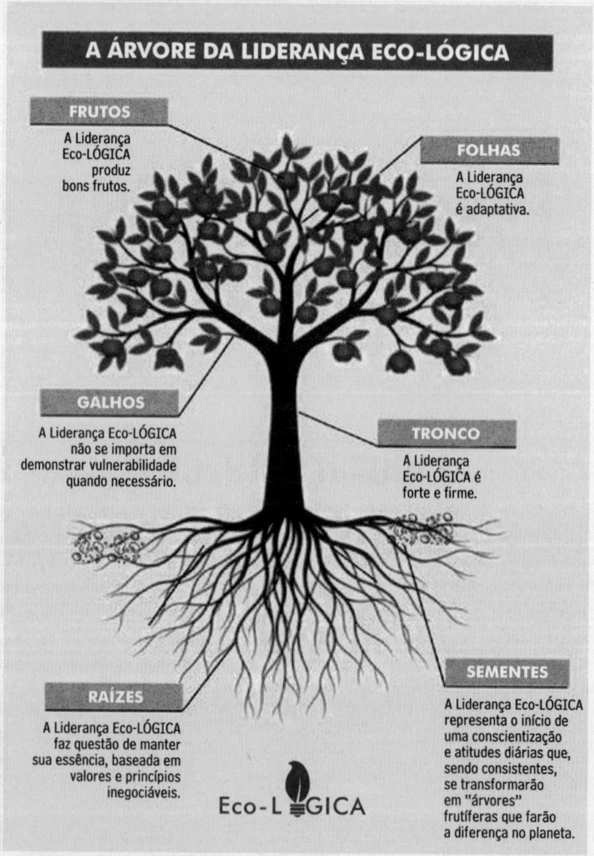

Imagem: Cláudia Barros.

SAIBA + SOBRE A ÁRVORE DA LIDERANÇA ECO-LÓGICA

FOLHAS:

Semelhante às folhas de uma árvore que são sempre flexíveis do que qualquer outra parte da árvore, sempre se adaptando às estações do ano, ao clima, assim são os(a) Líderes Eco-LÓGICOS(as). Abraçam as mudanças e inovações, entendendo que isso os fará crescer. Na crise, criam oportunidades, ao invés de reclamar. Se adaptam e seguem buscando novos caminhos e aprendendo e crescendo com as novidades do mercado e da sociedade. Não perdem o equilíbrio para garantir assim sua essência. ☐

FRUTOS:

A liderança Eco-LÓGICA produz bons frutos. A preocupação do líder Eco-LÓGICO é deixar marcas positivas por onde passa. Sendo assim, suas ações são voltadas para ajudar, nutrir as pessoas. Suas palavras são edificantes, sábias, para ajudar o outro e o planeta. Se preocupa verdadeiramente em produzir frutos que alimentem o ambiente de trabalho de forma positiva, resultando no crescimento das pessoas, do planeta e da sociedade como um todo. ☐

SEMENTES:

As ações e palavras plantadas no dia a dia de um líder Eco-LÓGICO demonstram claramente que essa semente vai vingar e crescer vigorosamente. São em pequenas atitudes e palavras que um líder Eco-LÓGICO consegue influenciar pessoas a fazerem o que é certo, o que é produtivo e justo, resultando em grandes atitudes que ao longo do tempo se perpetuam na humanidade, formando seres humanos conscientes que focam nas pessoas e no planeta para gerar re$ultados sustentáveis. ☐

RAÍZES:

Uma liderança Eco-LÓGICA é fiel às suas raízes, representadas por valores e princípios inegociáveis. Um líder Eco-LÓGICO sabe que ganhar dinheiro apenas por ganhar não resulta em bons frutos. Passamos pela vida para deixar um legado, para plantar um propósito. O dinheiro é bom? Sim. Mas, não é o mais importante. É preciso ganhar dinheiro com responsabilidade e sustentabilidade, formando uma corrente do bem, onde todos são beneficiados, inclusive o planeta. Essa é a LÓGICA. O capitalismo consciente faz esse movimento, onde todos os envolvidos devem ser beneficiados, pois dessa forma a roda gira. Quando sou egocêntrico, não sou um líder de verdade. Um líder Eco-LÓGICO se preocupa com um todo, e isso é que faz a diferença. É fácil? Não, mas é um desafio, bom de encarar. Desde que o líder tenha seus princípios e valores bem arraigados. A vida é muito curta para querermos tanta coisa material em detrimento do outro, do planeta e dos valores essenciais à vida. O que mais importa é sermos seres humanos de verdade. Um ser humano de sucesso é aquele que valoriza o que é mais importante, o que é imperecível, o que faz o bem, e se esforça em ser justo. Perfeito ninguém é, mas o quanto nos esforçamos para fazer a diferença do bem na sociedade é o que importa. Como disse o grande Rei Salomão em Eclesiastes: 7:1 : "Um bom nome é melhor do que um bom óleo". E em Provérbios: 22:1 deixa claro que: "Mais vale um bom nome do que muitas riquezas. Ser estimado é melhor do que a prata e o ouro. Uma liderança Eco-LÓGICA se preocupa em fazer um bom nome, pois essa é a atitude sábia e essa é a LÓGICA. ☐

Eco-LÓGICA

Imagem: Cláudia Barros.

GALHOS:

Uma liderança Eco-LÓGICA não se importa, quando for necessário, demonstrar sua vulnerabilidade. Afinal todo líder é ser humano e, portanto, falho. Ninguém é perfeito e nem deve querer se mostrar perfeito, pois não é mesmo. Então a demonstração da vulnerabilidade nos devidos momentos, mostra aos liderados que todo líder é humano, obviamente, e tem suas fraquezas a serem enfrentadas. O tempo em que ser vulnerável era sinônimo de fragilidade já era. Um líder que possui autoconfiança em excesso, não tolera erros e de maneira alguma se permite criar conexões emocionais com seus liderados. Esse líder de maneira alguma tem mais espaço no mercado de trabalho. Um líder que assume não ter todas as respostas, que aprende com os erros em vez de condená-los e escuta de forma ativa, inspira e motiva seus liderados. ☐

TRONCO:

A liderança Eco-LÓGICA assim como o tronco de uma árvore, é forte e firme. Atua de forma diretiva e incisiva quando necessário. No tronco é onde as árvores sustentam sua força. A liderança Eco-LÓGICA permanece intacta, independente do clima, do vento. Quanto maior for o tronco dessa árvore, mais tempo dura e é mais difícil de derrubá-la. Assim é a Liderança Eco-LÓGICA. Essa liderança compartilha seus valores e princípios com veemência, e dessa forma influencia de forma positiva seus liderados por meio de comportamentos e palavras que são coerentes a maior parte do tempo. A força da liderança Eco-LÓGICA está na sua essência. Isso que a torna diferenciada. ☐

SUA LIDERANÇA ESTÁ SENDO ECO-LÓGICA?
SE NÃO, ASSINALE EM QUAL PARTE DA ÁRVORE VOCÊ PRECISA APERFEIÇOAR SUA LIDERANÇA.

Eco-LÓGICA

Imagem: Cláudia Barros.

CAPÍTULO 5

Essa é a LÓGICA da liderança:

"Líderes não cuidam de resultados. Líderes cuidam de PESSOAS, e pessoas geram resultados."

Simon Sinek

Uma alegoria para nos guiar

Imagem: freepik.com

- Escolher a semente e plantar uma árvore que dá belos frutos
- Programa de Liderança Eco-LÓGICA
- Liderança: Definição
- Estilos de liderança de acordo com o Eneagrama[1]

1 O Eneagrama é um sistema de autoconhecimento e desenvolvimento pessoal que descreve nove tipos de personalidade distintos, cada um com seus padrões de pensamento, comportamento, motivações e medos principais. Ele é usado para entender melhor a si mesmo e aos outros, ajudando no crescimento pessoal, nos relacionamentos e até no ambiente de trabalho. Os nove tipos são: reformista, ajudante, realizador, individualista, investigador, partidário, entusiasta, desafiador e pacifista.

"A Liderança Eco-LÓGICA é exercer uma liderança sustentável que deixa marcas positivas nas pessoas e na sociedade. É uma liderança onde o EGO é colocado no devido lugar, pois esse EGO, estando inflado, afeta a si e as pessoas ao seu redor. Compromete a capacidade de se relacionar de uma pessoa."

Ao contrário de uma liderança tóxica, que deixa marcas negativas nas pessoas e no meio ambiente, a Liderança Eco-LÓGICA deixa marcas positivas nas pessoas e no meio ambiente, ecoando um legado sustentável na humanidade e no planeta.

Neste livro, mostrarei como podemos aprender com a sabedoria da natureza e dos animais, para exercermos uma verdadeira Liderança Eco-LÓGICA.

A nossa Liderança Eco-LÓGICA deve estar no nosso DNA nos condicionando a demonstrá-la no dia a dia, quer em pequenos atos, quer grandes. Seja em atos para com o próximo, bem como para com o planeta. Essa liderança é um modo de vida, e todos os líderes, não importa o seu estilo pessoal, podem se adaptar e exercer uma Liderança Eco-LÓGICA.

Plantando uma árvore que dá belos frutos

O processo de liderança é como plantar uma árvore frutífera, por exemplo, um pé de pêssego. Uma semente de pêssego tem muitas potencialidades, mas, no momento, são apenas promessas e esperanças. Se você imaginar que a semente vai germinar, ela vai se transformar em uma planta, depois em uma árvore, desenvolver folhas, florescer e dar frutos bonitos e suculentos, que, por sua vez, depois de saciar o apetite do mercado, serão capazes de se reproduzir através de novas sementes. Esse processo se chama Visão. Saciar a fome de uma parte do mercado é a Missão.

Mas para que a missão seja cumprida e a visão seja desenvolvida através de um processo replicável, é necessário procurar a semente certa, encontrar o lugar certo e levar em conta que, na medida em que todos os elementos envolvidos no processo sejam de excelência, o resultado da missão será excelente.

Em uma empresa acontece a mesma coisa, e em um país, essas promessas podem ser transformadas em resultados se um plano bem elaborado for implementado.

E o melhor exemplo que existe é o da natureza

Você tem que escolher a semente da melhor fruta, a melhor variedade, para que valha a pena produzir essa fruta e que seja um bom negócio.

Mas antes de plantar a semente, você tem que preparar o solo, levando em conta que ele será inserido em um determinado ambiente que deve fornecer as quantidades necessárias de nutrientes. Não só precisa de terra, como também precisará fornecer água, ar e sol suficientes. Tenha em mente que se você plantar as sementes empilhadas umas contra as outras, elas serão corrompidas à medida que crescem. Então você tem que dar-lhes espaço suficiente entre as sementes para a árvore crescer em plenitude.

Depois de preparar o solo, você deve esperar pela época certa do ano para plantar a semente, tem que ser na primavera. Então se preocupe em manter a saúde da árvore à medida que ela cresce. Será necessário usar defensivos adequados que combatam insetos nocivos e previnam doenças futuras nos frutos.

Falando em frutos futuros, você deve usar fertilizantes pelo menos duas vezes ao ano e adicionar outro tipo de fertilizante permanentemente se você quiser que as frutas sejam bonitas e suculentas.

Uma vez que a árvore tenha crescido, é necessário podá-la. A poda estimula a produção de frutas e incentiva o crescimento. Uma vez que você tenha cortado o desnecessário, você deve estudar o crescimento dos frutos e dar espaço entre eles para que não amadureçam em cima um do outro.

Se você fez as coisas direito, é hora da colheita. Obterá os resultados, sabendo que cada fruta cobrirá uma necessidade, e até mesmo alguns, os melhores, serão transformados em sementes para produzir novas árvores.

A Liderança Eco-LÓGICA decorre da aplicação das leis naturais de forma coerente e de bom senso. A natureza, em cada uma de suas criações, levou em conta todas as etapas necessárias para obter o melhor resultado possível em forma abundante.

Se há uma palavra que define as ações da natureza, é precisamente a palavra abundância.

A essência do líder Eco-LÓGICO é replicar-se de forma eficaz e eficiente, o que se traduz em excelência. Mas não de tal forma que o líder pareça o herói da história, mas aplicando bom senso e coerência natural, para se replicarem em novos líderes, que, aplicando o sistema de acordo com sua própria essência, produzirão os melhores frutos à sua maneira, vivendo suas vidas de forma autêntica e plena.

Segundo essa liderança, nenhuma das partes interessadas envolvidas no sistema é mais importante que as demais. Isso significa que os proprietários da empresa não são mais importantes do que clientes, nem funcionários, nem gerentes, nem acionistas, nem agentes financeiros ou fornecedores. O senso comum nos diz que cada um desses agentes é o mais importante e necessário em algum momento, de tal forma que, se algum falhar, o sistema quebra. O que significa que, se não causar a falência da empresa, poderá implicar em deterioração de sua renda, no conceito de seus sócios e na situação social que a empresa ocupa na sociedade. Podemos vê-lo mais graficamente em uma história oriental que conta o seguinte:

Um estudioso da verdade do Ocidente percorreu muitos centros de sabedoria, estudou com professores e pessoas iluminadas de todo o mundo, que, além de possuir a sabedoria que vem com anos de conhecimento e raciocínio, só poderiam ensinar o conceito de iluminação, mas não provocar esse conceito no adepto.

Nosso buscador, depois de acumular quantidades de informações, disciplinas e posições de ioga, decepcionado por não ter encontrado o que procurava depois de tantos anos de estudo e meditação, desistiu. Ele partiu para a estrada de volta ao seu país. Um dia, caminhando por uma feira, ele testemunhou uma cena comum, mas que chamou poderosamente a sua atenção. Em um açougue, uma mulher se dirigiu ao açougueiro:

"Eu quero o melhor corte de carne que o senhor tiver." Ao que o açougueiro respondeu:

"Todos os nossos cortes são os melhores, não há nenhum que é melhor do que outro."

Naquele momento, nosso buscador se iluminou.

Minha ideia, é claro, não é fingir iluminação, mas afirmar a importância de todos os participantes no processo de liderança. Todos eles não são apenas o melhor e mais importante corte, mas são essenciais para que o processo culmine na excelência nos resultados.

Um líder Eco-LÓGICO será aquele que ajuda cada agente a perceber que, em sua tarefa, ele é único e necessário, e que a sobrevivência e a grandeza da empresa dependem dele. O senso comum nos diz que, se um agente não é necessário o suficiente para que sua ausência prejudique toda a empresa, tal agente é dispensável e o líder deve reconhecê-lo e dispensá-lo.

No capítulo 4, estudaremos as nove personalidades do Eneagrama e aprenderemos uma maneira rápida de reconhecê-lo em cada pessoa, o que nos ajudará a entender que as pessoas não são iguais e que, cada uma delas, de acordo com sua essência, amadurece o desenvolvimento ou não de sua própria personalidade. Mas esse sistema também nos ajudará na estrutura do temário do livro e até mesmo para enunciar os nove estilos de liderança.

Programa de Liderança Eco-LÓGICA

Conforme apropriado para o Eneagrama, dividiremos a estrutura em nove partes que corresponderão aos eneatipos na ordem em que a natureza os manifestou:

1) **Semente:** a natureza nos ensina que neste primeiro eneatipo está a essência do que será o fruto, a variedade do pêssego. Na Liderança Eco-LÓGICA, o identificamos como os Valores Essenciais, Valores Necessários e Valores Opcionais. Definição de Líder e Liderança.
2) **Área da Terra:** a natureza nos ensina que devemos deixar espaço para a futura árvore crescer e dar frutos. Na Liderança Eco-LÓGICA falamos que cada liderado, e até mesmo os *stakeholders*, devem ter seu lugar e são levados em consideração pelo líder. Definir o foco nas pessoas é o que chamamos de Fator Humano.
3) **Prepare o solo:** essa terra deve ter musgo, turfa e matéria orgânica suficientes. A todos os *stakeholders* deve ser fornecida a preparação e treinamentos adequados. Vamos focar nas pessoas que fornecerão os resultados necessários para a empresa. Vamos enfatizar os métodos de comunicação. É a forma como a "seiva" da empresa, as informações serão divulgadas. Como os participantes e os diferentes *feedbacks* e *feedforwards* manterão os diferentes sistemas eficientes.
4) **Tempo adequado:** a natureza nos ensina que não podemos plantar a semente em qualquer momento. Deve ser feito na primavera, em harmonia com o meio ambiente e o mundo circundante. Na Liderança Eco-LÓGICA, todos os liderados terão a possibilidade de se manifestarem quando estiverem preparados para crescer e evoluir. Isso só é alcançado através do conhecimento. O

conhecimento do liderado pelo líder e o autoconhecimento de cada líder. Para isso serão dadas as ferramentas para realizar esse aprendizado através do Eneagrama.

5) **Mantendo a árvore saudável:** a natureza faz isso através do cuidado diário, difundindo a seiva com nutrientes e umidade em todo o sistema. O líder Eco-LÓGICO manterá uma comunicação permanente através da qual produzirá a transferência dos valores para os liderados. O importante é que eles recebam exatamente o que será exigido deles. Estudaremos os vieses que podem levar a erros o Líder.

6) **Defensivos:** para que a árvore cresça saudável, devem ser aplicados os defensivos necessários para evitar a proliferação de insetos e doenças futuras. A Liderança Eco-LÓGICA requer cuidados permanentes com os liderados para detectar sinais de fraude e toxicidade, esses devem ser erradicados, denunciados e punidos com absoluta severidade. Essa toxicidade deve ser relatada na primeira fase da comunicação para que os liderados não argumentem ignorância.

7) **Fertilizantes:** para que a árvore tenha os fantásticos frutos esperados, fertilizantes fortes devem ser aplicados pelo menos duas vezes ao ano. E um fertilizante leve deve ser aplicado diariamente. Na Liderança Eco-LÓGICA trata-se de aplicar incentivos importantes duas vezes ao ano, eles podem estar dentro das competências, mas tomando cuidado para que todos os participantes recebam um incentivo, algo como aplicar o "Veredicto do Pássaro Dodo", que no livro *Alice no País das Maravilhas* proclama a todos os concorrentes como ganhadores. Ferramentas também devem ser desenvolvidas para que todos os dias os líderes tenham um pequeno incentivo para enfrentar o novo dia. Para esses últimos, propomos estudar a Pirâmide de Maslow.

8) **Poda:** a poda estimula a produção da árvore e incentiva o novo crescimento do ramo que foi cortado. A poda deve ser acompanhada pela atividade de afinação da fruta. Cabe ao líder Eco-LÓGICO detectar os elementos que não se harmonizam com a organização ou que não estão dispostos a colocar o que é necessário para o desenvolvimento da empresa e a realização dos objetivos. É hora de se demitir pessoas que podem se tornar tóxicas, mas sempre de forma humanizada. Aproveite o momento para dar aos líderes eficientes a posição certa e o reconhecimento adequado.

9) **Colheita:** a colheita dos frutos é o momento mais feliz e transbordante de plenitude, que produz a expansão da natureza para novos membros e a replicação através de novas árvores que produzirão novos frutos. Na Liderança Eco-LÓGICA, corresponde à concessão de novos lugares aos liderados que participam de todo o sistema. É hora de quantificar os resultados e determinar o destino daqueles liderados que servirão para aplicar o que aprenderam para a expansão da empresa, e aqueles que replicarão o modelo a partir de uma nova semente. Usaremos as ferramentas da Inteligência Emocional e o uso de Soft Skills para assegurar a independência dos novos líderes Eco-LÓGICOS.

Liderança

"O verdadeiro líder é aquele que aumenta as capacidades de sua equipe, e faz seu povo brilhar."

Nelson Mandela

"Não ser útil para ninguém equivale a ser inútil."

Descartes

Minha Definição

Liderança é a capacidade de um líder de ajudar outras pessoas em seu círculo de influência a desenvolver suas habilidades e executar suas tarefas da melhor maneira, de acordo com suas essências, e reconhecendo que somos partes de um ecossistema que devemos respeitar.

Com essa definição, defino tanto liderança quanto o líder. Consequentemente, uma pessoa que não possui tal capacidade não pode ser um bom líder ou exercer uma boa Liderança.

De acordo com o Dicionário da Língua Portuguesa

"A liderança é definida como a direção, ou liderança de um partido político, grupo social ou outra coletividade."

De acordo com o Dicionário de Ciências Comportamentais (1956):

"São as qualidades de personalidade e habilidade que favorecem a orientação e o controle de outros indivíduos."

Segundo Andrés Quijano Ponce de León, da Universidade de Rosário:

"Liderança é a tarefa exercida pelo líder ou chefe de família, empresa, organização ou nação."

Segundo Idalberto Chiavenato em *Liderança na gestão da empresa de informação* (2008):

"A liderança é uma influência interpessoal exercida em uma determinada situação, para a realização de um ou mais objetivos específicos, através do processo de comunicação humana".

Segundo Luis Castañeda em *Nasceste para ser um líder* (2007):

"Liderança é o conjunto de qualidades e hábitos positivos que motivam e permitem que um indivíduo leve um grupo de pessoas à realização de fins mais elevados ao longo de caminhos limitados por princípios e valores de alto conteúdo moral".

Estilos de liderança de acordo com o Eneagrama

As empresas enfrentam constantemente crises que desafiam sua capacidade de sobreviver e expandir. Por essa razão, devem desenvolver sistemas que levem à realização de seus objetivos. E esses objetivos não são apenas sobre ter lucro. Pelo contrário, quando o único objetivo é lucrar, a empresa se torna tóxica e tende a corromper todos os agentes envolvidos em seu desenvolvimento. E nessa corrupção está sua aniquilação, porque os mesmos agentes corruptos acabam consumindo e pervertendo a seiva de uma árvore que poderia ser um exemplo de virtude e abundância. Mas eles acabam sendo árvores atrofiadas e deformadas que dão frutos doentios.

O sistema integral que fornece à empresa uma força que a levará à evolução e abundância é sua capacidade de liderança. Essa capacidade é incorporada por uma ou mais pessoas que representam o caráter e atitude da empresa, que influenciam o resto da organização, contribuindo e propagando valores que desencadeiam o processo de vida e expansão da empresa.

Definir e decidir qual é a melhor liderança nestes tempos talvez seja a coisa mais importante para a sobrevivência da empresa. Mas muito mais importante do que o estilo é a forma como será aplicado, pois sabemos que as empresas são compostas por pessoas, e certamente cada pessoa terá uma liderança que se aplicará de forma eficiente em sua posição dentro da organização, desde que seja bem conduzida.

Esse é o líder Eco-LÓGICO que se manifesta no sistema de maneira que permeia cada pessoa que intervém na empresa, que atuará com seu próprio estilo de liderança de acordo com sua personalidade, tendo em conta que o objetivo da empresa é continuar crescendo, aprendendo e alcançando seus objetivos.

Assim como a natureza não coloca seu nome em cada árvore, fruto ou animal, o líder Eco-LÓGICO não pretende aparecer com nome e sobrenome, mas que cada pessoa incorpore sua própria liderança na posição que corresponde a ele de acordo com sua personalidade, proporcionando confiança, segurança e estabilidade entre todas as partes interessadas da organização.

A ideia é avaliar as atitudes de liderança de cada uma dessas pessoas em relação aos seus líderes. Cada líder não deve ter medo de experimentar os diferentes tipos de liderança até encontrar aquele que se adapte ao seu próprio talento humano. Existem muitas abordagens e estudos nesse sentido, mas só mencionarei os nove que parecem mais importantes para mim e que estão relacionados aos eneatipos:

1) Liderança Situacional (corresponde ao eneatipo reformista):

Esse estilo de liderança é definido como um produto da relação entre uma pessoa que assume o papel de líder e sua equipe de trabalho — que neste caso consideraremos ser os colaboradores que recebem a influência do líder de alguma forma.

Este conceito de liderança foi criado por Ken Blanchard e Paul Hersey. Eles estabeleceram que um líder situacional se desenvolve dentro de um contexto e tem uma profunda influência sobre o tipo de relacionamento que se estabelece entre líder e colaborador.

É o tipo de liderança que faz com que o líder seja direto e instrua, treine e apoie a sua equipe.

Esse estilo, também chamado de "treinador", combina a figura do líder com a do mentor. Por um lado, ele se adapta a qualquer situação e, por outro, fortalece as habilidades de cada membro de sua equipe para levar a empresa ao sucesso. Consegue isso estabelecendo uma relação pessoal e confiável com seus colaboradores.

Esse tipo de liderança é muito útil em situações em que a flexibilidade é necessária, pois os processos precisam ser repensados. Por isso, o líder situacional deve implementar uma cultura de habilidade contínua e aumentar o crescimento individual para alcançar os objetivos da empresa.

Segundo Baker (2013), esses líderes não estão interessados apenas em produção, mas procuram despertar motivações amplas em seus liderados. Eles têm o desejo de satisfazer aspirações maiores e trabalham para envolver toda a pessoa do liderado, mostrando que existe uma maneira de liderar no ambiente de trabalho que não é baseada no controle, na intimidação e na dominação. James MacGregor Burns, em seu livro *Leadership* (Liderança), disse que um líder poderoso tem uma relação especial com cada pessoa que ele lidera. Jesus disse para seus liderados: "Eu os tenho chamado amigos".

Hunter (2004) informa que "o que as pessoas querem dos líderes é autenticidade, a habilidade de serem verdadeiros com as pessoas; não queremos líderes inflados de orgulho e fixados em si mesmos. Os líderes arrogantes, ou seja, tóxicos, são um estrago para muitas pessoas".

Por isso, quando os livros falam de lideranças exemplares, Jesus é citado na maioria deles (HUNTER, 2004; AUNI, 2011; BAKER, 2013). Como modelo perfeito, além de ter o eneatipo 1 (transformador), ele tem características de todos os eneatipos, que se manifestam nos momentos em que são necessárias e adequadas. É o perfeito exemplo do líder Eco-LÓGICO.

2) Liderança Colaborativa (corresponde ao eneatipo do ajudante):

A Liderança Transformadora foca em seguidores ou líderes para desenvolver suas habilidades e, dessa forma, promover sua autoestima. Chama-se Transformacional porque o líder deve ser capaz de modificar a visão dos liderados.

James MacGregor Burns descreveu a teoria da liderança transformadora em 1978.

Esse tipo de liderança é ideal quando a empresa precisa que seus colaboradores procurem ações ou ideias inovadoras, ou precisa fortalecer o comprometimento e o otimismo.

Exemplos desse tipo de liderança podem ser Mahatma Gandhi, Martin Luther King Jr. e Elon Musk, também exemplos de líderes Eco-LÓGICOS.

3) *Liderança Transcultural* (corresponde ao Eneatipo vencedor):

A ideia de Frank Brown, que descreveu essa liderança em seu livro *Liderança Transcultural*, é que ela serve em contextos de negócios ou em qualquer tipo de instituição que cruze fronteiras. Sua abordagem une as melhores práticas da liderança empresarial tradicional com a consciência de que o mundo é composto por uma grande diversidade de culturas, valores e tradições muito diferentes.

O líder transcultural deve ser capaz de entender o fundo e a forma de várias culturas e sua pluralidade, além de possuir consciência cultural. Você deve ter a capacidade de se comunicar efetivamente, saber ouvir e se relacionar com pessoas de qualquer formação.

Seu principal objetivo deve ser manter sua equipe coesa. Para isso, você deve conhecer as diferenças de cada membro para melhorá-los em benefício da empresa.

4) Liderança *Laissez-Faire* (corresponde ao eneatipo individualista):

Seu nome vem da expressão francesa "Laissez-faire, laissez passer", que significa "deixem fazer, deixem passar".

É um estilo que aparentemente não tem liderança, porque permite que os liderados façam tudo da forma que quiserem.

Muitos pensarão que não há uma liderança real. Mas, na realidade, significa que o líder confia que seus liderados cumprirão o que propõem. O líder, dessa forma, realiza a gestão das tarefas, delegando e promovendo a responsabilidade de seus líderes, e dando o necessário treinamento prévio.

O objetivo é aumentar a produtividade. Na ausência de supervisão direta, os liderados ganham autonomia e podem desenvolver sua criatividade sem limitações.

O importante é que as tarefas e objetivos sejam esclarecidos desde o início. E que a pessoa seja conhecida ou reconhecida como especialista ou profissional que sabe gerenciar seu tempo e recursos ou que a equipe seja composta por colaboradores que já demonstraram alto desempenho na tarefa.

Essa liderança é altamente adequada para líderes que trabalham com *freelancers* ou profissionais independentes, pois capitaliza sua criatividade e respeita sua forma de trabalhar.

Um exemplo desse tipo de líder é Warren Buffett.

5) Liderança Disruptiva (corresponde ao eneatipo pesquisador)

Esse tipo de liderança baseia-se em desafiar seus líderes a buscar novas soluções para ideias profundas, analisar novas necessidades e desenvolver novos produtos e serviços. Dessa forma, você tem a capacidade de melhorar significativamente os processos e a forma de fazer as coisas na empresa.

De acordo com a EADA Business School, essa liderança aplica três desafios: substituir o senso de segurança com experimentação, mudar a hierarquia rígida com estruturas organizacionais flexíveis e transformar covardia em coragem.

Da mesma forma que a Liderança Transformacional incentiva a participação criativa de seus líderes e confia neles.

Exemplos típicos são Bill Gates e Steve Jobs.

Mas não houve na história, e certamente não haverá, um líder mais disruptivo do que Jesus Cristo. Ele modificou todo o sistema, cada vez que disse: "Ouviste que disseram..., porém eu vos digo..." Ver Matheus 8: 38-45 do Novo Testamento. De certo era necessária muita coragem pessoal para enfrentar o "*status quo*" da época.

6) Liderança Ágil (corresponde ao eneatipo leal)

Como o nome indica, essa liderança está ligada à agilidade e à capacidade de tomar decisões sob pressão. Essas são algumas das "habilidades difíceis" mais exigidas nos ambientes de trabalho atuais.

Um líder ágil tem a missão de otimizar os processos na empresa para rápida tomada de decisão, permitindo que aqueles liderados se concentrem apenas em sua tarefa. Você deve estar preparado para liderar sob condições voláteis e incertas de mudança. Eles devem fornecer aos seus líderes estabilidade diante da incerteza predominante e saber como reagir rapidamente aos obstáculos que surgem, da mesma forma que o líder disruptivo faz processos baseados em princípios tradicionais questionados.

Uma das grandes responsabilidades do líder ágil é estabelecer uma cultura de mudança e, de alguma forma, redesenhar a estratégia de negócios para enfrentar desafios futuros.

7) Liderança Feliz (corresponde ao eneatipo entusiasta)

A liderança da Felicidade deve ter como centro a pessoa, do humano organizacional e do humano empresarial. O primeiro enfatiza o colaborador como ser humano, e o segundo enfatiza o colaborador como trabalhador. A partir da compreensão dessas dimensões, propõe-se um modelo de liderança da felicidade que articula o componente felicidade para as áreas de gestão de uma empresa. Com indicadores que mostram a felicidade não só dos colaboradores, mas também dos clientes e acionistas. Esse conceito foi expresso por Jaime González Díaz, Enrique Ochoa Dearco, Diego Cardona Arbeláez (2018).

Em resumo, a liderança feliz convoca o sentimento de bem-estar, não só do líder e da equipe, mas de todos os que de alguma forma interagem com a empresa. Uma empresa Eco-LÓGICA se incumbe, em primeiro lugar, das pessoas, todas elas.

Recentemente ouvi da própria voz do sr. David Neeleman, fundador da companhia Azul: ele conversou com seu mentor, e perguntou a ele quanto tempo ficava pensando nos bons resultados da empresa e nos clientes. Esse respondeu:

"Eu nunca penso nisso, eu penso em fazer da minha empresa um lugar onde os funcionários sejam felizes, autenticamente felizes. Se assim for, eles conseguirão contagiar com suas ações **os clientes, os fornecedores e até os concorrentes**".

8) Liderança Autocrática (corresponde ao eneatipo desafiador)

Esse tipo de liderança se caracteriza por seguir uma linha tradicional que, em geral, não ouve os membros da equipe.

Tende a tomar decisões mais autoritárias e verticais, essencialmente orientadas com a tarefa que corresponde a cada liderado e do ponto de vista do líder.

Funciona melhor com um líder que tem muita experiência e sabedoria.

Bandeira, Marques e Santos estudaram esse tipo de liderança em 2005, e há inúmeros exemplos nas empresas, visto que são os líderes mais fáceis de se encontrar. Infelizmente, entre eles encontramos menos líderes Eco-LÓGICOS.

9) Liderança Ambiental (corresponde ao eneatipo entusiasta)

O Líder Ambiental está em uma missão para mostrar ao resto do mundo o quão próximos a economia e os estilos de vida estão ligados à saúde geral do planeta. É o líder Eco-LÓGICO por excelência.

Essa liderança deve enfrentar os desafios apresentados pela era moderna e está ligada de alguma forma ao ativismo de onde são promovidas diferentes ações, como a reciclagem, o uso responsável da água, a luta contra o consumismo e o uso de materiais não degradáveis.

O líder ambiental reconhece que as relações sociais fazem parte dos nossos ambientes humanos, entende que a realidade é algo integral, e tenta adaptar sua orientação para o bem-estar do mundo, da sociedade e dos seus liderados.

10) Liderança Eco-LÓGICA (corresponde ao melhor de cada eneatipo)

Essa liderança corresponde à visão de ser o melhor líder que deixa um legado nas vidas das pessoas e do planeta. É uma liderança que não deixa o ego falar mais alto. Pelo contrário, o líder Eco-LÓGICO coloca o ego no seu devido lugar.

Na liderança Eco-LÓGICA, o outro é mais importante, pois entende que quando se beneficia o outro, a vida o recompensará. O bem-estar de si, da sociedade e do planeta deve ser sempre considerado, pois vivemos em um ecossistema.

Veja essa entrevista que motivará líderes a colocarem em prática o Design Biofílico nos ambientes de trabalho, para justamente proporcionar um ambiente acolhedor, criativo, produtivo aos liderados. O líder Eco-LÓGICO aplica o Design Biofílico como premissa para promover um ambiente de bem-estar e consequentemente de bons resultados.

Ao aplicar o Design Biofílico no ambiente de trabalho, o líder demonstra que cultiva as sementes que são seus liderados, para que cresçam de forma saudável e gerem bons frutos, resultando em lindas árvores frutíferas.

Design Biofílico

Imagem: freepik.com

No ambiente de trabalho, a liderança pode fazer bom uso da Arquitetura Biofílica ou Design Biofílico, com grandes benefícios para o bem-estar dos colaboradores e aumento de produtividade e criatividade do time. Veja esta LÓGICA na entrevista abaixo, com a arquiteta Lívea Rocha.

Entrevista da arquiteta Lívea Rocha
Arquitetura Biofílica.

@livearocha
Como a natureza pode ajudar a melhorar o ambiente de trabalho?

1 - O que é o design biofílico?

O design biofílico é uma forma de projetar ambientes usada para promover experiências de contato com a natureza nos ambientes construídos com o objetivo de levar mais saúde e bem-estar para as pessoas. O termo design biofílico surge com o autor Stephen Kellert a partir da compreensão da hipótese da biofilia, que demonstra como nós seres humanos temos uma necessidade de conexão inata com a natureza, por também sermos parte da natureza e nos desenvolvermos ao longo de milhares de anos em contato direto com ela.

2 - Quais os benefícios em geral que o design biofílico proporciona?

São vários, em geral são benefícios ligados à saúde e bem-estar das pessoas. O design biofílico busca promover um bem-estar integral, ou seja, não só no aspecto físico, mas também no aspecto psicológico e mental. Por exemplo, em algumas pesquisas vemos na prática a redução do estresse e da ansiedade, o aumento de produtividade e criatividade, entre outros benefícios.

3 - No ambiente de trabalho, quais os impactos do design biofílico?

Existem pesquisas que mostram resultados muito interessantes no ambiente corporativo, por exemplo, uma delas foi realizada nos EUA em um escritório com 90 pessoas e comparou a recuperação de um baixo nível de estresse entre aqueles colaboradores com vista para a natureza e aqueles que viam uma parede branca, e constatou a recuperação mais rápida naqueles com vista para a natureza, que ao olharem pela janela tinham uma redução na frequência cardíaca. Uma pesquisa realizada com dados de 16 países sobre os impactos do design biofílico no ambiente de trabalho pela empresa Terrapin Bright Green constatou também que os colaboradores de empresas que possuem elementos naturais no ambiente de trabalho, como plantas e luz natural, relataram aumento no nível de bem-estar em 15%; também 15% de aumento em criatividade e 6% de aumento em produtividade.

4 - Podemos dizer que o design biofílico é um restaurador mental?

Podemos dizer que sim. O espaço onde vivemos, trabalhamos e ficamos, de maneira geral, influencia diretamente em como agimos, reagimos, sentimos e interagimos uns com os outros. Veja, por exemplo, um espaço criado exatamente para gerar estresse, agitação e conflito, que é a casa do *Big Brother Brasil*, vemos um excesso de informações em formas, texturas e cores fortes, além de uma iluminação branca excessiva. É o contrário do que trabalhamos com o design biofílico, que busca exatamente levar saúde e bem-estar para as pessoas. Em espaços de trabalho, isso é muito nítido, aqueles espaços de trabalho que incorporam a natureza proporcionam um ambiente menos fatigante mentalmente, mais tranquilo e que permita uma atenção mais fácil e restauram a capacidade mental.

5 - Qual a reação do ser humano sem e com o design biofílico?

Em geral, em ambientes com design biofílico percebe-se uma reação mais positiva se comparada às reações em ambientes sem o mesmo. Entendo que isso se deve exatamente pelo design biofílico sempre vir baseado em pesquisas científicas que buscam entender o ser humano e aquilo que faz bem a ele, na natureza. Sobre isso, ainda como resultado da pesquisa que mencionei anteriormente da Terrapin Bright Green, constataram que em ambientes de trabalho com design biofílico as pessoas relataram mais sentimentos positivos de felicidade e inspiração, já em ambientes de trabalho sem o design biofílico houve um maior relato de sentimentos negativos como ansiedade e tédio.

6 - Quais elementos são utilizados para aplicar o design biofílico?

Existem no design biofílico 24 estratégias que podemos usar nos ambientes, entre cores, texturas, materiais, formas e outras, mas mais importante do que aplicar esses elementos como um *check-list* é entender o contexto local, as circunstâncias de cada ambiente, das pessoas que usarão o espaço, suas necessidades e principalmente lembrar o porquê de aplicar o design biofílico. Qual é o motivo dessa aplicação? Trazer saúde, bem-estar, qualidade de vida às pessoas que irão usar esse espaço, aí sim, com isso em mente fica mais claro quais elementos são mais apropriados para cada espaço e quais são as experiências de contato com a natureza que iremos proporcionar para essas pessoas.

7 - As cores têm impacto sobre o ambiente de trabalho? Cite algumas para um equilíbrio no ambiente.

Sim! Cores que aparecem em grande proporção na natureza, como o verde e os tons terrosos, são boas opções para ambientes de trabalho, pois nos tranquilizam, mas não em excesso, induzem um equilíbrio no ambiente. Já a cor vermelha, por exemplo, nos agita, aumenta o nível de estresse, geralmente não é bom usarmos essa cor em ambientes de trabalho, a menos que a pessoa seja muito parada e que precise de um empurrãozinho para agir. Isso é importante entendermos também: para quem é aquele ambiente, se a pessoa, por exemplo, for muito agitada e tiver com dificuldades de concentração, o uso do azul é muito bem-vindo.

8 - Como aplicar o design biofílico de forma prática no ambiente de trabalho?

Eu indico fazer uma consultoria ou um projeto com um profissional do design biofílico, pois conseguimos avaliar o ambiente e as pessoas que irão utilizá-lo como um todo e identificar as melhores aplicações para cada caso. Mas se for para eu passar duas dicas gerais, eu diria, primeiramente, para que a pessoa posicione a mesa de trabalho dela o mais próximo possível de uma fonte de luz natural. Em contato com a luz natural, temos a regulagem do nosso ritmo biológico, o ciclo circadiano, o que impacta diretamente na nossa saúde. Em segundo lugar, é importante observar a circulação do ar no ambiente, sempre abrir a janela, para que tenha uma boa ventilação e renove o ar, o que influencia na nossa capacidade cognitiva e, consequentemente, na nossa produtividade.

9 - Resumidamente, quais os benefícios que uma empresa terá ao aplicar o design biofílico?

De maneira resumida, para ambientes de varejo, as pesquisas mostram um aumento no número de vendas, uma maior permanência dos clientes na loja e uma atração maior de clientes.

Em espaços corporativos, como mencionei acima, há o aumento de produtividade e criatividade dos colaboradores, redução no presenteísmo, que seria o colaborador de corpo presente, mas com a mente longe do trabalho e a redução do absenteísmo, as pessoas tendem a querer estar presentes no ambiente de trabalho, o que ajuda na redução de rotatividade da equipe.

10 - Uma Liderança Eco-LÓGICA foca nas pessoas e no meio ambiente para gerar resultados sustentáveis. Como a arquitetura biofílica tem tudo a ver com a Liderança Eco-LÓGICA?

De fato, tem tudo a ver. A arquitetura biofílica (também conhecida como design biofílico) fala sobre construir/projetar lugares para pessoas. Busca compreender a natureza humana, entendendo o que faz bem para o ser humano e como levar essas experiências benéficas para os ambientes onde as pessoas estão, seja uma cidade inteira ou apenas um cômodo da casa. E é interessante observar que, quando temos essa preocupação genuína, geramos também saúde e bem-estar para nossa ECO, nossa casa, nosso lar, que em escala macro seria nosso planeta.

Um exemplo bem específico e simples... Acabamos de falar de cores, certo? Se eu indico para um cliente pintar seu *home office* com um determinado tom de verde, para que ele tenha alívio de estresse e aumento de produtividade, não faria sentido eu indicar uma marca de tinta para essa pintura, que tenha um alto índice de COVs (compostos orgânicos voláteis), que podem causar no ser humano dores de cabeça, alergias, irritações nas mucosas, falta de ar, fadiga, tontura... e que também seria liberada no nosso planeta tanto nos cursos d'água, como no ar, prejudicando demais formas de vida. Se eu pretendo levar saúde, eu preciso me certificar de que todo o processo cumpra com esse objetivo, e eu desconheço um processo que realmente leve saúde para o ser humano (digo aqui sobre promoção de saúde, que é diferente de tratamento de doenças), que prejudique a saúde do planeta de alguma forma. Aquilo que gera saúde no micro também costuma gerar saúde no macro. Esse foi um exemplo de ordem bem física e ambiental, mas também podemos olhar o resultado sustentável do ponto de vista econômico e social. Promovendo um ambiente de trabalho, por exemplo, que contribua para a retenção de funcionários, um ambiente em que se sintam bem e tenham prazer em ir trabalhar, reduzimos a rotatividade e a abstenção da equipe, aumentamos sua produtividade, criatividade e sensação de bem-estar. O quanto isso contribuiria com o aumento de receita de uma empresa e redução de custos com demissões e novas contratações para suprir de repente a baixa na produtividade da equipe?

11 - Qual mensagem essa grande arquiteta biofílica quer transmitir para os líderes de todo o Brasil?

Uma mensagem importante para os líderes é que reconheçam a importância do ambiente de suas empresas, tanto para o bem-estar dos funcionários, quanto para o próprio crescimento dela. A geração que hoje está no mercado de trabalho é uma geração caracterizada pela busca de experiências e qualidade de vida, hoje a rotatividade dos funcionários é maior do que nas gerações anteriores, reter talentos nas empresas não tem sido tarefa fácil, e muitas vezes não é o fator financeiro que vai mantê-los, mas a qualidade de vida que terão naquele local de trabalho. O ser humano tem uma necessidade inata de contato com a natureza e hoje vivemos mais de 90% do nosso tempo fechados em ambientes internos, o que impacta diretamente na nossa saúde. Ter em sua empresa um espaço que promova essa experiência é em parte suprir uma necessidade que todo ser humano tem, por isso, vemos resultados nas pesquisas que mostram benefícios não só em vendas, mas para todos os envolvidos, clientes, colaboradores, líderes e outros.

CAPÍTULO 6

Essa é a LÓGICA da liderança:

"100% dos clientes são pessoas.
100% dos funcionários são pessoas.
Se você não entende de pessoas,
você não entende de negócios."

Simon Sinek

Entrevistas de líderes e empresas Eco-LÓGICAS

- **Imobiliária Souza Gomes**
- **Capitalismo Consciente Brasil**
- **Sustentech**
- **Regen Ecossistemas**

Transcrevo a seguir entrevistas que fiz com empresas que são exemplos de Liderança Eco-LÓGICA.

SOUZA GOMES – Imobiliária de Juiz de Fora

A imobiliária Souza Gomes, localizada em Juiz de Fora, Minas Gerais, está no mercado desde 1980.

Fundada pelo falecido Sr. Roberto de Souza Gomes, é atualmente administrada pela viúva Norma Peron de Souza Gomes, junto com os filhos Diogo Souza Gomes e Victor Souza Gomes. A empresa é referência no segmento imobiliário de Juiz de Fora e região.

Segue entrevista com o CEO – Diogo Souza Gomes

@diogosouzagomes

@souzagomesimoveis

Imagem: Imobiliária Souza Gomes.

1 - Como a Souza Gomes influencia na saúde física e emocional dos colaboradores?

O princípio do nosso negócio é a transparência. Quando falo de transparência, isso pode parecer muito amplo. Mas, para nós, significa tratar o colaborador e o corretor como parceiros de negócio, sem rodeios.

Nossa contratação é muito clara. Eu costumo dizer que "o bicho pega", mas o jogo é aberto o tempo todo. Alinhamos desde o início: "Você está dentro? Faz parte do seu negócio?".

Trabalhamos ao longo dessa jornada com transparência e cumplicidade, mostrando que todos fazem parte do processo. Seja na decisão sobre o próximo uniforme, na escolha de uma camisa para a corrida, ou na participação em um empreendimento, decidimos tudo juntos. Esse método colaborativo e transparente de gestão fortalece o emocional da equipe, pois todos se sentem parte do processo.

Os gráficos de resultados estão expostos no corredor, visíveis a todos. Assim, todos sabem quem está ganhando, o que está acontecendo e como estamos evoluindo. Tudo é muito claro, o que contribui diretamente para a saúde emocional dos colaboradores. Eles realmente se sentem pertencentes.

Além disso, somos muito abertos. As salas são acessíveis a todos: a minha, a do Victor, a da Norma. Estamos sempre de porta aberta, sem essa ideia de chefia intocável. Somos uma equipe de 50 pessoas que conversam, almoçam e tomam café juntas, independentemente do cargo ou função.

Aqui, não há distanciamento ou barreiras. Em outras empresas, o dono muitas vezes é inacessível, quase uma "estrela". Aqui, não é assim.

A nossa verdade é simples: tratamos os outros como gostaríamos de ser tratados. Fazemos o que acreditamos ser certo, e isso fortalece a identidade comportamental do nosso time.

No aspecto físico, temos diversos projetos para cuidar do bem-estar da equipe. Já tivemos aulas de dança, e atualmente temos um grupo de corrida chamado "Corretor Corredor", que é muito legal! O objetivo é incentivar a prática de exercícios e cuidar da saúde.

Fornecemos camisas, organizamos pontos de encontro e pagamos as inscrições para corridas de rua em Juiz de Fora. Esse grupo é um sucesso: muitos já perderam peso e melhoraram a saúde, criando um verdadeiro ecossistema de incentivo a ponto de fazer todos saírem da inércia, já que todos postam no grupo suas atividades físicas diariamente.

Também oferecemos momentos de meditação às quintas-feiras e mensalmente organizamos um Clube do Livro, coordenado pela jornalista da Souza Gomes. Esses projetos não têm ligação direta com os resultados financeiros, mas sabemos que, ao cuidar do bem-estar das pessoas, o trabalho acontece de forma melhor e mais eficiente.

Outras iniciativas incluem palestras mensais com psicólogos convidados; sorvete liberado para os colaboradores e uma sala de descanso com rede para todos cochilarem após o almoço.

No longo prazo, essas ações fazem bem para os colaboradores, que passam a valorizar mais a empresa, os colegas e o ambiente de trabalho. Dessa forma, conseguimos construir um ecossistema positivo e sustentável.

2 - A Liderança Eco-LÓGICA foca nas pessoas e no meio ambiente. Como a Souza Gomes se adéqua a essa LÓGICA?

Deveríamos fazer muito mais dentro dessa lógica, mas fazemos o que é possível hoje dentro do nosso negócio. Temos projetos de melhorias contínuas ao longo do tempo.

Já faz cerca de cinco ou seis anos que praticamente não emitimos contratos em papel. Adotamos a assinatura digital muito antes da pandemia. Alugamos e vendemos, em média, três imóveis por dia. Se pensarmos bem, cada contrato de locação tem cerca de 15 páginas. Essa é a lógica!

Impacta? Não impacta? O que interessa é fazermos a nossa parte.

Adotamos várias práticas sustentáveis que estão ao nosso alcance, como a reutilização de água; energia fotovoltaica desde 2017, gerando nossa própria energia a partir da luz solar; redução no uso de papel; separação de lixo; eliminação de copos descartáveis e plásticos, tudo aqui é feito com vidro ou porcelana. São pequenos detalhes, mas cuidamos para fazer a nossa parte.

3 - Quais são os valores inegociáveis da Souza Gomes?

O principal valor da Souza Gomes é a lealdade. Somos tão transparentes que eu sempre peço: não seja desleal comigo.

Temos os 11 mandamentos da Souza Gomes, e um deles é a lealdade. Outro mandamento é: ser feliz aqui. Trabalhar aqui tem que ser legal. É claro que há cobranças, mas você precisa estar feliz – emocionalmente e financeiramente. Você tem que querer trabalhar. Eu costumo dizer que nossos funcionários precisam gostar da segunda-feira.

Sofremos muito quando a lealdade é quebrada, especialmente quando um funcionário sai por sacanagem. Isso é algo que não admitimos.

Se um corretor quer sair para montar sua própria imobiliária, eu ajudo. Se um funcionário deseja crescer ou abrir seu próprio negócio, tudo bem. Eu apoio. Mas seja justo comigo. A lealdade é inegociável.

4 - Como a Souza Gomes inspira líderes Brasil ou mundo afora?

Inspiramos pelo exemplo! Hoje em dia, é muito fácil falar, principalmente com as redes sociais dando voz para todos. Estamos cheios de "empreendedores de palco", vendendo soluções milagrosas e passando a ideia de que tudo é fácil e rápido. Mas a verdade é que as coisas não funcionam assim.

Em 2025 completo 28 anos de Souza Gomes, e posso dizer: eu trabalho muito. Inspiramos quando mostramos o que fazemos, de verdade. Quando falamos dos 11 mandamentos da Souza Gomes, o último é um grande exemplo: todos aqui limpam o chão. Isso vale para a copeira, para mim, para a Norma e para o Victor.

Normalmente, somos os primeiros a chegar e os últimos a sair. Nosso maior jeito de inspirar é sendo exemplo e provando que dá para ser pequeno e, ainda assim, fazer diferente.

Dois princípios básicos da Souza Gomes: primeiro é fazer o arroz com feijão bem-feito. Em um mercado onde muitos querem inventar moda, criar vídeos para YouTube ou bombar no Instagram, muitas vezes se esquece o básico. Nosso primeiro ponto é simples: faça o feijão com arroz bem feito.

O segundo princípio é sempre pensar no consumidor. Por isso, sempre nos perguntamos: o que podemos fazer de diferente para melhorar hoje? Como podemos envolver nossa sociedade? E não apenas falando de imóveis, mas usando nossa marca e imagem para nos conectarmos com as pessoas, as deixando mais perto.

Essa postura acaba repercutindo no mercado lá fora e, de alguma forma, inspirando quem nos acompanha.

5 - A Souza Gomes ganhou o prêmio de melhores empresas para se trabalhar de Minas Gerais. O que a liderança decretou como política, para chegar ao ponto de receber esse prêmio?

Esse prêmio é muito interessante porque é baseado em um questionário anônimo, respondido por todos os colaboradores. Para mim, a premiação só vem para reforçar que estamos no caminho certo.

Tudo o que falei até agora – criar um ambiente agradável, ser transparente, cobrar muito, mas também entregar resultados, valorizar as pessoas, pagar bem – vai além do óbvio. É mais do que oferecer plano de saúde e odontológico, algo que todas as empresas deveriam ter. Fazemos um pouco mais para construir um ecossistema completo e positivo.

É muito mais sobre o que fazemos no dia a dia do que sobre a viagem ou o resort no final do ano. Essas ações cotidianas são a verdadeira essência. Se fôssemos um bando de patrões sacanas no dia a dia, não seria uma viagem que resolveria as coisas.

Esse prêmio é apenas a coroação de tudo que realizamos diariamente. Todo ano, quando vejo os resultados, digo: "Gente, o que me importa nessa premiação é o relatório, que mostra se estamos indo na direção certa. Se isso nos coloca em primeiro, segundo, terceiro ou décimo lugar, ótimo! Mas o mais importante é saber que estamos no caminho certo."

No final das contas, essa validação é muito mais significativa do que estar no pódio ou não.

6 - Como a Souza Gomes tem se desenvolvido para cada vez mais proporcionar bem-estar às pessoas?

Acredito que nosso desenvolvimento acontece por meio de processos. Nosso principal foco, quando falamos de pessoas, não é apenas na equipe interna, mas também no público externo – nossos clientes.

Quando conseguimos desenvolver nossa equipe interna para oferecer um atendimento melhor, executar processos mais claros, fazer negociações imobiliárias mais tranquilas e seguras, estamos impactando diretamente a experiência do cliente.

Além disso, utilizamos a tecnologia para facilitar tudo isso. Hoje, um inquilino pode fazer uma proposta de aluguel pelo computador ou celular; enviar os documentos de forma digital; receber e assinar o contrato online e muito mais. Assim, ele só precisa vir até nós para tomar um cafezinho, pegar a chave e mudar-se para o novo apartamento.

Mas não adianta ter tecnologia se nossa equipe não estiver preparada para receber o cliente e ajudá-lo no uso dessas ferramentas.

É a soma de pessoas, processos e tecnologia que nos permite estar mais próximos dos nossos clientes.

7 - Quais ações a Liderança da Souza Gomes faz em prol do cliente?

Fazemos muitas coisas, mas não temos uma ação específica que seja voltada apenas para o cliente. Acredito que é o conjunto da obra que acaba refletindo nele.

Por exemplo, quando patrocinamos um show e viabilizamos entretenimento para a cidade, de alguma forma estamos impactando o cliente.

Ao realizar uma ação social que beneficia a sociedade, isso também reflete no cliente. Quando investimos em tecnologia, e isso facilita o atendimento e a experiência do cliente, estamos contribuindo para o processo.

Além disso, temos multicanais de conversa que aproximam o cliente da nossa marca e reforçam a conexão entre nós.

Criamos ainda experiências positivas que vão além. Quando o cliente chega a uma pizzaria e encontra a Beta em tamanho real oferecendo uma pizza, não estamos falando de imóveis. Estamos falando do envolvimento das pessoas, memórias, conectando a marca Souza Gomes ao cliente de maneira especial.

É sempre sobre criar experiências positivas que vão além do óbvio.

8 - Uma vez que a Liderança Eco-LÓGICA é um modo de vida, qual a importância da Liderança Eco-LÓGICA hoje em dia?

Quando pensamos em liderança Eco-LÓGICA, estamos falando de ESG, ações voltadas para o ambiental, social e governança que muitas vezes parecem distantes da realidade das pequenas empresas, que representam a maioria da nossa sociedade. Mas, na verdade, tudo começa com o simples: faça o que está ao seu alcance!

Seja economizando um clipe, deixando de imprimir 10 folhas ou qualquer outra atitude que traga impacto positivo, o importante é começar a olhar para o seu negócio com foco em como fazer a sua parte.

Por exemplo, antigamente recebíamos os boletos de condomínio, imprimíamos tudo e arquivávamos em pastas, imóvel por imóvel. Quando tínhamos 200 imóveis, isso era administrável, mas hoje são 1.500! Imagine a quantidade de papel que isso exigiria.

Muitos poderiam pensar: "ah, sempre fizemos assim. Impressoras são baratas, papel é barato." Mas, será que existe uma solução melhor? Foi aí que decidimos arquivar tudo digitalmente. Sim, deu mais trabalho no início, mas nos acostumamos. Hoje, não imprimimos mais nada: boletos, relatórios, tudo é feito online.

Agora pense: se cada empresa economizasse 2.000 folhas por mês, o impacto seria gigantesco! Só em Juiz de Fora, isso representaria caminhões de papel e muitas árvores poupadas.

Não é inútil economizar uma folha. Nem toda empresa pode investir em grandes projetos como energia fotovoltaica, mas sempre dá para separar lixo, reutilizar recursos e economizar onde for possível.

Um exemplo simples foi quando um funcionário comentou: "Diogo, a torneira da Souza Gomes solta muita água. Que tal colocar uma presilha para reduzir o fluxo?"

Fizemos isso. Resultado: reduzimos em 50% o consumo de água da torneira. Multiplique isso pelas mais de 100 pessoas que a usam todos os dias e o impacto é enorme, tanto na conta quanto no consumo consciente de água.

Essas pequenas mudanças no trabalho começam a se refletir nas casas dos colaboradores. Eles levam essas reflexões para suas famílias e multiplicam esse pensamento sustentável. Cinquenta pessoas falam para cinquenta famílias, e esse impacto vai ganhando força, isso sem falar da reverberação dessas iniciativas em redes sociais.

9 - Quem adquirir o livro *Recicle sua Liderança* vai ganhar um marcador que é um papel semente para plantar e, dessa forma, concretizar uma atitude Eco-LÓGICA, deixando um legado no planeta. Como a Souza Gomes pode contribuir com essa ação?

Vamos plantar árvores e pensar em uma ação conjunta: um dia lúdico para fazer essa demonstração. Fizemos algo semelhante no ano passado, durante o lançamento de um condomínio aqui em Juiz de Fora, em que todos os corretores foram convidados a plantar uma árvore no futuro bosque do condomínio.

10 - O que é liderança para a Souza Gomes?

Liderança é, através do papel de líder, conseguir mostrar o caminho às pessoas.

Eu acho que as pessoas confundem muito liderança com chefia. Não é ficar atrás de uma mesa mandando fazer. A liderança está muito mais ligada a: "Olha, talvez pela minha posição, eu tenha mais experiência que você para te dar a diretriz do caminho certo, mas estou aqui para te dar a mão quando necessário."

Quando a gente ouve a expressão "liderar pelo exemplo", muitos acham isso um bordão, algo que todo mundo fala. Mas nosso diferencial na Souza Gomes hoje – nem vou dizer que é apenas a liderança – é o suporte. Estamos aqui o tempo todo no papel de líderes: eu, Norma, Victor, Ricardo, Aline, como suporte para a equipe.

A gente está aqui para trabalhar. Eu não atendo o cliente final, quem atende é o meu corretor, é a recepcionista. Eu trabalho para eles. Eles são os meus clientes. Eles é que vão refletir a imagem da minha marca lá na frente.

Para a gente, liderar está muito ligado a isso: ser o exemplo, ser o suporte, ser o lugar de apoio que o time precisa para crescer, muito mais do que chefiar ou mandar.

11 – Qual mensagem Diogo Souza, esse grande empresário, quer passar para os grandes líderes do Brasil?

Faça mais e fale menos. Seja coerente com o que você fala. Outro dia, ouvi de uma pessoa: "Diogo, a gente vê você nas redes sociais, e, quando a gente te encontra pessoalmente, encontra seu time, entra na Souza Gomes, vê que é tudo de verdade. A gente consegue perceber essa constância, essa coerência entre o que vocês mostram e o que executam".

A gente costuma dizer que é no offline que as coisas acontecem. Muitos empresários estão ancorados só em redes sociais, mas podem acreditar: 90% das nossas realizações acontecem no offline.

Então, execute mais e fale menos. Só tem um jeito de se destacar no mercado: trabalhando mais e melhor do que os outros. Não há outro caminho. Esse é o grande segredo, o grande recado que eu posso dar para o leitor: o milagre do palco não existe!

Você não vai ficar milionário da noite para o dia, você não vai ganhar milhões de euros na internet, você não vai lançar um infoproduto ou uma startup e, necessariamente, ficar milionário e virar um unicórnio daqui a um ano. O jogo é muito mais complexo que isso.

Esse mundo empreendedor nem sempre é justo. É preciso trabalhar muito, muito mais. Ser Souza Gomes é ser... feliz!

Imagem: Arquivo Imobiliária Souza Gomes. Prêmio Souza Gomes.

Imagem: Arquivo Imobiliária Souza Gomes. Prêmio Souza Gomes.

Imagem: Arquivo Imobiliária Souza Gomes. Sala de descanso.

11 mandamentos da Souza Gomes

1. Ser humilde.
2. Ouvir mais os clientes e ouvir suas necessidades.
3. Criar uma relação ganha-ganha com meus colegas.
4. Respeitar as diferenças e se colocar no lugar do outro.
5. Ser um profissional Quebre as Regras.
6. Estar aberto a mudanças e novos desafios.
7. Buscar todos os dias desaprender para aprender algo novo.
8. Superar rápido as derrotas e aprender com os erros.
9. Ser leal.
10. Ser feliz aqui.
11. Aqui todos limpam o chão!

CAPITALISMO CONSCIENTE® BRASIL

Imagem: Logo do movimento Capitalismo Consciente.

O Instituto Capitalismo Consciente Brasil é a representação oficial do movimento global, aqui no Brasil. Desde 2013, ajuda a transformar a forma como se fazem negócios e investimentos no país. Acredita no poder e na responsabilidade das empresas no avanço da Agenda 2030 proposta pela Organização das Nações Unidas, traduzida em seus 17 Objetivos do Desenvolvimento Sustentável.

Fonte: https://ccbrasil.cc

Transcrição da entrevista com a Eco V2 sobre Liderança Eco-LÓGICA (Capitalismo Consciente).

Entrevista cedida por Daniela Garcia – Diretora de Operações.
Perguntas:

1. Como o capitalismo consciente é baseado na LÓGICA?
2. O capitalismo consciente impulsiona a inovação disruptiva. Muitas empresas atualmente possuem dificuldades em se adaptarem às mudanças. Quais as consequências para as empresas que não implementarem os princípios ESG?
3. Uma liderança consciente resulta em muitos benefícios. Como o capitalismo consciente contribui para afiar os índices no aspecto ambiental, na produtividade, na economia, proporcionando assim um resultado sustentável?
4. Visto que a Liderança Eco-LÓGICA é baseada na LÓGICA, que é foco nas pessoas e no meio ambiente para gerar resultados, como o capitalismo consciente vem se harmonizar com essa LÓGICA?
5. A Liderança Eco-LÓGICA é uma liderança sustentável que ecoa marcas positivas nas pessoas e no planeta. Como o capitalismo consciente pode ajudar lideranças "tóxicas" a tomarem atitudes, nem que sejam, em um primeiro instante, embrionárias, mas que aos poucos caminhem em prol dessa LÓGICA?
6. O lucro consciente começa na mente. Como, de forma diária, o capitalismo consciente pode efetivamente ajudar os líderes nessa mudança de mindset?

Texto de resposta para todas as questões:

O Capitalismo Consciente é um movimento global que se originou nos Estados Unidos a partir de um estudo acadêmico conduzido por Raj Sisodia, JafShereth e David Wolf. O estudo tinha o objetivo de verificar como algumas empresas conseguiam manter alta reputação e fidelidade dos clientes sem ter investimentos exorbitantes em publicidade e marketing.

Antes de ser publicado, o estudo chegou ao conhecimento de John Mackey, CEO da Whole Foods, que identificou no manuscrito muitas características e atitudes que há muitos anos já aplicava em seu negócio. Posteriormente, com a contribuição de Mackey, o estudo evoluiu para o livro *Firms of Endearment* (traduzido no Brasil como "Empresas Humanizadas"), publicado em 2007, que explana sobre como as empresas lucram a partir da paixão e propósito. A prática é baseada em quatro princípios: Propósito Maior, Cultura Consciente, Liderança Consciente e Orientação para Stakeholders.

Propósito Maior: o propósito de uma empresa deve ser muito mais do que simplesmente gerar lucros: é a causa pela qual a empresa existe.

Liderança Consciente: os líderes conscientes são responsáveis por servir ao propósito da organização, criando valor para todos os seus stakeholders e cultivando uma cultura consciente de confiança e cuidado.

Orientação para Stakeholders: um negócio deve gerar diferentes valores para todas as partes interessadas, os chamados stakeholders.

Cultura Consciente: é a incorporação dos valores, princípios e práticas subjacentes ao tecido social de uma empresa. Ela conecta os stakeholders uns aos outros e ao seu propósito, pessoas e processos.

Estes pilares são o norte para que líderes e empresas sigam por uma jornada constante de ampliação de consciência sobre seu impacto na sociedade e no planeta.

O movimento entende que quanto mais uma empresa está alinhada ao seu propósito e colocando-o no centro de seu planejamento estratégico, mais ações sustentáveis e coerentes serão construídas na gestão; também reforça que líderes conscientes do seu propósito e do seu papel são líderes que servem, que trazem seus stakeholders no coração e com ética, verdade e transparência, criam equipes muito comprometidas e com performances muito altas.

Também é fato que toda a empresa orientada para stakeholder entende que está inserida num grande sistema e que todos os que estão ao seu redor são importantes.

Uma empresa capitalista consciente trata todos os seus stakeholders de forma equânime, e nunca igualitária. Cada um tem sua forma de ser tratado, mas todos com igual importância. Ela também cria laços e relações de valor compartilhado com todos stakeholders e entende que isso é fundamental para as suas atividades. Somos todos parte de um sistema e esse sistema deve andar bem e saudável para que os resultados aconteçam.

Finalmente, as empresas alinhadas aos conceitos do capitalismo consciente têm uma cultura interna consciente e alinhada de seu propósito, guardiã das ações construtivas. Colaboradores se reconhecem, se sentem acolhidos, confiantes, e tratam o negócio como deles.

As métricas ESG1 estão completamente alinhadas com os pilares do capitalismo consciente. Especialmente orientação para stakeholder. Uma empresa capitalista consciente já sabe a importância dos seus stakeholders, ela olha para fora, conhece o tamanho do seu impacto e devolve à sociedade grande parte do que ela lhe entregou. Da mesma forma, as empresas que trabalham suas métricas ESG olham para fora e sabem que devem apresentar resultados sustentáveis e que mitigam riscos internos e externos, além disso, entendem que seus resultados devem mirar o bem da sociedade e do planeta.

Essas são empresas que já entenderam que tudo começa por uma boa governança, além da importância de uma gestão ética e transparente que prepare a empresa para suas relações com investidores e público geral.

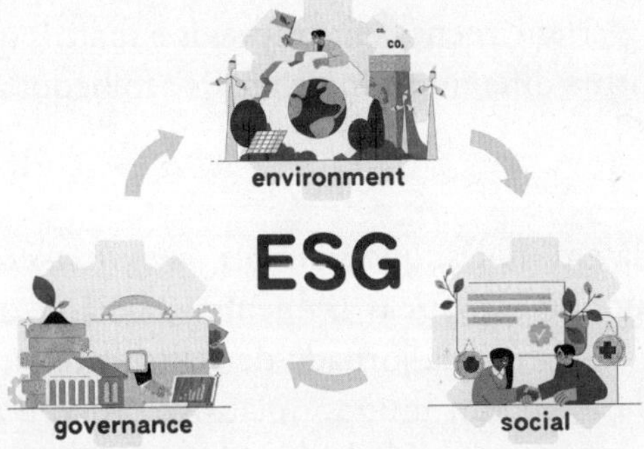

Imagem: freepik.com

Também são empresas que olham para o seu social interno com muito carinho e atenção, tratando seus colaboradores de forma respeitosa e acolhedora, incluindo diversidade de gênero, raça, idade, percebendo a riqueza e criatividade, e que isso traz ao conjunto de colaboradores; da mesma forma que olham para o social externo buscando abraçar ações, causas humanitárias e projetos sociais relevantes que busquem diminuir desigualdades e provar que empresas podem de fato ser protagonistas de transformações reais.

Finalmente, empresas alinhadas com métricas ESG são aquelas que se preocupam com o meio ambiente, tratando-o como um de seus stakeholders mais nobres e importantes, tomando atitudes que vão desde a gestão de seus resíduos, gestão da água, compensação de carbono até o protagonismo de outras ações importantes no campo climático.

Não é mais possível que empresas negligenciem essas métricas. O planeta e as pessoas sofrem a cada dia com essa negligência. As empresas que não estiverem alinhadas aos princípios ESG não sobreviverão muito mais tempo. Ou por conta da falta de transparência de seus resultados e ações, o que impacta diretamente na sua reputação de marca e busca por novos investidores, ou pela diminuição de seus consumidores, que exigem cada vez mais que empresas se engajem por problemas da sociedade, que exemplifiquem seus discursos de sustentabilidade.

Até mesmo os colaboradores hoje já escolhem suas empresas por alinhamento de valores.

As novas gerações buscam lugares onde se reconhecem e reconhecem grandes atitudes na sociedade. O capital intelectual existente hoje já busca acolhimento e pertencimento em empresas e marcas que olham para o ser humano de forma diferente e muito mais acolhedora. Essas empresas entendem de ESG.

1 – ESG, sigla em inglês, que significa *environmental, social and governance* e corresponde às práticas ambientais, sociais e de governança de uma organização. ESG é uma jornada de transformação dos negócios e envolve a construção de um mundo inclusivo, ético e ambientalmente sustentável, que garanta a qualidade de vida para todos.

Portanto, torna-se fundamental que todas as empresas, de todos os portes e segmentos, estejam olhando para essas métricas com especial atenção e cuidado. Identificando lacunas internas que possam ser rapidamente corrigidas ou preenchidas para que entrem na trilha e sigam a jornada do ESG com mais velocidade e transparência.

O credo do capitalismo consciente define um negócio desta forma: "Um negócio é bom porque cria valor, é ético porque é baseado na troca voluntária, nobre porque pode elevar a existência, e heroico porque tira as pessoas da pobreza e gera prosperidade".

Além disso, é possível complementar a ideia afirmando que empresas que têm seu propósito claro conseguem maximizar seu lucro, pois engajam seus stakeholders pelas relações de valor compartilhado e seguem juntos sempre numa jornada de prosperidade.

O líder consciente que conduz essa empresa está sempre alinhado com seu propósito, e com isso é exemplo para seus colaboradores. Negócios que alinham lucro com propósito são diferentes e mais rentáveis, porque exercitam o bem para todos que estão ao seu redor.

Acreditamos que esse mindset é o novo modo de pensar de líderes que são conscientes do seu impacto e responsabilidade na sociedade e optam por gerar valor de forma positiva, constante e sempre baseado em valores como integridade e verdade.

Para conhecer mais, convido todos a assistirem aos vídeos sobre capitalismo consciente no YouTube.

A história:
https://www.youtube.com/watch?v=32lCRTKG3ok
O propósito:
https://www.youtube.com/watch?v=sUAAUNyeMK8&t=9s
Orientação para Stakeholder:
https://www.youtube.com/watch?v=2kM1TVGYy-0
Liderança Consciente:
https://www.youtube.com/watch?v=9vzQ2_N_U0g
Cultura Consciente:
https://www.youtube.com/watch?v=RV8fbHpaOac
Os livros do Capitalismo Consciente:
https://www.youtube.com/watch?v=Mf4xWalowIk&t=103s
... e nosso vídeo institucional mais recente:
https://www.youtube.com/watch?v=xMeqLYHIG4o

Transcrição da entrevista com a empresa SUSTENTECH, mais um exemplo de empresa Eco-LÓGICA.

Imagem: Arquivo Sustentech.

1 - Conte, por favor, um pouco da história da SUSTENTECH.

A Sustentech nasceu naturalmente da experiência e formação do seu fundador, João Marcello Gomes Pinto, desde a faculdade.

João Marcello se formou em Engenharia Civil pela Escola Politécnica da Universidade de São Paulo, em 2002, e em seguida foi para a Alemanha, onde obteve o título de Mestre em Engenharia de Recursos Naturais pelo Instituto de Tecnologia da Universidade de Karlsruhe, Alemanha, em 2006. Logo depois, fez sua Pós-Graduação em Gerenciamento de Riscos Ambientais pela Universidade das Nações Unidas, Tóquio, no Japão, 2007.

Quando voltou ao Brasil em 2007 com essa bagagem de conhecimentos e com a vivência do mercado internacional, o interesse pelas certificações de sustentabilidade estava se iniciando, com o estabelecimento do capítulo brasileiro do Green Building Council, criador da certificação LEED e o início das atividades da Fundação Vanzolini como representante da certificação francesa AQUA HQE no Brasil.

A fundação da Sustentech em 2007 e o início das atividades em consultoria para certificação em sustentabilidade foi, então, bastante natural.

Ao longo desses anos, a Sustentech tem ampliado suas atividades para abranger outros tipos de consultoria, como atendimento à norma NBR 15575, etiquetagem PBE Edifica, e outras certificações de sustentabilidade, como BREEAM, EDGE, ZERO ENERGY, entre outras.

Mais recentemente, com o surgimento das certificações em saúde e bem-estar, a Sustentech passou a oferecer também essa abordagem aos seus clientes com as certificações WELL, Fitwel e HBC, além de ampliar o seu escopo para abraçar o escopo de consultoria ESG para as empresas.

A inovação e crescimento da atuação da Sustentech no mercado é uma busca constante da empresa pela formação contínua de seus profissionais. O próprio João Marcello cursou a Especialização em Ciências Holísticas e Ecologia Profunda na Schumacher College, Inglaterra, em 2019, além de ser profissional certificado LEED AP e HBC PRO, auditor AQUA-HQE. A equipe da Sustentech conta também com profissionais certificados LEED AP, WELL AP, HBC PRO, FITWEL Ambassador e muitas outras.

2 - O que fez com que a SUSTENTECH fosse escolhida para a certificação de qualidade e bem-estar do projeto do Rancho em Paraíba do Sul?

Bruno Gagliasso e Sustentech são parceiros de longa data quando o tema é sustentabilidade. O Bruno sempre foi uma pessoa engajada em temas como sustentabilidade e saúde & bem-estar, e sempre contou com o apoio técnico da Sustentech nas empreitadas em que se envolve com relação ao tema. Cada vez mais o Bruno vem trazendo sustentabilidade para sua vida, seus negócios e empreendimentos, e faz questão de que a Sustentech aporte todo conhecimento e expertise técnica na área.

3 - Quais são os critérios para uma empresa ser certificada em qualidade e bem-estar? E quais são os relacionados à certificação de sustentabilidade?

O que é certificado são os ativos fixos das empresas, ou seja, suas edificações e empreendimentos. Os conceitos de sustentabilidade e saúde e bem-estar foram incorporados ao processo de execução da edificação, desde a sua concepção, passando pelo projeto arquitetônico, depois todos os projetos de engenharia (hidráulica, iluminação, ar-condicionado, paisagismo, etc.) e depois são aplicados durante toda a execução da obra, gerando menos resíduos, reaproveitando e reciclando todos os materiais possíveis, gerando menos ruídos, poeiras e incômodos para o entorno.

Existem vários referenciais para certificação tanto em sustentabilidade quanto em saúde e bem-estar – são conjuntos de critérios reunidos por organismos independentes baseados em seu conhecimento do estado da arte e do que é disponível no mercado. Este órgão é quem confere a certificação aos empreendimentos que comprovam o atendimento aos seus critérios.

São referenciais de sustentabilidade: LEED, AQUA-HQE, BREEAM, Selo PBE EDIFICA, EDGE, GBC Casa e Condomínio, GBC ZERO ENERGY, entre outras.

São referenciais de saúde e bem-estar: WELL, WELL HEALTH SAFETY RATING, FITWEL e HBC (HEALTHY BUILDING CERTIFICATE).

Os critérios considerados nas certificações de sustentabilidade são tipicamente a localização do empreendimento, mobilidade dos ocupantes e disponibilidade de serviços no entorno, cuidados durante a obra, eficiência e uso racional da água; eficiência e redução do consumo de energia, uso de energia renovável; iluminação natural e artificial, presença de contaminantes no ar interno, uso de materiais sustentáveis, e reciclados, paisagismo, entre outros.

Os critérios considerados nas certificações de saúde e bem-estar são tipicamente a qualidade do ar; qualidade da água; cuidados com a nutrição, exercícios físicos e prevenção de estresse, qualidade da iluminação, redução de níveis de ruído, seleção de materiais que não representem risco ou toxicidade para os ocupantes e conforto térmico, entre outros.

4 - Quais são os valores da SUSTENTECH?

https://www.sustentech.com.br/about.

Nossos valores que nos guiam

- Excelência na técnica e visão de negócios.
- Cuidar das pessoas.
- Nossos cases falam por nós.
- Sustentabilidade como negócio.
- Relações de confiança.

5 - Como a SUSTENTECH contribui de forma prática para a conscientização de uma Liderança Eco-LÓGICA?

A nossa atuação é, por si só, uma forma prática de conscientização para a liderança que busca a sustentabilidade. Além de dar as soluções técnicas para alcançar a maior sustentabilidade possível em cada empreendimento, mostramos o benefício dessas decisões para a empresa e todos os seus stakeholders, o que vai além de cumprir tabela e alcançar uma certificação.

6 - O meio ambiente é um dos stakeholders das empresas. Quais conselhos a SUSTENTECH concederia às lideranças que ainda não se conscientizaram dessa importância?

Que entendam que o impacto causado pela operação da empresa no meio ambiente tem relação direta com a saúde e sustentabilidade do seu negócio, seja pela avaliação feita pelos atores econômicos (mercado financeiro, investidores) como pelos demais stakeholders, como clientes e colaboradores, que buscam cada vez mais consumir e estar associados a empresas que efetivamente pratiquem a responsabilidade ambiental, social e a governança corporativa.

7 - As métricas ESG integram os processos da SUSTENTECH? Relate por favor sobre este aspecto.

As métricas ESG a serem adotadas em um empreendimento dependem fundamentalmente do tipo de impacto que aquele empreendimento gera no ambiente, em função de sua materialidade. As métricas ESG relevantes para uma mineradora ou uma refinaria de petróleo são completamente diferentes das métricas ESG relevantes para um banco, um hospital ou uma empresa de TI.

A consultoria desenvolvida pela Sustentech aborda diretamente os aspectos de sustentabilidade das edificações (E), os aspectos de saúde e bem-estar dos ocupantes (S) e o uso de certificações e padrões como forma de governança (G).

8 - O movimento Capitalismo Consciente é um grande movimento composto por líderes conscientes. Os princípios que norteiam esse movimento se enquadram nos princípios da SUSTENTECH?

Sim. O foco da atuação da Sustentech é levar práticas técnica e economicamente validadas para o mercado corporativo, incorporando-as ao mainstream dos negócios. É um dos nossos valores – a sustentabilidade como negócio. Na nossa visão, a sustentabilidade não é uma utopia de pessoas bem-intencionadas, porém desconectadas da dura realidade dos negócios. Ao contrário, é a forma de trazer os conceitos da sustentabilidade para o dia a dia das empresas justamente pelo fato de que ela agrega valor, reduz custos, considera riscos ambientais e sociais inerentes a qualquer modelo de negócio, e coloca as empresas como transformadoras de seus mercados e da sociedade em prol de um planeta sustentável e saudável.

9 - O projeto de uma bioconstrução é aliado ao projeto da SUSTENTECH?

Bioconstrução é o termo utilizado para se referir a construções onde a preocupação ecológica está presente desde sua concepção até sua ocupação. Já na concepção, as bioconstruções valem-se de materiais que não agridam o ambiente do entorno, pelo contrário: se possível, reciclam materiais locais, aproveitando resíduos e minimizando o uso de matéria-prima do ambiente. Todo projeto foca no máximo aproveitamento dos recursos disponíveis com o mínimo de impacto. Esse conceito está totalmente alinhado à filosofia e atuação da Sustentech.

Em seu grau mais avançado, as chamadas bioconstruções são feitas em uma escala que compreende uma ou algumas casas, geralmente concebidas e implantadas pelo proprietário, ao passo que a robustez dos critérios que a Sustentech utiliza nos seus trabalhos permite que essa abordagem seja estendida de forma consistente ao mundo corporativo, em qualquer escala, como prédios, shoppings, hotéis, hospitais, e até bairros e cidades.

10 - Qual é a aderência em termos percentuais a projetos sustentáveis hoje no Brasil?

Aderência à sustentabilidade não é um conceito SIM ou NÃO. É um processo progressivo. Nesse sentido, toda a construção vem se tornando cada vez mais sustentável, pois há benefícios óbvios na redução de consumo de recursos naturais, na redução da geração de resíduos, no uso de materiais locais, etc.

11 - Quais são os passos fundamentais para mitigar os impactos ambientais e sociais em uma edificação?

Em relação aos impactos ambientais, o caminho é sempre o planejamento e a concepção cuidadosa, integrando todas as disciplinas desde o início do empreendimento. O arquiteto que cria uma fachada de vidro que tem alta absorção de calor tem que estar em contato estreito com o projetista do ar-condicionado, que vai projetar um dos sistemas de maior consumo de energia da edificação. A seleção adequada de um vidro com baixa absorção de calor vai dar o mesmo efeito estético buscado pelo arquiteto com uma economia no investimento necessário no sistema de ar-condicionado, e uma redução importante no consumo de energia ao longo de 30, 40 anos de vida útil do empreendimento. É uma configuração onde todos ganham. Agora, se essa visão integrada não é praticada desde a concepção do projeto, as ações necessárias para corrigi-las se tornam inviáveis. Já pensou o custo de trocar toda a fachada de vidro de um prédio? Ou trocar todo o sistema de ar-condicionado? Não é muito mais lógico avaliar as alternativas possíveis e selecionar a mais adequada logo no início da concepção do empreendimento?

12 - Finalize, por favor, com uma frase, ou um breve texto, que resuma a importância de exercermos uma Liderança Eco-LÓGICA desde já.

Sustentabilidade (incluindo os cuidados com a saúde e bem-estar dos ocupantes) não é mais uma questão de escolha. É um caminho sem volta. O mercado financeiro já precifica o risco ambiental embutido em cada empreendimento. E as pessoas com quem a empresa interage, sejam clientes, fornecedores ou colaboradores, cada vez mais querem estar associadas a práticas éticas e sustentáveis. Os líderes que não estiverem alinhados com isso estarão ultrapassados em muito pouco tempo.

Imagem: Arquivo Sustentech.

Imagem: Arquivo Sustentech.

Imagem: Arquivo Sustentech.

Imagem: Arquivo Sustentech.

Imagem: Arquivo Regen Ecossistemas.

1 - Como surgiu a ideia da Regen Ecossistemas?

A Regen nasceu de um grande problema que existe nos plantios de reflorestamento, a alta mortalidade de árvores recém-plantadas. Nascemos para garantir que toda árvore plantada irá sobreviver e se tornar adulta, então aprimoramos isso e fomos além, agora, além de garantir, nós aceleramos o crescimento dessas árvores, pois o mundo não tem mais tempo pra esperar.

2 - Qual a missão da Regen Ecossistemas?

Acelerar a regeneração interior das pessoas.

3 - Exercer uma Liderança Eco-LÓGICA é respeitar o próximo e o planeta. Como a Regen Ecossistemas executa na prática essa liderança?

Tomando a frente nas ações do coletivo.

4 - A Liderança Eco-LÓGICA é uma liderança consciente, que faz a diferença na vida das pessoas e do planeta. Como a Regen Ecossistemas se adéqua a essa LÓGICA?

Agindo em coletivo.

5 - Quais são os valores inegociáveis da Regen Ecossistemas?

Aceleração da regeneração.

Já são muitos anos de discussões sobre poluição, ecossistemas, metas climáticas, etc. Não existe mais tempo para esperar, precisamos agir com assertividade e agilidade.

6 - Como a Regen Ecossistemas inspira líderes Brasil afora?
Através de nossas ações. O único jeito de liderar é pelo exemplo.

7 - Internamente na empresa Regen Ecossistemas como a liderança atua junto ao time proporcionando bem-estar?
Dando liberdade aos líderes de equipe que, dentro da nossa filosofia, têm autonomia para executar o melhor para todos.

8 - Como a Regen Ecossistemas quer se ver daqui a 5 anos?
Regenerando muitos hectares de áreas desmatadas e nascentes esquecidas.

9 - Quais os próximos projetos delineados pela Regen Ecossistemas em prol do planeta?
Levar conhecimento e experiência ambiental através dos produtos das empresas, com uso das nossas tecnologias.

10 - Uma vez que a Liderança Eco-LÓGICA é um modo de vida, como que cada um, ao exercer sua autoliderança, pode contribuir com o planeta no seu dia a dia?
Regenerando-se intimamente. Desenvolvendo sua moral.

11 - Como a Regen Ecossistemas tem contribuído com a relação entre a população e o meio ambiente?
Através de nossos produtos/experiências, levando conhecimento e experiência, ajudando pessoas a escolher empresas elevadas na moral.

12 - Quem adquirir o livro Liderança Eco-LÓGICA vai ganhar uma muda para plantar uma árvore e, dessa forma, concretizar uma atitude Eco-LÓGICA, deixando um legado no planeta. Como a Regen Ecossistemas pode contribuir com essa ação?
Plantaremos árvores e aceleraremos esses plantios por meio de nosso trabalho, contribuindo, assim, para com o planeta.

13 - O que é liderança para a Regen Ecossistemas?
Ser exemplo.

14 - Qual a mensagem que os proprietários da Regen Ecossistemas querem deixar para empresários, líderes no que tange à contribuição de um capitalismo consciente?

Tudo parte de um desenvolvimento moral, as gerações encarregam-se de acelerar esse processo. Hoje nossa missão é aprender com os mais novos.

15 - Ser Regen Ecossistemas é ser...

Um acelerador de regeneração. É ser parte de um movimento de mundo melhor.

CAPÍTULO 7

Essa é a LÓGICA da liderança:

“Dar o seu melhor neste exato momento vai colocá-la no melhor lugar possível no momento seguinte.”

Oprah Winfrey

Entrevista da Empresa Papel Semente: Sustentabilidade – Tendência ou realidade? A semente da inspiração

Em um determinado dia, que até então parecia ser um dia como outro qualquer, uma semente foi plantada no solo fértil da minha imaginação. Venha comigo ver como essa semente germinou, cresceu, floresceu e está dando muitos frutos. Vamos juntas?

Semeando Sonhos Sustentáveis

Depois de iniciar uma jornada dentro de uma ONG – Organização Não Governamental –, primeiramente, buscando ajuda: uma decepção com uma pessoa muito próxima, a quem considerava bastante, me levou a um estado de depressão. Eu encontrei a minha salvação no trabalho voluntário da instituição que mantinha as crianças ocupadas no seu contraturno escolar, com oficinas socioeducativas, e que mantinha a reciclagem de papel como sua base de sustento.

Mergulhei profundamente nas atividades desempenhadas pela organização, ao passo que ia me fortalecendo outra vez com os novos aprendizados e a crença de que, de alguma forma, tudo voltaria a dar certo. Da posição de voluntária, me tornei vendedora dos produtos desenvolvidos na oficina de papel reciclado da Organização, entre eles, blocos, cadernos e agendas.

Pouco a pouco, fui assimilando a eficácia daquele trabalho destinado a garantir melhor qualidade de vida àquelas crianças que orbitavam em torno do lixão existente no local. A busca por diversas especializações me elevou à qualidade de coordenadora de projetos socioambientais da instituição.

Portanto, a minha história com o papel e meu olhar para as questões ambientais e sociais começa lá atrás na instituição e com essa comunidade que, como citei anteriormente, ficava em torno de um lixão na cidade em que eu morava. Então, ali, eu pude ver e vivenciar que onde tinha a questão do lixo, a pobreza estava presente, onde tinha a pobreza, o lixo também se fazia muito presente.

Plantando as Raízes do Negócio

E a história da nossa empresa Papel Semente começa quando meu filho único, Luis Felipe, decidiu estudar e fazer faculdade no Rio, o lugar que ele vinha apenas nas férias, e morar com o pai (sou separada do pai dele). Eu sou de Niterói, mas morava no interior de São Paulo. Como mãe de um único filho (vocês entendem isso, não é mesmo?), resolvi me mudar também, voltar para a minha cidade, Niterói.

E aí, conversando, pensamos "o que é que vamos fazer?". Na época, Paulo, meu marido, viu uma reportagem sobre uma empresa na Inglaterra que mandava uma carta para seus clientes que, em vez de jogar a carta fora, plantava o papel, o chamado papel semente (*seed paper*). Paulo começou a fazer os primeiros testes na nossa casa e viu que dava certo. "Nada é mais forte do que uma ideia cujo tempo chegou" (Victor Hugo).

Aconteceu tudo muito junto, a gente testou o papel, viu que dava certo. Felipe decidiu morar no Rio, eu decidi botar a minha chácara à venda no interior de São Paulo e resolvi voltar para minha terra natal. Meus pais ainda eram vivos, mas eu queria ficar próximo a meu filho. Coloquei a chácara à venda, que demorou um tempo até ser vendida. Para honrar meu contrato com a ONG, preparei pessoas para ficarem no meu lugar. Como se diz: tudo junto e misturado. Emoções, desejos, anseios, dúvidas e muito frio na barriga em iniciar uma nova jornada na minha cidade natal.

Quando finalizei a venda da chácara, escrevi para meu filho informando. Como ele estava em intercâmbio no Canadá, contou ao pai dele que eu e meu atual marido tínhamos vendido a chácara e estávamos voltando ao Rio. Também sugeriu que montássemos algo juntos. Assim, surgiu a Papel Semente, uma empresa familiar com três sócios.

Como empresa, acreditamos em uma constituição de sociedade de complementaridade. Treinamos (sim, essa escolha é um treino diário) para não deixar os egos individuais falarem à frente do negócio (ir do ego para o eco). Entendendo que a empresa foi criada para cuidar do outro, das pessoas e do planeta. "O sucesso não tem a ver com quanto dinheiro você ganha, mas com a diferença que você faz na vida de outras pessoas" (Michelle Obama).

Florescendo com sustentabilidade

Com a minha vivência dentro de uma ONG, queria que meu negócio tivesse lucro, mas também que pudesse ajudar nossa cadeia produtiva. Então, desenhei a gestão e a operação pensando na cadeia de sustentabilidade. Hoje entendemos quando falamos em ESG/ASG como pilares Ambientais, Sociais e de Governança em uma empresa.

Tive que estudar e ler muito para entender o contexto ambiental que estávamos tratando. Foi o momento de pesquisar sobre desperdício de recursos naturais, poluição, crise climática e exclusão social na indústria de papel. Por isso, compartilharei algumas indignações que foram transformadas em ação dentro de nosso negócio.

Essa é a minha visão na Papel Semente: transformar a sustentabilidade em uma realidade. É sustentabilidade na prática.

Superando adversidades

Os primeiros anos foram desafiadores. Enfrentamos diversos obstáculos e momentos de dúvida. No entanto, cada problema foi um catalisador para seguir com a inovação e muita resiliência. A perseverança tornou-se uma força motriz, e a visão da Papel Semente se fortaleceu diante das adversidades.

Conforme eu lia, estudava e pesquisava, fui identificando diversos problemas que me sensibilizaram e me provocaram:

- **Desperdício de Recursos Naturais:** a indústria tradicional consome grandes quantidades de árvores, água e energia, resultando em uma exploração desses recursos naturais. Isso leva à degradação ambiental e à perda de ecossistemas;
- **Poluição Ambiental:** a produção de papel convencional envolve o uso de produtos químicos tóxicos que poluem rios e solos, contribuindo para a degradação da qualidade da água e do solo;
- **Catadores:** muitos catadores de resíduos enfrentam condições de trabalho precárias e exclusão social. A falta de oportunidades dignas de emprego contribui para a marginalização desses trabalhadores;
- **Impacto Climático:** o processo de produção convencional de papel também gera emissões significativas de gases de efeito estufa, contribuindo para as mudanças climáticas e o aquecimento global;
- **Falta de Conscientização sobre Sustentabilidade:** falta de conscientização sobre as alternativas sustentáveis de consumo e a importância de se adotar práticas e produtos ecologicamente corretos.

A Papel Semente é uma resposta a esses problemas, propondo práticas mais sustentáveis nos negócios. Abordando o desperdício de recursos naturais, reduzindo a poluição ambiental, criando oportunidades de trabalho dignas para catadores de resíduos, para a comunidade de nosso entorno, para gerar autonomia financeira para outras mulheres e contribuir para a mitigação das mudanças climáticas. Além disso, busca conscientizar as empresas e os consumidores sobre a importância da sustentabilidade, transformando-a em uma tendência, em uma realidade que beneficia o planeta e a sociedade.

Impacto positivo no meio ambiente

Temos diversos impactos positivos no meio ambiente, incluindo:

- **Redução do Desmatamento:** ao reciclar papel pós-consumo, a Papel Semente ajuda a reduzir a demanda por novas árvores para a produção de papel, contribuindo para a preservação das florestas e a redução do desmatamento;
- **Conservação de Recursos Hídricos:** a produção de papel tradicional é intensiva em água. Ao adotar práticas de reciclagem e uso eficiente da água (possuímos um circuito fechado de água), contribui-se para a conservação dos recursos hídricos;
- **Redução de Emissões de Carbono:** a reciclagem de papel e a minimização do desperdício na produção ajudam a reduzir as emissões de gases de efeito estufa auxiliando na luta contra as mudanças climáticas. Adotamos a prática de frete neutro. Nossas vendas têm a emissão de CO2 compensadas;
- **Restauração da Biodiversidade:** as sementes presentes nos produtos da Papel Semente germinam quando plantadas, contribuindo para a restauração de áreas verdes e a promoção da biodiversidade local. Nossas sementes possuem registros no RENASEM (Registro de Semente e Mudas do Ministério da Agricultura) além de permitir rastreabilidade;
- **Menor Poluição da Água e do Solo:** não utilizamos nenhum produto químico e/ou tóxico na produção de papel semente;
- **Promoção da Economia Circular:** seguimos os princípios de economia circular, reutilizando recursos e minimizando o desperdício;
- **Conscientização e Educação Ambiental:** promove a conscientização e a educação ambiental entre empresas, consumidores e comunidades, incentivando práticas mais sustentáveis no dia a dia.

Impactos positivos na sociedade

- A parceria com catadores de resíduos proporciona oportunidades de trabalho dignas e uma fonte de renda para eles. Além disso, temos uma programação de geração de renda e diminuição da pobreza local (80% dos colaboradores são moradores da comunidade); com as mulheres, um programa de geração de renda para autonomia financeira.

- Ajuda a conscientizar a sociedade sobre a importância da sustentabilidade, educando empresas e consumidores sobre como fazer escolhas mais responsáveis e promovendo práticas de negócios ecologicamente corretas.
- Colabora com iniciativas locais de plantio e restauração de áreas verdes, apoiando a comunidade e promovendo a biodiversidade. Adotamos um espaço em uma comunidade pesqueira e plantamos frutíferas nativas para recuperar a região. Além de projetos com hortas escolares para as quais destinamos nosso papel semente para isso.
- Ao adotar práticas de negócios inovadoras e sustentáveis, a Papel Semente serve como um exemplo inspirador para outras empresas e negócios, incentivando a inovação no campo da sustentabilidade.
- Contribuição para Objetivos Globais de Desenvolvimento Sustentável (ODS): apoiamos diretamente diversos Objetivos das Nações Unidas, como ODS 8 - Trabalho Decente e Desenvolvimento Econômico; ODS 11 - Cidade e Comunidades Sustentáveis; ODS 12 - Consumo e Produção Responsável; ODS 15 - Vida Terrestre.
- Consumo Consciente: ao oferecer produtos ecológicos, encorajamos os consumidores a fazerem escolhas mais conscientes e responsáveis. Além de promover impacto ambiental, também gera impactos positivos na sociedade, contribuindo para uma economia mais inclusiva e responsável.

E como saber se estamos alcançando resultados com o que propomos? Fazemos isso medindo o impacto de nossas ações e escolhas. A mensuração dos resultados tangíveis de um negócio como a Papel Semente envolve a coleta de dados e indicadores específicos para avaliar o impacto.

Alguns dos resultados tangíveis que a empresa pode mensurar incluem:

- **Redução no Consumo de Recursos Naturais:** nosso papel semente é produzido 100% de aparas pós-consumo. Até hoje, reciclamos 150 toneladas de papel. Com isso, 3.816 árvores deixaram de ser derrubadas. Poupamos 1.7000.000 litros de água e 654 MW/hora de energia elétrica.
- **Redução de Emissões de Carbono:** há 3 anos, o envio de nossos pedidos são todos com frete neutro;
- **Neutralização:** 0,38 toneladas de dióxido de carbono equivalente (CO2eq), referentes à pegada de carbono administrativa de 2023. Iniciamos a medição este ano para neutralizar 2023;
- **Aumento nas Vendas de Produtos Sustentáveis:** crescimento anual de faturamento nos últimos 5 anos;
- **Melhoria na Participação de Mercado:** crescimento da empresa desde sua fundação (2009). Mais consumidores e empresas adotam produtos sustentáveis;
- **Impacto na comunidade do entorno:** 80% dos colaboradores residem na comunidade do entorno de nossa fábrica em Guaxindiba, São Gonçalo/RJ. Mais de 20.000 clientes impactados pela aquisição de nossos produtos;
- **Educação ambiental e sensibilização:** mais de 130 palestras em escolas, empresas e universidades, sensibilizando para as causas ambientais e sociais.

À medida que a Papel Semente crescia e essa ideia germinava, percebi a importância de compartilhar minha jornada. Dar palestras e mentorias tornou-se uma extensão natural da missão da empresa. Por meio dessas experiências, posso inspirar outras empreendedoras e empresárias a abraçarem a sustentabilidade, oferecendo insights práticos sobre como superar desafios e criar negócios com propósito. "Você tem que agir como se fosse possível transformar radicalmente o mundo. E você tem que fazer isso o tempo todo" (Angela Davis).

Florescendo com sustentabilidade

Eu já sabia que a sustentabilidade não era apenas um conceito, mas um compromisso profundo para fazer a diferença. Desde a escolha de materiais até as práticas de produção, cada aspecto do negócio foi moldado pela convicção de que a prosperidade deve coexistir com o respeito ao meio ambiente. Afinal, "são as nossas escolhas que mostram quem realmente somos, muito mais do que nossas habilidades" (J.K. Rowling, escritora).

Colhendo frutos sustentáveis

Os frutos começaram a aparecer à medida que a Papel Semente ganhou reconhecimento. Parcerias significativas foram formadas, marcos importantes foram alcançados, e a comunidade ao redor começou a abraçar a proposta sustentável. Ver o impacto positivo no meio ambiente e na vida das pessoas foi a confirmação de que o caminho escolhido estava correto.

Certificar a Papel Semente como Empresa B em 2016 foi um marco em nossa jornada. Não apenas um reconhecimento, acima de tudo, um farol iluminando o caminho que escolhemos seguir: o da sustentabilidade.

As empresas B são aquelas que atendem a padrões rigorosos de desempenho social e ambiental, transparência e responsabilidade. A certificação é concedida pela organização sem fins lucrativos B Lab, com sede nos Estados Unidos. Para obter a certificação de empresa B, uma empresa deve passar por uma avaliação abrangente de seu impacto social e ambiental. Os critérios avaliam áreas como governança corporativa, práticas de funcionários, impacto na comunidade, impacto ambiental e transparência.

Ao se tornar uma empresa B certificada, uma organização sinaliza seu compromisso com objetivos além do lucro, buscando causar impacto positivo na sociedade e no meio ambiente. Essas empresas são legalmente obrigadas a considerar o impacto de suas decisões não apenas nos acionistas, mas também em outras partes interessadas, como funcionários, clientes, comunidades e o meio ambiente.

Tudo alinhado com a construção do negócio Papel Semente

Além do Sistema B, a Papel Semente já recebeu o Selo Verde do Instituto Chico Mendes. O Selo Verde é reconhecido internacionalmente, já que os consumidores do mundo inteiro estão optando por empresas e produtos sustentáveis. Ele busca diferenciar e divulgar as organizações compromissadas com a responsabilidade social e ambiental. O Selo é concedido para casos reais que se destacam pela importância, criatividade e inovação no âmbito social e ambiental.

Essa certificação reflete todas as nossas ações focadas em tecnologias produtivas mais limpas, na preservação e conservação de recursos naturais, na utilização unicamente de materiais recicláveis como matéria-prima e no compromisso de iniciativas corretas e socialmente justas.

Nessa jornada, também recebemos o Selo do Capitalismo Consciente Brasil, que tem como objetivo criar lideranças e empresas conscientes, com propósito além do lucro; e o Selo Empresa Humanizada, que tem como compromisso divulgar bons exemplos de organizações e práticas humanizadas com todos os stakeholders para que sirvam de inspiração na jornada evolutiva de outras organizações.

Em 2023, além de ganhar o 1º lugar do Sebrae Mulher de Negócios, ganhei o prêmio Ser Gente 2023 (CONGERHI) – na categoria Impacto na Sociedade pela gestão de pessoas e RH Humanizado na Papel Semente. Além do Prêmio Visão Consciente da Fecomércio RJ, que me levou para participar da Feira RNF Big Retail Show, em janeiro de 2024, em Nova York.

Costumo dizer que não trabalhamos para receber prêmios e honrarias, mas cada validação de certificação e prêmio me sinaliza que estou fazendo as melhores escolhas nesta jornada. Por outro lado, também sinto que a responsabilidade aumenta, pois sei que devo manter o olhar holístico em meu negócio e seguir fazendo as melhores escolhas (que muitas das vezes envolve abrir mão de diversas facilidades).

Continuando a Semear

Ao olhar para o futuro, vejo um campo vasto de oportunidades. Cada semente plantada na jornada da Papel Semente é uma promessa de um amanhã mais verde. Aprendi que os sonhos sustentáveis não são apenas alcançáveis, mas também essenciais para o bem-estar do nosso planeta e, consequentemente, o meu bem-estar. Continuarei a semear, além dos produtos da Papel Semente, também pelo compartilhamento aberto de conhecimento e inspiração em palestras e mentorias, esperando cultivar mais sonhos sustentáveis ao redor do mundo.

Um mundo melhor é possível e estamos semeando-o no agora.

Conte comigo!

Abraços verdes e fraternos da Andréa Carvalho.

CAPÍTULO 8

Essa é a LÓGICA da liderança:

"Liderar não é impor; mas despertar nos outros a vontade de fazer."

Márcio Kühne

Preparação da terra

Imagem: freepik.com

- Preparação da terra
- O lugar certo para o líder
- Preparação e Ensino
- O Fator Humano: Foco nas pessoas
- Participantes

Preparação da terra

Continuando com nossa alegoria, pêssegos amam o sol, então é bom que eles tenham pelo menos seis horas por dia de luz solar direta. Eles também adoram o calor, então o lugar mais quente no jardim seria excelente.

Devemos procurar um lugar que tenha um solo bem drenado, arenoso e moderadamente fértil que seja elevado para fornecer à árvore fluxo de ar adequado e reduzir o risco durante a geada. Além disso, esse solo fornecerá luz solar direta na maior parte do ano.

O líder Eco-LÓGICO deve encontrar uma maneira de dar a cada um de seus líderes um lugar adequado. Isso é conseguido estabelecendo uma estrutura de ensino e aprendizagem com cada um dos contatos que faz.

Os Valores Essenciais da empresa não são discutíveis, são os primeiros que devem aprender a colocar em ação porque são a identificação moral da empresa, o que as pessoas vão valorizar inconscientemente. Mas eles também devem descobrir e listar seus Valores Necessários de acordo com sua própria personalidade, como proponho no capítulo um.

Mas como a tarefa do líder é com as pessoas, é apropriado focar toda a atenção e atividade no desenvolvimento da excelência de seus liderados. Isto é o que foi designado como colocar um foco nas pessoas, que é a essência do que eu chamo de Fator Humano.

Aí vem o primeiro desafio para o líder Eco-LÓGICO: de que pessoas estamos falando? Pois... de todos aqueles que entram em contato com ele direta e indiretamente, ou seja, todos os stakeholders da empresa.

E o tratamento e influência devem ser iguais, horizontal e verticalmente. Isso significa que deve influenciar tanto os patrões, gestores, proprietários ou acionistas da mesma forma como influencia seus subordinados, os subordinados de outras áreas, clientes, fornecedores, agentes financeiros e membros da comunidade. Porque um verdadeiro líder é como um Sol, irradiando energia e calor. Mas essa energia e esse calor devem ser autênticos, oriundos de sua essência, a fim de causar o impacto necessário para o crescimento e expansão da empresa, não podem ser parte de uma máscara.

Mas a principal responsabilidade do líder é ajudar todos os stakeholders a se tornarem sóis que irradiam a energia e o calor da empresa, mas à sua maneira, de acordo com sua personalidade, que você aprenderá a descobrir e colocar em prática no capítulo 4. Ou seja, eles têm que se tornar líderes e se concentrar nas pessoas com quem entram em contato. Os limites são incertos e podem influenciar e modificar a vida de pessoas que nunca ouviram falar da empresa, muito menos o líder. E não é necessário, o líder tem que se reproduzir em novas sementes que darão novos frutos à sua maneira.

Colocar o foco nas pessoas significa que nos preocupamos com seu bem-estar e elas são importantes para nós. Não só em sua tarefa dentro da empresa, mas também em sua vida.

É claro que devemos ter muito cuidado ao incluir novas pessoas dentro da empresa. Uma pessoa tóxica pode levar à podridão do nosso pé de pêssego. É tarefa do líder descobri-la a tempo e erradicá-la permanentemente, para isso existem defensivos, mesmo que sejam orgânicos ou naturais. Incluir uma pessoa na empresa em uma tarefa específica significará que sua colaboração é considerada fundamental para alcançar resultados. Já vimos que uma corrente é cortada no elo mais fraco, e se colocarmos um elo que diretamente não cumpre sua função, é urgente alterá-la para que não danifique todo o sistema.

Assim, uma vez que aceitamos uma pessoa com sua individualidade, devemos cuidar dela com sua integridade em mente.

É fundamental que as pessoas nos interessem autenticamente, elas têm que perceber que queremos que elas sejam felizes e bem-sucedidas na vida. Para isso, no final do capítulo, menciono os 15 pontos para superar o Fator Humano, que empresto com a autorização do autor do livro *O outro eu*, Miguel Angel Aranjuez.

Sobre o que é o Fator Humano? Ele tenta nos conscientizar de que as pessoas e as inter-relações entre elas são o principal propósito e objetivo. Há quase 8 bilhões de pessoas no mundo e, fora do que a natureza fez, toda a história é sobre as relações que ocorrem entre as pessoas, incluindo, é claro, a relação que temos conosco. Todas as ciências foram inventadas e desenvolvidas para isso. Nós humanos não fazemos nada que não seja para os humanos. Entender isso e aplicá-lo em nossa empresa e nossa vida nos levará ao sucesso.

Existem muitos tipos de pessoas, e entre elas muitos tipos de inconsciência: há aqueles que caminham ao longo da estrada contando nuvens ou procurando ninhos, olhando para um lado e para o outro sem saber o que fazem; há as vítimas de tudo, especialistas em culpar os outros e justificar-se; esses são incapazes de cumprir suas tarefas. Mas há também aqueles que se consideram *workaholics*, mas não são focados no trabalho, é apenas uma justificativa para desperdiçar tempo.

A melhor maneira de aprender a se concentrar nas pessoas é começar focando em si mesmo, porque, apesar de toda a inconsciência, você vai concordar que, para você, você é a pessoa mais importante que existe. Colocar o foco em si mesmo significa que você deve aprender a cuidar de si mesmo, prestar atenção às suas necessidades, conhecer e aceitar suas emoções, descobrir e superar as autolimitações que você mesmo viola, descobrir a sabotagem com a qual você se pune.

Na medida em que você percebe que os limites são definidos por você, que você começa a conhecer sua própria realidade, você começa a mudar. Especialmente quando você para de culpar os outros por seus "males", e começa a pensar sobre como você pode, não só superar esses males, mas desenvolver bondade à sua maneira, de forma autêntica. E você se destaca, evolui, aprende a ser responsável, a cumprir suas obrigações e a desfrutar enquanto faz isso. Você aprende que na vida há vários sabores, e não pretende saborear apenas o doce. E você se aceita como é, com sucessos e erros, e percebe que isso é bom, você começa a descobrir o significado da palavra felicidade.

Eu chamo isso de "colocar o foco em você".

O próximo passo é uma consequência natural. Se focar em si mesmo levou a uma vida mais completa e feliz, de evolução e desenvolvimento, você pode genuinamente se interessar pelos outros. Essa é a LÓGICA.

Quando você se concentra nas pessoas, elas passarão por processos semelhantes aos seus, à sua maneira, é claro. Então você vai perceber que existem muitos tipos de pessoas: emocionais, entusiastas, individualistas, desafiadoras, prestativas, pacificadoras, perfeccionistas, bem-sucedidas e leais. Essas são as nove personalidades que estudaremos no capítulo 4. Personalidades que você não precisa descobrir por si mesmo porque com os questionários eles vão se identificar. Então, não só você dará a eles elementos para evoluir, mas você aprenderá a aceitá-los e como tratá-los para que eles evoluam também. Com *feedback* adequado, como veremos no próximo capítulo, você continuará evoluindo e sua vida será transformada em um círculo virtuoso.

Você deve conhecer claramente a cultura da sua empresa. Se você é uma empresa focada em lucros ou apenas melhorando a experiência do cliente sem melhorar a experiência do colaborador, não é uma empresa que coloca o foco nas pessoas. Em ambos os casos, o sucesso é alcançado "às custas de", no primeiro tipo é às custas do cliente e no segundo é às custas do colaborador, quando na realidade a experiência do cliente é apenas uma extensão da experiência do colaborador. Nenhuma das duas é orgânica, satisfatória ou completa.

Se a empresa quer ser realmente bem-sucedida, deve se concentrar nas pessoas, em todas elas. E a única maneira de fazer isso é ensinar e preparar cada um dos atores para serem integrais e transmitir essa integridade com foco em outras pessoas. Isso é conseguido compartilhando poder, facilitando a tomada de decisões e conectividade entre os membros, levando em conta que é mais fácil tomar decisões quando você tem uma escala clara e imóvel de valores.

Quando o líder se esforça para ensinar todos a serem líderes e se concentra nas pessoas, então os benefícios começam a vir. Eles não dependerão de moda ou sorte, apenas precisam permanecer focados nas pessoas.

Embora maximizar os lucros para manter os acionistas felizes é muito importante para uma empresa, esse é apenas um dos resultados quando a empresa é um sucesso.

Quando a empresa se baseia em valores duradouros e foca nas pessoas, os funcionários querem trabalhar para aquela empresa, os clientes querem comprar seus produtos e eles fazem, os fornecedores querem trabalhar com ela, as comunidades querem que a empresa faça parte dela e os investidores compram suas ações.

Essa é uma empresa de sucesso e crescerá rapidamente com base em sua capacidade de ser escalável.

Os 15 pontos para superar o Fator Humano

1. Cada pessoa deve participar de decisões relativas ao seu setor.
2. Você terá o compromisso de fazer pelo menos duas propostas por ano para melhorar os serviços e os cuidados, ou tornar o negócio mais produtivo.
3. Participarão de parte dos lucros anuais que seu setor produz.

4. Compartilharão parte das perdas geradas pela sua falta de responsabilidade ou comprometimento.
5. Cada colega será tratado como um cliente, e este tem enorme importância, como todos os outros que de alguma forma participam das atividades da empresa.
6. A cada 15 dias serão realizadas reuniões para conhecer melhor seus colegas, os temas a serem discutidos serão apresentados no momento e colocados em consideração ao grupo.
7. Cada ideia que produz ganhos extras será recompensada com um bônus extra.
8. Não serão aceitos críticas e compartilhamento de culpa.
9. Apenas os fatos serão apresentados e serão dadas sugestões sobre como resolver cada problema que surgir.
10. Uma vez por semana haverá reuniões curtas para discutir problemas pessoais e como resolvê-los.
11. Cada pessoa terá uma pasta com os dados pessoais e perfis de cada colega para que possa ir até eles quando precisar ou ajudá-los de outra forma.
12. Se for necessária a disciplina, todos serão solicitados a dar sua opinião e serão colocados em votação.
13. Cada novo membro da empresa deve assinar o contrato que concorda com este memorando. Se não for, você pode levantar a ressalva em algum momento, e os potenciais pares decidirão se aceitam ou não.
14. A sobrevivência da empresa estará sempre acima de qualquer outro interesse pessoal ou coletivo. E os responsáveis por isso poderão tomar decisões extraordinárias em caso de desacordos intransponíveis.
15. A empresa contribuirá com uma poupança administrada pelos proprietários, de certa porcentagem dos ganhos semanais, para ajudar economicamente em casos extraordinários a algum funcionário. É necessário que os colaboradores não saibam da existência dessa caixa, que só dará um limite para a possível ajuda da empresa. E os proprietários serão os únicos que decidirão sobre isso.

Do livro *El Otro Yo*, de Miguel Ángel Aranjuez

Antes de terminar o capítulo, eu queria esclarecer o conceito de Stakeholder, um termo que eu uso várias vezes ao longo do trabalho.

Sem dúvida, todos os tipos de negócios são compostos por duas partes:

- A empresa, que é aquela que vende ou oferece seus produtos ou serviços.
- O cliente, que é quem precisa e compra tais produtos ou serviços.

Mas o mundo dos negócios não é tão simples. Não podemos simplificar os atos de uma empresa com dois atores, mas encontramos muito mais agentes que estão ligados ao sucesso e fracasso da empresa. Os outros atores que serão influenciados de alguma forma pela atividade da empresa são chamados de "*stakeholders*".

Stakeholder é um termo composto por duas palavras em inglês:

"Estaca", que significa "poste", e "Holder", que significa "possuidor".

Podemos defini-lo, então, como "aquelas pessoas que apostaram a favor (ou contra) uma pessoa ou organização e que estão interessadas, de alguma forma, em seu desempenho. Dizem que são "grupos de interesse" ou "as partes envolvidas em um negócio". Podemos dizer que eles são os agentes que são afetados ou influenciam de alguma forma na tomada de decisão da empresa.

Alguns *stakeholders* são fáceis de identificar, como a Companhia, o Cliente, os Proprietários da Empresa, os Acionistas e os funcionários. O resto eu só vou mencionar, não acho que é necessário dar uma definição de cada um. Além dos mencionados anteriormente, temos Fornecedores, Agentes Financeiros, Distribuidores, Concorrentes, Comunidades e Governos.

Sobre concorrentes de uma empresa, temos um exemplo louvável nas lideranças da área da construção civil em João Pessoa (PB). Nesta região, os construtores costumam emprestar uns aos outros ferramentas e até grandes máquinas, que seriam muito onerosas se fossem ser compradas por todas as empresas. Assim, com essa sincronia, beneficiam-se os construtores e os clientes. O mesmo vale para a mão de obra especializada, que muitas vezes é cedida como "empréstimo", claro, sempre dentro das leis trabalhistas.

Com certeza há mais exemplos semelhantes no Brasil e no mundo, uma prática ancestral de colaboração, que só traz benefícios a todos.

CAPÍTULO 9

Essa é a LÓGICA da liderança:

"Se você quer ser um grande líder, lembre-se de tratar os outros com respeito em todos os momentos. Primeiro, porque você nunca sabe quando pode precisar de ajuda. Segundo, porque é um sinal de que você respeita as pessoas."

Simon Sinek

Preparando o solo e plantando a árvore

Imagem: freepik.com

- Prepare o solo e plante a árvore
- A sabedoria da Companhia é a comunicação
- *Feedback*
- *Feedforward*
- Escuta ativa

Para plantar o pessegueiro, prepare uma seção de solo que tenha cerca de 150 cm ou mais de diâmetro. Quebre completamente a terra com um arado ou uma pá. Essa quantidade de espaço facilita a disseminação das raízes, o que contribui com o crescimento da árvore. Além disso, a grama é voraz, então você deve ter certeza de que nenhuma grama é encontrada ao redor da base da árvore, para evitar que ela iniba seu crescimento. Você deve cavar um buraco de cerca de 30 cm de profundidade para obter melhor suporte para as raízes.

Adicione musgo de turfa e matéria orgânica como composto ao solo preparado. Você deve misturar bem esses elementos e soltar o solo. Então, regue a área onde você vai colocar a semente. Você só deve molhar a terra levemente para evitar que fique saturada.

Na semente, você já tem os elementos essenciais de um bom pêssego. Ou seja, você compartilhou os Valores Essenciais e ajudou o líder ou parte interessada a identificar seus valores necessários de acordo com seu eneatipo. Você os ajudou a identificar seu lugar certo na empresa e na sociedade. Você se concentrou em pessoas, levando em conta o Fator Humano.

Agora você deve deixá-los crescer, deixá-los desenvolver. A árvore cresce através da fluidez da seiva que vem da semente e se expande através dos diferentes elementos, como tronco, galhos, folhas, flores e frutos. Mas sabemos que o fruto não será alcançado se não houver tal fluidez de sabedoria. Em uma empresa, a seiva é a comunicação. É assim que todos os elementos estão em contato. Mas não pode ser em uma direção, deve haver *feedback* positivo, estruturas de *feedforward* e *feedback*, carregando conhecimento e informações para que ocorra uma expansão clara, mas, por sua vez, os elementos externos devem retornar ao líder com as informações necessárias para a retroalimentação positiva.

Isso é estruturado através da escuta ativa de cada um dos atores e fornecendo-lhes as informações necessárias de acordo com a posição ou tarefa que eles devem desempenhar. O próprio ator, conhecendo sua personalidade, definirá o papel que deve desempenhar na peça e devolverá as informações apropriadas ao líder, que continuará oferecendo conhecimento e informação.

O líder deve ter a estrutura de informação e conhecimento armada desde o início para entregá-la adequadamente aos atores. Mesmo assim, se possível, divididos em nove pacotes que corresponderão aos nove eneatipos, pois o líder deve saber perfeitamente como lidar com cada uma das 9 personalidades e como motivá-las.

Muitos consideram o conceito de *feedback* e *feedforward* como opostos, mas esse não é o caso. Não é como na literatura o conceito de flashback e *flashforward*, o que significa um salto para o passado o primeiro e um salto para o futuro o segundo.

Na verdade, a palavra *feedback* surgiu primeiro, é composta pelo verbo "para alimentar", que significa "feed" e "de volta", que podemos traduzir como "back" ou "return". Para esclarecer um pouco mais, podemos usá-lo como sinônimo de "resposta" ou "reação".

Foi muito utilizado em psicologia, controle da mente e PNL, fazendo parte de loops de *feedback* positivo, para corrigir o comportamento e obter os maiores benefícios do meio ambiente e de outras pessoas.

Então começamos a usá-los na administração de empresas, onde usamos com a seguinte definição:

"*Feedback* é a ação de opinar, avaliar e considerar o desempenho de uma pessoa ou grupo de pessoas no desempenho de um trabalho ou tarefa. Sendo assim, é uma ação que revela os pontos fortes e fracos, os pontos positivos e negativos do trabalho feito para corrigi-lo, modificá-lo ou melhorá-lo."

A mesma palavra é usada na engenharia de sistemas, na comunicação, na eletrônica e em sistemas de som com significados ligeiramente diferentes.

Dar e receber *feedback* é uma das atividades mais importantes do líder Eco-LÓGICO. Atividade que permite alinhar sua equipe nas *performances* esperadas, permitindo que você reforce esses comportamentos eficazes e participe e corrija aqueles que precisam ser desenvolvidos ou aprimorados.

Além do *feedback*, o conceito de *feedforward* surgiu há alguns anos, esse conceito foi desenvolvido por Marshall Goldsmith e Jon Katzenbach. Eles detectaram que, nas sessões tradicionais de *feedback*, mesmo quando eram feitas de forma construtiva, o foco estava no passado, quando a pessoa cometeu erros e objetivos não alcançados, dando a oportunidade de inventar justificativas por parte do liderado e de fugir da culpa por parte do líder, que no final acabam por provocar resistência e déficit de estima em ambas as partes.

A ideia do *feedforward* é um avanço ou *feedback* para o futuro, buscando a otimização das ações e não uma crítica a um passado com erros. Onde o líder se concentra em encontrar soluções para a realização de seus objetivos, e não em ter que inventar justificativas para fugir das responsabilidades de seus erros passados. Esse tipo de retroalimentação não gera rejeição porque não é uma crítica ao seu desempenho, mas um auxílio ao desempenho e uma possibilidade de aprendizado, para que seja sempre mais aceito, independentemente de quem tenha a capacidade de gerá-lo.

Para realizar uma "Escuta Ativa" é necessário que o líder esteja predisposto a ouvir com humildade e curiosidade. Que você saiba como permanecer em silêncio sem interromper, prestando atenção na outra pessoa, fazendo contato visual permanente. Esteja disposto a aceitar seu ponto de vista como uma perspectiva válida. Em vez de promover um choque de egos, você deve sempre apresentar sua opinião com base em fatos e dados verificáveis. E nunca termine a conversa sem ter ficado de acordo com as ações que devem ser desenvolvidas no futuro através de um compromisso mútuo entre líder e colaborador.

O *feedforward* não deve necessariamente ser feito pelo líder, o colaborador pode solicitá-lo a qualquer tipo de pessoa, deve apenas pedir sugestões e ideias práticas que ajudem a alcançar uma melhoria no comportamento e desempenho. Você deve evitar fazer valorações sobre sugestões e estar aberto a pensar sobre a possibilidade de realizá-las. Só então decidirá quais sugestões colocará em ação e quais serão rejeitadas ou adiadas.

Na realidade, não são ações opostas, mas complementares para orientar o aprendizado obtido para um desenvolvimento mais criativo e eficiente.

Mesmo sendo complementares ou incluídos um no outro, há diferenças importantes entre os conceitos de *feedback* e *feedforward*. O primeiro é orientado para corrigir e o segundo para antecipar. O primeiro foca no passado, algo que já aconteceu, e o segundo foca no futuro, na criação de soluções. O primeiro fala sobre experiências, e o segundo fala sobre possibilidades e expectativas. No primeiro, a escuta ativa deve ser aplicada pelo líder, e no segundo, deve ser aplicada pelo colaborador. O primeiro é voltado para melhoria imediata, e o segundo impulsiona a melhoria futura.

Definitivamente, os benefícios de uma comunicação fluida dentro de uma empresa são imensos. As práticas de *feedback* são indispensáveis para aprender e desenvolver eficiência aplicável imediatamente. O *feedforward* é um tipo de *feedback* totalmente orientado para criar possibilidades para o futuro em longo prazo, implementando mecanismos que serão desenvolvidos gradualmente.

CAPÍTULO 10

Essa é a LÓGICA da liderança:

"Conheça a ti mesmo e aos outros."

Cláudia Barros

O momento certo para plantar

- **O momento certo para plantar**
- **O eneagrama e Liderança Eco-LÓGICA baseada no eneagrama**
- **Os questionários**
- **O RISO-Hudson TRIE: parágrafos de identificação**
- **O ITA Riso-Hudson: afirmações de cada eneatipo**
- **Descrição da personalidade de cada eneatipo**

Eneatipo 1 - O Reformador
Eneatipo 2 - O Ajudante
Eneatipo 3 - O Triunfador
Eneatipo 4 - O Individualista
Eneatipo 5 - O Pesquisador
Eneatipo 6 - O Leal
Eneatipo 7 - O Entusiasta
Eneatipo 8 - O Desafiante
Eneatipo 9 - O Pacificador

Conselhos de liderança

O conhecimento da natureza é indispensável se quisermos fazer parte dela de forma positiva. Ou seja, fazer parte da expansão do universo e não cair na energia da contração do universo. A expansão do universo na natureza é criação, desenvolvimento e multiplicação.

E, como dissemos no início, pode ocorrer em uma árvore frutífera, em um animal (como os humanos), em uma empresa, em uma cidade ou em um país. Todos eles chegam ao momento da entropia, que é quando o saldo deixa de ser positivo para se tornar negativo. Naquele momento, a entidade que vinha crescendo com o impulso da vida começa a diminuir, a morrer. Esse é o momento em que a natureza escolhe dar um segundo passo na criação, e se a entidade deve morrer, é hora de se multiplicar. Faça da morte um ato criativo.

Para realizar esse ato criativo, a natureza usa a semente, sexo ou pessoa. A semente cria outra árvore, o sexo cria outra pessoa, e a pessoa cria todo o resto. No mundo ao nosso redor, o que não foi criado pela natureza foi criado pelo homem, usando a sabedoria que ele descobriu na natureza, extrapolando-a e reproduzindo suas próprias habilidades. Dessa forma, surgiram entidades que não existiam no mundo: a roda, a carreta, o carro, o avião e a espaçonave, entre outros. Todas as extensões do ser humano, mesmo uma que não levou em conta o resto da humanidade, mas que Jorge Luís Borges declarou um pouco sem perceber nesta frase:

> **"Dos vários instrumentos inventados pelo homem, o mais incrível é o livro; todos os outros são extensões do seu corpo...**
>
> **Só o livro é uma extensão da imaginação e da memória."**

Essa invenção do homem foi o que possibilitou que outras pessoas em diferentes partes do mundo adquirissem o conhecimento daqueles que estavam fazendo as descobertas, aplicando-as na vida prática. E o que não ocorreu com o primeiro ocorreu ao segundo e ao terceiro, quando estavam preparados para receber tal conhecimento. Quando esse conhecimento em livro ou forma escrita voltou ao primeiro, eles vieram com outras ideias que eles também colocaram em prática. Chamamos isso de "*feedback*", e eu já mencionei isso no capítulo anterior.

Se olharmos para a natureza, que é a primeira fonte de conhecimento, percebemos que ela usa sistemas para seu crescimento. No caso da semente, tente fazer o processo da forma mais eficaz.

Podemos afirmar que o objetivo da árvore frutífera é o fruto. Para produzir multiplicação, a natureza usa sementes, mas não de qualquer maneira. Antes de germinar para formar a árvore que dará frutos várias vezes e que novas sementes sairão desses frutos, a natureza submete a semente a um processo chamado "requerimento de frio", e para isso usa um sistema chamado "dormência". Ou seja, não é uma questão de jogar uma semente no chão e uma árvore sair. Ou como diz uma frase popular: "Não é soprar e fazer garrafas".

Antes que a semente germine, primeiro lentamente e depois mais rápido, a semente tem que acumular um número de horas de frio, e claro, depende do tempo específico de cada espécie. Não apenas qualquer frio, mas entre 2,5°C e 9,1°C, mais frio que 2,4°C ou mais quente que 9,1°C não é considerado para tal acúmulo. Uma semente de pêssego precisa entre 200 e 500 horas de frio antes de germinar. Onde ele acumula o frio ou o que ele faz com ele está além do meu conhecimento. O que eu sei é que essa tarefa é feita no inverno, antes de plantar a semente, é uma preparação, de modo que, uma vez que as horas frias se acumularam, a germinação começa na primavera, quando a semente é plantada finalmente.

O princípio frio dá a adesão e retração da semente, e o seco lhe dá tensão e rigidez. Então imagino que o acúmulo de frio do inverno leva à semente contraindo-se às profundezas de sua essência, amalgamando-a e deixando-a organizada para quando o impulso de calor, que lhe dá mobilidade e expansão, chegar, e o de umidade, que lhe dá fluidez e elasticidade, necessários para a germinação.

Extrapolando a ação da natureza de uma semente para uma pessoa e uma empresa, podemos dizer que a pessoa, que uma vez dentro da empresa, antes de produzir lucros ou frutos, passará por um período de "dormência" em que acumulará horas de frio, vamos chamá-lo de conhecimento e autoconhecimento, o que o fará chegar às profundezas de sua essência, amalgamando essa essência e **deixando-a** organizada para quando for a hora de interagir com os outros atores da sua realidade pessoal e empresarial.

Esse conhecimento lhe dará a certeza da missão que você deve cumprir na empresa e o autoconhecimento lhe dará a maneira como você pode cumprir essa missão da forma mais eficaz e eficiente de acordo com sua própria essência. Bem, sabemos que várias sementes de pêssego darão frutos diferentes, mesmo que sejam todos pêssegos.

No caso da semente, é a natureza que fornece as condições para que a semente germine e dê frutos. Em uma empresa é o líder Eco-LÓGICO que fornecerá o conhecimento necessário e adequado para que o novo ator conheça sua missão ou tarefa e se conheça de tal forma que ele saiba como cumprirá sua missão de acordo com sua própria essência.

O conhecimento se referirá à empresa, ao meio ambiente, à tarefa em si, às exigências e às pretensões da empresa. Vamos fornecer autoconhecimento com o eneagrama.

Uma das ferramentas que se mostraram mais úteis para o autoconhecimento é o eneagrama, uma disciplina que contém conhecimentos antigos relacionados ao ser humano.

Há diversas ferramentas, como o VECA e o DISC, entre muitas outras, para conhecer e trabalhar com líderes e liderados, porém a maior parte delas tem direitos de autor muito estritos, e um custo bastante elevado.

Escolhemos estudar e utilizar o eneagrama, porque, em nosso entender, é o mais completo para definir psicologicamente um indivíduo, para o autoconhecimento, gerar melhores resultados, e desde sua concepção, esse método é livre de direitos de autor e pode ser utilizado por qualquer pessoa ou corporação.

O eneagrama e o estudo dos eneatipos é largamente utilizado, com muito sucesso, em muitas empresas da União Europeia.

Há três benefícios muito importantes neste programa:

1. Pode ser utilizado para DEFINIR as características psicológicas da pessoa a ser contratada. Por exemplo, se precisamos de um vendedor de varejo, não vamos contratar uma pessoa com perfil introspectivo, não seria o caso de contratar alguém com eneatipo 9.
2. Podemos utilizar um teste com vários candidatos a uma vaga, depois de ter analisado as competências básicas que deve ter, como conhecimento de inglês, ser arquiteto, estudar Direito ou muitas outras áreas, conforme a empresa.
3. Pode ser utilizado pelo líder para: formar ou reorganizar uma equipe de trabalho; ajudar de forma Eco-LÓGICA a liderança, tratar cada um de acordo com o eneatipo pode ajudar imensamente um líder a exercer uma liderança justa e Eco-LÓGICA.

O eneagrama

O conhecimento das nove personalidades do eneagrama ou eneatipos e sua forma de agir e relacionar dão tanto ao líder quanto ao liderado a possibilidade de frutificar e multiplicar a liderança nos outros atores ou *stakeholders* que receberão a seiva vitalizadora de líderes que se conhecem, sabem qual é a tarefa que devem cumprir e o caminho para fazê-lo.

A primeira coisa que o novo líder deve fazer é descobrir a qual eneatipo ele pertence. Para isso, vou lhe dar duas técnicas que são extremamente úteis, embora não infalíveis, que aprendi no livro chamado *A sabedoria do eneagrama*, escrito por Don Richard Riso e Russ Hudson, que tem como subtítulo: *Guia completo para o desenvolvimento psicológico e espiritual dos nove tipos de personalidade*. O livro excede em muito o objetivo do subtítulo, sendo uma ferramenta indispensável para cada pessoa que deve estar em contato com os outros, com quem tem que interagir e alcançar o máximo benefício da interação.

O estudo de cada eneatipo do eneagrama é muito específico. Essa especificidade significa que há muita informação, desde a paixão e fixação que regem cada eneatipo, passando pelas psicopatologias relacionadas a cada um, juntamente com os subtipos gerados através da abordagem instintiva, chamados asas, grupos ou tríades. Já mencionei que é um sistema que vem estudando o ser humano há milênios, e as teorias que estão dentro do sistema já podem ser encontradas em Pitágoras e Platão, e que no referido livro encontramos a verticalidade do sistema e seus níveis de desenvolvimento, focando em medos e desejos básicos, como nas mensagens recebidas na infância.

1. **O reformista**
   Personalidade: "Tenho razão".
   Positivo: integridade / bom-senso.
   Negativo: perfeccionismo / ressentimento.
2. **O ajudante**
   Personalidade: "Eu ajudo".
   Positivo: generosidade / poder de cura.
   Negativo: adulação / possessividade.
3. **O realizador**
   Personalidade: "Tenho êxito".
   Positivo: excelência / autenticidade.
   Negativo: sucesso a qualquer custo.
4. **O individualista**
   Personalidade: "Sou diferente".
   Positivo: criatividade / intuição.
   Negativo: irritabilidade / afetação.

5. **O investigador**
   Personalidade: "Eu sei".
   Positivo: inventividade / visionário.
   Negativo: isolamento / excentricidade.
6. **O partidário**
   Personalidade: "Faço meu dever".
   Positivo: coragem / lealdade.
   Negativo: ansiedade / rebeldia.
7. **O entusiasta**
   Personalidade: "Sou feliz".
   Positivo: entusiasmo / alegria.
   Negativo: impaciência / impulsividade.
8. **O desafiador**
   Positivo: líder forte / magnânimo.
   Negativo: controle / intimidação.
9. **O pacifista**
   Personalidade: "Estou satisfeito'.
   Positivo: união / diplomacia.
   Negativo: passividade / teimosia.

Vamos falar sobre o Sistema

Esse sistema funcionará perfeitamente sempre que:

1° O líder Eco-LÓGICO saiba qual é seu eneatipo e como usá-lo para interagir com os outros eneatipos.

2° O líder Eco-LÓGICO conhece todos os eneatipos, sabe como descobrir rapidamente o eneatipo em cada pessoa e conhece as técnicas de comunicação para interagir com cada um dos outros eneatipos. Como tratar cada um e como motivá-los.

3° O liderado, além de descobrir seu eneatipo, dedica-se a aprofundar seu autoconhecimento e ferramentas de aprendizagem para a sua evolução pessoal.

4° O liderado também aprende todos os eneatipos e gerencia as técnicas de interação com eles.

O ideal é conhecer o eneatipo da pessoa com quem estamos em relacionamento, para alcançar o máximo de ganho mútuo da interação.

Vamos alcançar esse objetivo de forma muito eficaz, com dois sistemas de identificação extremamente rápidos. Aplicando ambos os sistemas, teremos uma porcentagem de sucesso em relação à personalidade de quem passa pelos testes de 80% a 90%. É impossível ter total certeza, sempre encontraremos uma generalização que nos dê indicações de autoconhecimento e da forma de tratamento que devemos ter com outras pessoas. Da mesma forma é impossível para uma pessoa ser totalmente de um eneatipo, na realidade somos todos híbridos. Portanto, para simplificar o método, ficaremos com o eneatipo que decorre da aplicação de ambos os questionários.

Os Testes

O primeiro teste é o TRIE Riso-Hudson, o Teste de Identificação Rápida no Eneagrama.

Esse teste ajudará você a limitar os tipos de personalidade com os quais você se identifica em menos de cinco minutos com cerca de 70% de certeza. Pelo menos você será capaz de identificar as duas principais possibilidades em relação ao seu tipo.

O segundo questionário é o ITA Riso-Hudson, Identificador de Tipos de acordo com atitudes.

Esse teste consiste em 15 afirmações muito características do tipo de personalidade a ser considerada. Você encontrará essas declarações depois de terminar o TRIE, 15 perguntas independentes para cada eneatipo.

A maneira de realizar os questionários é a seguinte:

Primeiro realize o TRIE Riso-Hudson, ele lhe dará um ou dois resultados do seu tipo de personalidade.

Após esse teste, você vai ao teste ITA Riso-Hudson de acordo com o eneatipo que lhe deu como resultado do teste anterior. Você vai direto para o eneatipo que você tem como resultado, em seguida, estudar cuidadosamente as 15 declarações com as quais você pode ou não identificar se você é desse eneatipo. Você só tem que anotar a pontuação que lhe dá cada declaração.

Caso ambos os questionários coincidam, será muito útil continuar a mergulhar nesse eneatipo para descobrir mais semelhanças. Se a descrição do eneatipo tem um forte efeito sobre você, é muito provável que você pertença a esse eneatipo de personalidade.

E como Riso e Hudson dizem: "Não se esqueça que a autodescoberta é um processo, e que esse processo não termina com a identificação do tipo de personalidade a que você pertence, pelo contrário, isso é apenas o começo".

E eles acabam dizendo: "Quando você descobrir o seu tipo, você vai saber. É provável que sinta ondas de alívio e vergonha, de euforia e repulsa. De repente, você verá claramente coisas que você sempre soube inconscientemente sobre si mesmo e padrões de vida surgirão. Quando isso acontece com você, você pode ter certeza de que identificou corretamente seu tipo de personalidade".

TRIE Riso-Hudson
Teste de Identificação Rápida no Eneagrama

Instruções:

Em cada um dos dois grupos a seguir, escolha o parágrafo que melhor reflita suas atitudes e comportamentos gerais, com base em como você é durante a maior parte de sua vida.

Você não precisa concordar totalmente com cada palavra ou declaração no parágrafo que você escolher. Basta concordar 80 ou 90% com o que o parágrafo diz para escolhê-lo antes dos outros dois do grupo. Mas você terá que se identificar com o tom geral, com a ideologia geral ou "filosofia" desse parágrafo. Você provavelmente não vai concordar com alguma parte de cada um dos parágrafos. Não rejeite um parágrafo por causa de uma única palavra ou frase. Olhe para o quadro geral.

Não analise muito para escolher. Escolha o parágrafo que seu "instinto" lhe diz que é o que pertence a você, mesmo que você não concorde com tudo. A ideia geral e o sentimento do parágrafo como um todo são mais importantes do que seus elementos individuais. Seja guiado por sua intuição.

Se você não pode decidir qual parágrafo você se identifica mais em um dos grupos, você pode escolher dois, mas apenas em um grupo; por exemplo, C, no grupo 1, e X e Y, no grupo 2.

GRUPO I

A. Eu costumo ser bastante independente e confiante: eu acho que a vida vai melhor quando você espera por ela de frente. Eu fixo metas, me comprometo e quero que as coisas aconteçam. Eu não gosto de ficar parado, eu prefiro fazer algo grande e deixar minha marca. Eu não necessariamente procuro confrontos, mas eu não me deixo levar ou empurrar. Na maioria das vezes, eu sei o que quero e eu vou atrás disso. Eu costumo trabalhar muito e desfrutar muito.

B. Eu costumo ficar quieto, e estou acostumado a ficar sozinho. Normalmente, eu não chamo muita atenção no aspecto social, e eu geralmente tento não me impor à força. Não me sinto confortável me destacando dos outros ou sendo competitivo. Provavelmente muitos diriam que eu tenho algo de sonhador, porque eu gosto da minha imaginação. Posso ficar bem confortável sem pensar que tenho que estar ativo o tempo todo.

C. Eu costumo ser muito responsável e dedicado. Sinto-me terrível se não cumprir meus compromissos ou não fizer o que se espera de mim. Quero que os outros saibam que sou a favor deles e que farei tudo o que achar melhor para eles. Muitas vezes faço grandes sacrifícios pessoais pelo bem dos outros, quer eles saibam ou não. Eu não costumo cuidar bem de mim mesmo; eu faço o trabalho que precisa ser feito, relaxar e fazer o que eu realmente quero se eu tiver tempo sobrando.

GRUPO II

X. Eu sou uma pessoa que normalmente mantém uma atitude positiva e acha que as coisas vão ser resolvidas da melhor forma. Eu costumo ficar animado com as coisas e não tenho dificuldade em encontrar com o que me ocupar. Gosto de estar com as pessoas e ajudar os outros a serem felizes. Gosto de compartilhar com eles meu bem-estar. Nem sempre me sinto fabulosamente bem, mas não demonstro. Procuro não deixar ninguém perceber. No entanto, manter essa atitude positiva às vezes significa deixar passar muito tempo sem cuidar dos meus problemas.

Y. Eu sou uma pessoa que tem sentimentos fortes sobre as coisas, a maioria das pessoas nota quando eu me sinto infeliz sobre algo. Eu sei como ser reservado com os outros, mas eu sou mais sensível do que permito que vejam. Quero saber o que posso esperar dos outros e com quem e com o que posso contar; a maioria das pessoas tem muito claro sobre o que esperar de mim. Quando estou alterado por algo, quero que os outros reajam e fiquem tão emocionados quanto eu. Conheço as regras, mas não quero que me digam o que fazer. Quero decidir por mim mesmo.

Z. Eu costumo me controlar e ser lógico, eu não gosto de lidar com sentimentos. Sou eficiente, até perfeccionista, e prefiro trabalhar sozinho.

Quando há problemas ou conflitos pessoais, tento não colocar meus sentimentos no meio. Alguns dizem que sou muito frio e objetivo, mas não quero que minhas reações emocionais me distraiam do que realmente importa para mim. Normalmente não mostro minhas emoções quando outras pessoas "me irritam".

Você pode ver o resultado abaixo.

Código	Tipo	Nome e principais características
AX	7	**O Entusiasta.** Otimista, hábil, impulsivo.
AY	8	**O Desafiante.** Confiante, determinado, dominante.
AZ	3	**O Vencedor.** Adaptável, ambicioso, consciente de sua imagem.
BX	9	**O Pacificador.** Responsivo, reconfortante, acomodado.
POR	4	**O Individualista.** Intuitivo, anestesiado, egocêntrico.
BZ	5	**O Pesquisador.** Perceptivo, inovador, objetivo.
CX	2	**O Ajudante.** Humanitário, generoso, possessivo.
CY	6	**O Leal.** Charmoso, responsável, defensivo.
CZ	1	**O Reformador.** Racional, de princípios sólidos e autodomínio.
EAY	Vencedor	**Pesquisador, Ajudante, Reformador.**

Enquanto em todo o mundo há uma certa combinação de tipos em sua personalidade geral, um padrão ou estilo particular é nossa "base" e voltamos a ela várias vezes. Nosso tipo básico permanece o mesmo ao longo da vida. Embora a pessoa mude e se desenvolva de inúmeras maneiras, ela não muda de um tipo básico de personalidade para outro.

Descrições de tipos de personalidade são universais e se aplicam a homens e mulheres. É claro que homens e mulheres expressam as mesmas atitudes, características e tendências de forma um pouco diferente, mas os temas básicos do tipo permanecem os mesmos.

Nem todos os detalhes da descrição do tipo básico são sempre aplicáveis. Tenha em mente que o principal objetivo do eneagrama é a descoberta e compreensão de si mesmo.

Conhecer nosso tipo no eneagrama ou de outra pessoa pode nos trazer muitas informações valiosas, mas de forma alguma isso nos diz tudo sobre a pessoa. De cara não nos diz nada sobre a história da pessoa, inteligência, talento, honestidade, integridade ou caráter ou muitos outros fatores. Por outro lado, nos diz muito sobre como vemos o mundo, os tipos de escolhas que tendemos a fazer, os valores que temos, o que nos motiva, como reagimos a outras pessoas e ao estresse, e muitas outras coisas importantes.

Identificar-se com um dos nove tipos de personalidade pode ser revolucionário, mas nunca o usar para justificar seu comportamento inadequado ou para adotar uma identidade mais rígida.

Ao nos ajudar a ver o quão presos estamos em nossos estereótipos e quão longe estamos de nossa natureza essencial, o eneagrama nos convida a mergulhar no mistério de nossa verdadeira identidade. Seu propósito é iniciar um processo de exploração que nos leve a uma verdade mais profunda sobre nós mesmos e nosso lugar no mundo.

Quanto mais percebermos as respostas mecânicas de nossa personalidade, menos nos identificaremos com elas e mais liberdade teremos. É disso que se trata o eneagrama.

O ITA Riso-Hudson

Este teste é um pouco mais longo e detalhado, porém é muito útil e exato. Se você tiver interesse em aplicá-lo em sua equipe, poderá encontrá-lo com o nome "Teste ITA Riso-Hudson", na internet. Como ele foi disponibilizado pelos seus criadores, desde o começo, como ferramenta gratuita, pode usá-lo sem necessidade de comprar nenhum outro sistema. Isso vai ajudá-lo a conhecer profundamente, como corresponde a um líder Eco-LÓGICO, os seus liderados.

Descrição da personalidade de cada eneatipo

O paradoxo curioso é que, quando me aceito como sou, então posso mudar.

1 - O Reformador

Ele também é chamado de mestre, moralista, perfeccionista ou organizador.
O tipo racional, idealista, sólido, determinado, controlado e perfeccionista.
"Eu tenho uma missão na vida."
Medo Básico: ser "ruim", falho, perverso, corrupto.
Desejo Básico: ser bom, virtuoso, equilibrado, inteiro.
Mensagem do Superego: "Você vale ou você é bom se você fizer a coisa certa".
Como ele manipula os outros: ele corrige os outros, insistindo que eles compartilhem seus critérios ou valores.

Comportamento Tóxico: temendo ser ruim, corrupto ou falho em algum aspecto, o mal, a corrupção ou falhas dos outros se destacam.
Medo Bandeira Vermelha: que seus ideais estejam errados e sejam contraproducentes.

A personalidade do tipo 1 chamamos de reformador, porque é uma pessoa que acredita que tem uma missão na vida, o que o leva ao desejo de melhorar o mundo de várias maneiras, usando o grau de influência que possui. Ela se esforça para superar adversidades, especialmente adversidades morais, para que o espírito humano brilhe e mude as coisas. Trabalha com valores elevados, mesmo ao custo de grandes sacrifícios pessoais. A história está cheia de pessoas do tipo 1 que abandonaram vidas confortáveis para fazer algo extraordinário, porque acreditaram que algo mais alto os chamava para fazê-lo.

O idealismo de muitos inspirou milhões de pessoas. As personalidades do tipo 1 são pessoas de ação prática; elas querem ser úteis no melhor sentido da palavra. Em algum nível de consciência, elas sentem que têm que cumprir "uma missão" na vida, nem que seja para reduzir o máximo possível a confusão que veem em seu ambiente.

Embora sejam claras sobre seus propósitos, é característico nelas que elas também acreditam que devem justificar suas ações diante de si mesmas e, muitas vezes, também antes dos outros. Essa orientação faz com que elas passem muito tempo refletindo sobre as consequências de seus atos, além de evitar agir ao contrário de suas convicções. Por causa disso, muitas vezes são convencidas de que são pessoas "cerebrais", racionais, que só agem apoiadas pela lógica e pela verdade objetiva. Mas o quadro real é algo diferente: essas personalidades são na verdade ativistas procurando uma razão aceitável que justifique o que elas acham que devem fazer. São pessoas de instinto e paixão que empregam convicção e julgamento para controlar e direcionar suas ações e a si mesmas. Esforçando-se para serem fiéis aos seus princípios, elas resistem à influência de seus impulsos instintivos e conscientemente não cedem a eles ou expressam-nos muito livremente. A consequência é um tipo de personalidade que tem problemas de repressão, resistência e agressividade. Geralmente, outros as consideram muito controladas, mesmo rígidas, embora não seja assim que elas se experimentam. Elas têm a impressão de que estão sentadas em um caldeirão de paixões e desejos e que é melhor "mantê-lo coberto", para que essas pessoas e todas as outras não tenham que se arrepender.

O tipo 1 acredita que ser rigoroso consigo mesmo (e eventualmente se tornar "perfeito") o justifica aos seus olhos e aos olhos dos outros. Mas, ao tentar criar sua própria marca de perfeição, ele geralmente cria seu inferno pessoal. Em vez de se contentar com a afirmação de Gênesis de que Deus olhou para o que Ele havia criado e viu que "foi bom", ele sente intensamente que "não, certamente há um erro nisso". Essa tendência dificulta que ele confie em sua orientação interior, na vida, na realidade, para que ele venha a depender fortemente de seu superego, uma voz aprendida desde a infância, para guiá-lo para o bem maior que busca com tanta paixão. Quando é absolutamente cativo à sua personalidade, distingue muito pouco entre si e aquela voz serena e implacável. O crescimento, para o tipo 1, consiste em separar-se dessa voz e descobrir seus verdadeiros pontos fortes e limitações.

Para motivar o tipo 1

Estude e reconheça seus valores. Agradeça o esforço que faz para fazer cumprir as regras. Reconheça que a empresa é uma entidade mais valiosa porque ele aplica seus valores inabaláveis.

2 - O Ajudante

Ele também é chamado de altruísta, amante, zelador, complacente ou amigo especial.

De tipo carinhoso, amigável, efusivo, generoso, acomodado e possessivo.

"Estou interessado nas pessoas."

Medo Básico: não ser amado ou desejado.

Desejo Básico: sentir-se amado.

Mensagem do Superego: "Você vale ou está bem se for amado pelos outros e for amigo deles".

Como ele manipula os outros: "Descobre as necessidades e desejos dos outros, criando assim dependências".

Comportamento Tóxico: temendo não ser amado ou desejado, eles fazem com que se sintam indignos de amor, generosidade ou atenção aos outros.

Medo da Bandeira Vermelha: estar assustando seus amigos e entes queridos.

Nós chamamos esse eneatipo de Ajudante porque as pessoas que pertencem a esse grupo são genuinamente úteis para os outros ou, quando elas são menos saudáveis, estão muito interessadas em considerar-se como tal. Ser generosa e se dedicar aos outros a faz pensar que seu jeito de ser é o mais precioso e o que faz mais sentido. O afeto e o interesse que sente, e o verdadeiro bem que faz, alegram seus corações e as fazem se sentirem valiosas. A personalidade tipo 2 está muito interessada no que considera as coisas realmente boas da vida: amor, intimidade e comunicação, generosidade, família e amizade.

Quando o tipo 2 é saudável e equilibrado, ele realmente é carinhoso, prestativo, generoso e atencioso. As pessoas são atraídas por ele como abelhas para o mel. O tipo 2 saudável alegra os corações dos outros com sua apreciação e atenção, e ajuda-os a ver em si mesmos qualidades positivas que não viam antes. Em suma, ele é a personificação do bom pai que todos desejam ter: uma pessoa que os vê como são, que os entende com imensa simpatia, ajuda e os encoraja com infinita paciência e está sempre disposto a ajudar-lhes, e ao mesmo tempo sabe exatamente como e quando deixá-los em paz. O tipo 2 saudável abre nossos corações porque ele já tem isso muito aberto. Ele nos ensina a ser mais profundamente humanos.

O desenvolvimento interno do tipo 2, no entanto, poderia ser limitado pelo seu lado sombrio: orgulho, autoengano, uma tendência a entrar demais na vida dos outros e manipular para atender às suas necessidades emocionais. O trabalho de transformação envolve entrar no nosso lado negro, e isso vai muito contra a estrutura da personalidade do tipo 2, que prefere ver apenas do ângulo mais positivo e luminoso. Talvez o maior obstáculo que o tipo "dois" encontra em seu trabalho interno é ter que enfrentar o medo de não ser digno. Sob a superfície, ele teme não ter valor nele, e por isso deve ser ou fazer algo extraordinário para ganhar o amor e a aceitação dos outros.

Nas bandas médias e insanas, o tipo 2 apresenta a falsa imagem de ser absolutamente generoso e não desejar qualquer tipo de recompensa, quando na realidade tem enorme expectativa e necessidade emocional não reconhecida. Esse tipo busca a confirmação de seu valor, obedecendo à exigência de seu superego para se sacrificar pelos outros. Ele acredita que deve sempre colocar os outros em primeiro lugar e ser amoroso e generoso se quiser obter amor. O problema é que colocar os outros em primeiro lugar produz uma raiva secreta e ressentimento, sentimentos que ele se esforça para reprimir e negar. De qualquer forma, eventualmente esses sentimentos irão estourar de várias maneiras, o que afetará negativamente as relações do tipo 2 e revelará a falsidade de muitas de suas reivindicações sobre si mesmo e a profundidade de seu amor.

Para motivar o tipo 2

Estude o desenvolvimento de suas relações. Reconheça que ele traz um novo nível de relacionamento na empresa, mais humano. Manifeste por escrito a qualidade do seu trabalho, mas principalmente de forma pessoal.

3 - O Vencedor

Ele também é chamado de motivador, modelo, comunicador, buscador de status ou "O Melhor".

O tipo pragmático, orientado para o sucesso, adaptável, excepcional, ambicioso e consciente da imagem.

"Se eu trabalhar duro, eu sei que serei capaz."

Medo Básico: não ser digno, não ter nenhum valor além de suas conquistas.

Desejo Básico: sentir-se valioso, aceito e desejável.

Mensagem do Superego: "Você vale ou você está bem se você tiver sucesso e outros pensarem bem de você."

Como ele manipula os outros: ele é encantador com os outros e adota qualquer imagem que "funcione".

Comportamento Tóxico: temendo ser inútil e não valer nada, eles fazem os outros se sentirem inúteis, tratando-os com arrogância ou desprezo.

Medo Bandeira Vermelha: estar falhando; que suas pretensões sejam vaidosas e fraudulentas.

Nós chamamos esse tipo de personalidade de "o conquistador", porque quando o tipo 3 é saudável é realmente capaz e tem sucesso em muitos aspectos da vida. As personalidades de tipo 3 são as "estrelas" da natureza humana, e as pessoas muitas vezes as admiram por seu estilo e conquistas pessoais. Elas sabem como é agradável desenvolver e trazer suas capacidades para o mundo. Elas também gostam de motivar os outros a maiores realizações pessoais do que eles pensam que são capazes de realizar. Elas encarnam o melhor de uma cultura e outros veem suas esperanças e sonhos refletidos neles.

As personalidades do tipo 3 tendem a ter sucesso e gostam umas das outras porque, de todos os tipos, elas são as que mais acreditam em si mesmas e mais a favor do desenvolvimento de seus talentos e habilidades. Atuam como modelos devido à sua extraordinária personificação das qualidades que a sociedade valoriza. Quando estão saudáveis, sabem que vale a pena o esforço para serem "as melhores que podem ser". O sucesso em suas empresas estimula outros a trabalhar em seu próprio desenvolvimento. As pessoas do tipo 3 desejam fazer de suas vidas um sucesso, pois sua família, cultura e esfera social definem o sucesso. Em algumas famílias, sucesso significa ter muito dinheiro, uma ótima casa, um carro novo e caro, e outros símbolos de status social. Outros valorizam as ideias, e para elas o sucesso significa distinguir-se nos mundos acadêmicos ou científicos. Em outros círculos, o sucesso significa adquirir fama como ator, modelo, escritor ou figura pública de algum tipo, talvez como político. Uma família religiosa pode encorajar uma criança a se tornar padre, pastor ou rabino, já que essas profissões têm prestígio em sua comunidade. Não importa como o sucesso for definido, as personalidades do tipo 3 tentam ser pessoas notáveis em sua família e comunidade. Elas não querem ser um "ninguém". Para isso, aprendem a se orientar em direção a um objetivo e a agir de forma a atrair uma abundância de elogios e atenção positiva. Quando crianças, aprenderam a reconhecer as atividades valorizadas por seus pais ou colegas e colocar suas energias em destaque nessas atividades. Elas também aprenderam a cultivar e desenvolver nelas tudo o que era atraente ou com a possibilidade de impressionar.

Todos nós precisamos de atenção, encorajamento e validação para desenvolver e prosperar, e as pessoas de tipo 3 são o que melhor ilustra essa necessidade humana universal. Essas personalidades desejam o sucesso não tanto pelas coisas que podem comprar (como as do tipo 7), mas pelo poder e independência que proporcionam (como as do tipo 8); elas desejam o sucesso porque temem desaparecer em um abismo de vazio e inutilidade; temem que sem a crescente atenção e senso de realização, que o sucesso geralmente traz, elas serão inúteis. O problema é que, na corrida apressada para conseguir o que acreditam que vai torná-las mais valiosas, elas se tornam tão desconectadas de si mesmas que não sabem mais o que realmente querem ou quais são seus sentimentos ou interesses.

Desde seus primeiros anos, à medida que aprendem a perseguir o que os outros recompensam, essas personalidades gradualmente se desconectam de si mesmas; passo a passo, abandonam seu núcleo interior, o "desejo de seu coração", até que elas não o reconheçam mais. Assim, não são conhecidas como pessoas de "sentimentos"; são pessoas de ação e realização; é como se elas mantivessem seus sentimentos em uma caixa para seguir em frente com o que querem alcançar. As personalidades do tipo 3 passaram a acreditar que as emoções dificultam a execução, então substituem sentimentos por pensamentos e ação prática.

As pessoas do tipo 3 dizem que, quando percebem o quanto adaptaram suas vidas às expectativas dos outros, surge a pergunta: "Bem, então, o que eu quero?". Muitas vezes, elas simplesmente não sabem; nunca tinham se perguntado essa pergunta antes. Assim, seu dilema fundamental é que elas não foram autorizadas a ser quem realmente são ou manifestar suas verdadeiras qualidades. Desde cedo, receberam a mensagem de que não deveriam ter sentimentos ou ser elas mesmas: tinham que ser outra pessoa para serem aceitas. Em certa medida, todos os tipos de personalidade receberam a mesma mensagem, mas dada a sua configuração e treinamento particulares, aquelas pessoas do tipo 3 não só ouviram, mas começaram a vivê-la. A atenção que receberam por agir de uma certa maneira era o oxigênio delas, e precisavam dele para respirar. Infelizmente, elas pagaram um preço alto.

Para motivar o tipo 3

Mesmo que esse tipo não seja o número um do seu grupo, você deve dar-lhe reconhecimento público pelo lugar que ele ocupa. Ele tem que sentir que é bem-sucedido e que com seu esforço vai alcançar o sucesso que precisa.

4 - O Individualista

Ele também é chamado de artista, romântico, melancólico, vítima trágica e especial.

O tipo sensível, reservado, expressivo, dramático, centrado em si mesmo e temperamental.

Medo Básico: não ter identidade ou importância pessoal.
Desejo Básico: descobrir a si mesmo e sua importância. Criar uma identidade a partir de sua experiência interior.
Mensagem do Superego: "Você vale ou você está bem se você é fiel a si mesmo".
Como ele manipula os outros: ele é temperamental e força outros a andarem com pés de chumbo.
Comportamento Tóxico: temendo não ter identidade ou importância pessoal, tratam os outros com desdém, como se fossem "ninguém" e fossem inúteis e descuidados.
Medo bandeira vermelha: estar bagunçando a sua vida e desperdiçando suas oportunidades.

Chamamos esse eneatipo de individualista porque os tipos 4 mantêm suas identidades ao se considerarem fundamentalmente diferentes dos outros. Eles acreditam que são diferentes de outros seres humanos e que, portanto, ninguém pode entendê-los ou amá-los o suficiente. Eles muitas vezes pensam que possuem talentos únicos, dons especiais, fora do comum, mas também que eles têm desvantagens ou falhas únicas.

Mais do que qualquer outro, os tipos 4 conhecem muito bem suas diferenças pessoais e deficiências e se concentram neles. Os tipos 4 saudáveis são honestos consigo mesmos: reconhecem todos os seus sentimentos e são capazes de ver seus motivos, contradições e conflitos emocionais sem negá-los ou adoçá-los. Eles podem não gostar do que descobrem, mas não tentam racionalizar seus estados; nem tentam escondê-los, nem de si mesmos, nem de outros. Eles estão dispostos a revelar coisas muito pessoais que podem ser embaraçosas, porque estão determinados a entender a verdade de suas experiências, a descobrir quem são e a fazer as pazes com sua história emocional. Essa habilidade também permite que eles resistam a sofrer com força serena.

O conhecimento de sua natureza mais sombria torna mais fácil para eles processar experiências dolorosas que poderiam sobrecarregar outros tipos. De qualquer forma, os tipos 4 costumam dizer que acham que estão perdendo algo, embora possa ser difícil para eles identificar exatamente o que é. Vontade? Facilidade ou naturalidade social? Autoconfiança? Tranquilidade emocional? Eles veem tudo isso em outros, aparentemente em abundância. Com tempo e perspectiva suficientes, eles geralmente reconhecem que são inseguros sobre aspectos de sua imagem, sua personalidade ou a estrutura de seu ego. Eles acreditam que não têm uma identidade clara e estável, em particular uma "fachada social" com a qual possam se sentir à vontade. Embora seja verdade que muitas vezes se sentem diferentes dos outros, eles realmente não querem ficar sozinhos. Nos encontros sociais, eles podem se sentir desconfortáveis ou tímidos, mas eles querem intensamente se conectar com pessoas que os entendem, a eles e a seus sentimentos.

Os do tipo 4 são os "românticos" do eneagrama; anseiam por alguém para entrar em sua vida que valorize seus "eu" secretos, aqueles que eles sustentaram e esconderam do mundo. Se o tempo passar e essa validação permanecer inatingível, a pessoa tipo 4 começa a construir identidade em torno de quão diferente ele é dos outros. Essa pessoa "diferente", portanto, consola-se tornando-se um teimoso individualista: tudo tem que ser feito sozinho, à sua maneira, de acordo com suas regras ou condições. O mantra do tipo 4 torna-se "eu sou eu, ninguém me entende, sou diferente e especial", ao mesmo tempo em que ele secretamente deseja poder desfrutar da facilidade e segurança que os outros desfrutam. É característico dos tipos 4 ter problemas com uma autoimagem negativa e baixa autoestima. E eles tentam compensar cultivando um "eu" fantasioso, uma imagem idealizada que eles constroem em primeiro lugar em sua imaginação.

Ao longo da vida, os tipos 4 tentarão experimentar várias identidades diferentes para encontrar o que lhes cabe, com base em estilos, preferências e qualidades que admiram em outras pessoas. Mas sob a superfície eles ainda se sentem inseguros sobre quem eles realmente são. O problema é que eles baseiam sua identidade em seus sentimentos; quando olham para dentro, encontram reações emocionais caleidoscópicas e em constante mudança. Na realidade, percebem com muita precisão uma verdade da natureza humana: que ela é dinâmica e em constante mudança. Mas como eles querem criar uma identidade estável e confiável a partir de suas emoções, eles tentam cultivar apenas certos sentimentos e rejeitar outros. Eles se identificam com alguns sentimentos e não com outros: "Esse sou eu, não sou eu." Eles acreditam que são fiéis a si mesmos tentando manter e expressar certos humores. Um dos grandes desafios enfrentados pelos tipos 4 é aprender a se libertar dos sentimentos do passado; eles tendem a alimentar suas feridas e se apegar aos sentimentos pelas pessoas que os machucaram. Na realidade, eles podem se apegar tão fortemente aos seus desejos e decepções que eles são incapazes de ver os muitos tesouros que eles têm em suas vidas.

Há uma história sufi sobre um cachorro velho que tinha sido gravemente abusado e estava prestes a morrer de fome. Um dia ele encontrou um osso, levou-o para um lugar seguro e começou a roê-lo; ele estava com tanta fome que ele passou um longo tempo mastigando o osso, até que tirou o máximo de comida possível. De repente, um velho gentil viu o cachorro com seu osso patético e começou a colocar calmamente comida para ele. Mas o pobre animal estava tão preso ao seu osso que se recusou a soltá-lo e logo morreu de fome. Os tipos 4 têm o mesmo problema; embora acreditem que há algo fundamentalmente errado neles, eles não se permitem experimentar ou desfrutar de suas muitas qualidades; reconhecer essas qualidades seria perder o senso de identidade (vítima de sofrimento) e ficar sem uma identidade pessoal relativamente constante (seu medo básico). Os tipos 4 crescem aprendendo a ver que grande parte de suas histórias não é verdade, ou pelo menos não é mais verdade. Sentimentos antigos começam a desaparecer quando param de contar a si mesmos sua velha história, que já é inaplicável à sua situação atual.

Para motivar o tipo 4

Você tem que reconhecer que ele, fazendo as coisas do seu jeito, merece o sucesso. Ele aprecia seu trabalho de forma pessoal e, principalmente, por estar alinhado com os objetivos da empresa, sendo fiel a si mesmo.

5 - O Pesquisador

Ele também é chamado de pensador, inovador, especialista, radical, especialista e observador.

O tipo cerebral, penetrante, perceptivo, inovador, reservado e isolado.

"Qual é o problema aqui?"

"E se tentarmos de outra forma?"

Medo Básico: ser impotente, inútil, incapaz e sobrecarregado.
Desejo Básico: ser capaz e competente.
Mensagem do Superego: "Você vale ou está bem se for um especialista em alguma coisa".
Como ele manipula os outros: ele permanece preocupado e emocionalmente separado dos outros.
Comportamento Tóxico: temendo ser impotentes, incapazes e incompetentes, eles procuram fazer com que os outros se sintam impotentes, incapazes, incompetentes e estúpidos.
Medo Bandeira Vermelha: nunca encontrar um lugar no mundo ou entre as pessoas.

Chamamos esse tipo de personalidade de pesquisador porque, mais do que qualquer outro, os tipos 5 querem descobrir por que as coisas são do jeito que são. Eles querem entender por que o mundo funciona, seja o cosmos, o mundo microscópico, os reinos animal, vegetal e mineral, ou o mundo interior de sua imaginação. Eles estão sempre pesquisando, fazendo perguntas, e aprofundando as coisas. Eles não aceitam opiniões ou doutrinas recebidas; eles sentem uma forte necessidade de examinar por si mesmos a verdade de todas as suposições.

Por trás dessa busca incessante pelo conhecimento estão profundas inseguranças sobre sua capacidade de funcionar bem no mundo. Os tipos 5 acreditam que não têm a capacidade de fazer as coisas tão bem quanto os outros fazem. Mas, em vez de se envolver diretamente em atividades que poderiam fortalecer sua autoconfiança, eles "retrocedem" em suas mentes até onde se sentem mais capazes. Eles acreditam que, desde a segurança de suas mentes, eles finalmente entenderão como as coisas são feitas para um dia retornar ao mundo. Passam muito tempo observando e contemplando, ouvindo os sons do vento ou um pássaro, ou tomando notas sobre as atividades do formigueiro do jardim.

Quando mergulham em suas observações, começam a internalizar seus conhecimentos e adquirir um senso de autoconfiança. Eles também podem se deparar com informações novas e interessantes ou fazer combinações novas e criativas (tocar um pedaço de música baseado em gravações de sons de vento e água). Quando conseguem verificar suas observações, ou ver que os outros entendem seu trabalho, sua competência é confirmada e seu desejo básico ("Você sabe do que está falando") é cumprido. Assim, os tipos 5 valorizam muito o conhecimento, a compreensão e a percepção, pois suas identidades são formadas em torno da geração de ideias e de ter algo incomum e engenhoso para dizer. Por essa razão, eles não estão interessados em explorar o que já é conhecido e bem estabelecido; o que atrai sua atenção é o incomum, o invisível, o segredo, o escondido, o estranho, o fantástico, o inédito, o impensável. Explorar o território desconhecido, conhecer algo que outros não sabem ou criar algo que ninguém jamais experimentou permite que eles tenham um espaço para si mesmos que ninguém mais ocupa. Eles acreditam que ampliar esse espaço é a melhor maneira de alcançar a independência e a autoconfiança.

Assim, para sua própria segurança e autoestima, eles precisam ter pelo menos um campo ou tema no qual possuam o grau de expertise que lhes permita se sentir capazes e conectados ao mundo. Eles pensam: "Eu vou encontrar algo que eu sou capaz de fazer muito bem e então eu vou ser capaz de lidar com os desafios da vida. Mas não deve haver outras coisas que me distraiam ou me atrapalhem". Portanto, eles se concentram intensamente no que são capazes de dominar e no que podem ter certeza. Poderia ser o mundo da matemática, rock and roll, música clássica, mecânica de carros, ficção científica, histórias de terror ou um mundo totalmente inventado em sua imaginação. Nem todos os tipos 5 são estudiosos ou doutores em filosofia, mas dependendo do seu grau de inteligência e dos recursos disponíveis, eles se concentram intensamente no que cativa seu interesse. Para o bem ou para o mal, os tópicos ou campos que exploram não dependem da validação social; na realidade, se os outros concordam com suas ideias muito facilmente, eles temem que suas ideias sejam muito vulgares ou comuns. A história está cheia de cinco pessoas famosas que interromperam formas aceitas de entender e fazer as coisas (Darwin, Einstein, Nietzsche).

No entanto, há muitos mais tipos 55 que se desviaram nas complexidades elaboradas de seus processos de pensamento, tornando-se simples excêntricos ou isolados sociais. Essa intensa concentração pode levar a descobertas e inovações extraordinárias, mas quando a personalidade é mais fixa, também cria problemas contraproducentes para eles. Isso porque, sem perceber, sua concentração os distrai de seus problemas práticos mais urgentes. Quaisquer que sejam as causas de sua ansiedade (relacionamentos, falta de força física, incapacidade de encontrar emprego etc.), os tipos 5 médios tendem a não enfrentar esses problemas; em vez de lidar com eles, eles procuram outra coisa que os faça sentir mais competentes. A ironia é que, independentemente do grau de especialização que adquirem em sua área, eles não resolvem suas inseguranças mais básicas em relação ao seu funcionamento no mundo. Assim, eles passam a maior parte do tempo coletando e desenvolvendo ideias e habilidades porque acreditam que dessa forma se sentirão mais confiantes e preparados.

É como se eles quisessem reter tudo o que aprenderam a levá-lo sempre em suas mentes. O problema é que, embora estejam focados nesse processo, não se relacionam com os outros ou sequer desenvolvem muitas outras habilidades práticas e sociais. Eles passam cada vez mais tempo coletando e cuidando de suas coleções e cada vez menos tempo em coisas relacionadas às suas reais necessidades. Portanto, o desafio para os tipos 5 é entender que eles podem se dedicar a qualquer questão ou problema que inflama sua imaginação e, ao mesmo tempo, manter relações, cuidar bem de si mesmos e fazer tudo o que define uma vida saudável.

Para motivar o tipo 5

Ele tem que ser um especialista, então dê-lhe elementos e materiais para estudar algo especial em profundidade. É importante que você tenha seu espaço e tempo à sua maneira. Ele então o usa para ensinar outros liderados e para explicar sua especialidade às perspectivas. Ele vai se sentir como um rei.

6 - O Leal

Ele também é chamado de Guardião, Fiel, Crente, Cético, Extintor de Incêndio, Tradicionalista e Incondicional.

O tipo comprometido, orientado à segurança, charmoso, responsável, nervoso e desconfiado.

Medo Básico: não ter apoio ou orientação. Ser incapaz de sobreviver sozinho.
Desejo Básico: encontrar segurança e suporte.
Mensagem do Superego: "Você vale ou está bem se fizer o que se espera de você".
Como ele manipula os outros: reclama e testa a lealdade ou o compromisso dos outros.
Comportamento Tóxico: temendo a falta de apoio e orientação, eles minam os sistemas de apoio dos outros, tentando isolá-los de alguma forma.
Medo Bandeira Vermelha: que suas ações prejudiquem sua segurança.

Chamamos esse tipo de personalidade leal porque, de todos eles, os tipos 6 são os mais leais aos seus amigos e fiéis às suas crenças. Eles afundarão com o navio e perseverarão em relacionamentos de todos os tipos muito mais longos do que a maioria dos outros tipos. Eles também são fiéis a ideias, sistemas e credos, incluindo a crença de que toda ideia ou autoridade deve ser questionada ou contestada.

Na verdade, nem todos os tipos 6 se dão bem com as coisas como estão; suas ideias poderiam ser rebeldes e antiautoritárias e até revolucionárias. Eles lutarão por suas crenças com mais ferocidade do que lutarão por si mesmos, e defenderão sua comunidade ou família com mais tenacidade do que se defenderão.

A razão pela qual eles são tão leais é que eles não querem ser abandonados ou deixados sem apoio (seu medo básico). Assim, o principal problema para o tipo 6 é a falta de segurança ou autoconfiança. Eles passam a acreditar que não têm recursos internos para enfrentar os desafios e caprichos da vida sozinhos, de modo que, para se orientar, dependem cada vez mais de estruturas, aliados, crenças e apoios externos. Se as estruturas certas não existem, elas contribuem para criá-las e mantê-las. Os tipos 6 têm maior dificuldade em se conectar com sua orientação interna; consequentemente, eles não confiam em suas mentes ou julgamentos. Isso não significa que eles não pensam; pelo contrário, eles pensam, e se preocupam, muito! Eles também têm medo de tomar decisões importantes, embora, ao mesmo tempo, resistam a que outras pessoas o façam para elas. Eles querem evitar ser controlados, mas também têm medo de assumir responsabilidades que poderiam colocá-los na linha de fogo (o velho ditado japonês, "A lâmina de grama que cresce muito alto é cortada", faz alusão a essa ideia). Os tipos 6 estão cientes de suas ansiedades o tempo todo, e sempre procuram maneiras de construir-se baluartes de "segurança social" para se proteger deles. Se forem criados com apoio suficiente, eles são capazes de avançar com algum grau de confiança; mas se o apoio desmoronar, ansiedade e dúvidas os invadirão e seu medo básico será reativado ("Estou sozinho! O que posso fazer agora?"). Uma boa pergunta para esse eneatipo pode ser, portanto, "quando vou saber se tenho segurança suficiente?" ou, se for, mais profundo, "o que é segurança?"

Sem a orientação interior essencial e o profundo senso de apoio que dá, os tipos 6 estão em um esforço eterno para encontrar um terreno firme. Eles tentam formar uma rede de pessoas confiáveis em um contexto de instabilidade e medo; eles são muitas vezes invadidos por ansiedade indescritível e, em seguida, tentam encontrar ou inventar razões que expliquem isso. Com o desejo de que haja algo sólido e bem definido em suas vidas, eles podem se apegar a explicações ou posições que eles acreditam justificar sua situação. Uma vez que eles têm dificuldade em "acreditar" (confiar, ter fé, convicções, posições), e uma vez que isso é tão importante para sua estabilidade, uma vez que estabelecem uma crença confiável, eles não facilmente a colocarão em dúvida nem desejarão que outros o façam. Isso vale para as pessoas que fazem parte de suas vidas: quando conseguem confiar em alguém, fazem todo o possível para manter a relação com aquela pessoa, que age como medida de eficiência, regulando suas reações emocionais e comportamento; portanto, fazem tudo ao seu alcance para manter essa afiliação ("Se eu não confio em mim, eu tenho que encontrar algo neste mundo em que eu possa confiar").

Embora não se conectem com sua orientação interna, os tipos 6 são como uma bola de pingue-pongue que vai e volta de acordo com a força das influências que a alcançam em determinado momento. Dada essa reatividade, o que quer que digamos sobre os tipos 6, o oposto também é muitas vezes verdadeiro. São fortes e fracos, temerosos e corajosos, confiantes e desconfiados, defensores e provocadores, doces e amargos, agressivos e passivos, bandidos e lentos, pensadores e realizadores, são defensivos e ofensivos, em grupos e sozinhos, são crentes e céticos, colaboradores e dificultadores, ternos e duros, generosos e mesquinhos, e assim por diante. Seu "selo" característico é o contraditório, o fato de serem um bando de opostos. Seu maior problema é que eles tentam criar segurança em seu ambiente sem resolver suas inseguranças emocionais. Mas quando aprendem a lidar com suas ansiedades, eles entendem que enquanto o mundo está sempre mudando, e é, por natureza, incerto, eles podem ser serenos e corajosos em qualquer circunstância. E eles são capazes de alcançar o maior dom de todos, estar em paz consigo mesmos, apesar das incertezas da vida.

Para motivar o tipo 6

Em princípio, dê-lhe metas alcançáveis e reconheça publicamente que ele as alcançou. Em particular, diga a ele que você está muito satisfeito com sua tarefa e que você espera que ele continue a progredir e enfrentar os desafios.

7 - O Entusiasta

Ele também é chamado de Generalista, Multitarefa, Criança, Prodígio, Diletante e Estimulador.

O tipo ativo, amigo da boa vida, espontâneo, versátil, ganancioso e disperso. "Ainda não sei o que quero ser quando crescer."

Medo Básico: ser despojado de tudo e ficar preso ao sofrimento.
Desejo Básico: ser feliz, contente, encontrar satisfação.
Mensagem do Superego: "Você vale a pena ou você está bem se você consegue o que precisa".
Como ele manipula os outros: ele confunde os outros e insiste para que eles cumpram suas exigências.
Comportamento Tóxico: temendo que estejam presos ao sofrimento ou a

algum tipo de privação, eles causam sofrimento e fazem com que outros se sintam indefesos de várias maneiras.

Medo Bandeira Vermelha: que suas atividades lhes tragam sofrimento e infelicidade.

Chamamos esse tipo de personalidade de entusiasta porque os tipos 7 ficam animados com tudo o que chama a atenção deles. Eles vivem a vida com curiosidade, otimismo e um espírito de aventura, como crianças em uma loja de doces que olham para o mundo com expectativa animada por todas as coisas boas que experimentarão. Eles são ousados e alegres, e perseguem o que desejam na vida com determinação animada. Eles possuem uma qualidade cuja melhor definição é a palavra ídiche chutzpah, algo como a ousadia.

Os tipos 7 tendem a ser extraordinariamente práticos e sempre estão dedicados a uma infinidade de projetos. Eles geralmente pensam com antecedência; preveem eventos, geram ideias na hora e preferem atividades que estimulem suas mentes, que por sua vez gerem mais coisas para fazer e pensar. Eles não são necessariamente intelectuais ou estudiosos por qualquer definição padrão, embora geralmente sejam inteligentes, cultos e eloquentes. Sua mente se move rapidamente de uma ideia para outra, o que os torna muito espirituosos e capazes de sintetizar informações. Eles são estimulados pela torrente de ideias e pelo prazer de serem espontâneos; preferem ter uma visão ampla e global e excitação dos estágios iniciais do processo criativo, em vez de explorar um único tópico em profundidade.

Eles geralmente são dotados de agilidade mental e uma capacidade excepcional de aprender rápido, seja informação (idiomas, fatos e procedimentos) ou habilidades manuais; eles tendem a ter excelente coordenação entre mente e corpo, e grande destreza manual (digitação, piano, tênis). Tudo isso combina para fazer dos tipos 7 a quintessência das pessoas chamadas de "renascentistas".

Paradoxalmente, sua curiosidade por uma grande variedade de tópicos e sua capacidade de aprender rápido também podem levar a problemas. Devido à sua relativa facilidade de aprender muitas habilidades e técnicas diferentes, eles têm mais dificuldade em decidir qual trabalho ou atividade fazer; portanto, eles nem sempre valorizam suas habilidades como fariam se tivessem que se esforçar para adquiri-las. Mas quando eles são mais equilibrados, sua versatilidade, curiosidade e capacidade de aprender podem levá-los a realizações extraordinárias. A causa desses problemas é que eles estão desconectados da orientação e apoio interno de sua natureza essencial. Isso gera neles uma ansiedade profunda: eles acreditam que não são capazes de tomar boas decisões em benefício de si mesmos e dos outros. Eles têm duas maneiras de lidar com essa ansiedade. Em primeiro lugar, eles tentam sempre manter suas mentes ocupadas; enquanto eles têm sucesso, especialmente com projetos e ideias positivas para o futuro, em certa medida eles excluem a ansiedade e sentimentos negativos de sua consciência. Da mesma forma, uma vez que a atividade estimula seus pensamentos, eles se sentem obrigados a não parar, a passar de uma experiência para outra, em busca de mais estímulos. Isso não quer dizer que eles girem em círculos; eles geralmente gostam de ser práticos e fazer as coisas.

Em segundo lugar, eles lidam com a perda de sua orientação essencial usando o método de tentativa e erro: eles testam tudo para saber o que é melhor. Muito, muito no fundo, eles acreditam que não vão encontrar o que realmente querem na vida; portanto, eles tendem a tentar tudo, e finalmente eles poderiam recorrer a qualquer coisa para substituir o que eles realmente procuram ("Se eu não posso ter o que realmente me satisfaz, viver bem de alguma maneira. Eu vou ter todos os tipos de experiências, e assim eu não vou me sentir mal por não ter o que eu quero"). Ele coloca isso em prática mesmo nos aspectos mais triviais da sua vida cotidiana. Por exemplo, se um tipo 7 quer tomar um sorvete e não pode decidir sobre um de baunilha, chocolate ou morango, ele vai tomar um dos três sabores, só para não deixar de lado o que poderia ser a opção "certa". Ter duas semanas de férias e o desejo de visitar a Europa produzirá um dilema semelhante. Quais países e cidades visitar? O que ver neles? A maneira de resolvê-lo será espremer nessas duas semanas todos os países, cidades e locais de interesse possíveis. Em sua corrida apressada por experiências emocionantes, o verdadeiro objeto de seu desejo (a flor de seu jardim, por assim dizer) poderia estar tão enterrado no inconsciente que ele do tipo 7 nunca sabe realmente o que é exatamente. Além disso, dada a pressa em perseguir o que eles acreditam que lhes oferece liberdade e satisfação, eles tendem a escolher mal e são menos capazes de satisfazer a si mesmos. Porque eles experimentam tudo indiretamente através do filtro denso de sua atividade mental acelerada. A consequência é que eles acabam nervosos, frustrados e irritados, e com menos recursos disponíveis nos aspectos físicos, emocionais ou econômicos. Eles podem acabar arruinando sua saúde, seus relacionamentos e suas finanças na busca pela felicidade.

Mas, pelo lado bom, os tipos 7 são pessoas muito otimistas, exuberantes e animadas. Eles são dotados de muita vitalidade e desejo de participar plenamente de suas vidas no dia a dia. Eles são alegres e joviais por natureza, não levam as coisas muito a sério; realmente não levam nada muito a sério. Quando eles têm o equilíbrio interior, seu entusiasmo e sua alegria de viver influenciam todos ao seu redor.

Eles nos lembram do puro prazer da existência, que é o maior presente de todos.

Para motivar o tipo 7
Sempre dê a ele três tipos de metas: mínima, média e ótima, e diga a ele que você espera que ele cumpra o ideal. Ofereça-lhe um prêmio extra por essa conquista, algo recreativo ou social, como festas, viagens ou tempo de descanso com recreação, só para ele.

8 - O Desafiador

Ele também é chamado de Líder, Protetor, Fornecedor, Empreendedor, Líder, Não Conformista e Rocha. Rocha.

O tipo poderoso, dominante, autoconfiante, determinado, intencional e desafiador.

Medo Básico: ser ferido ou dominado por outros. A violação.
Desejo Básico: proteger-se, decidir seu caminho de vida.
Mensagem do Superego: "Você vale ou está bem se for forte e estiver no comando da sua situação".
Como ele manipula os outros: domina os outros e exige que eles façam a sua vontade.
Comportamento Tóxico: temendo que outros os prejudiquem ou manipulem, eles incutem o mesmo medo em outros com ameaças beligerantes.
Medo Bandeira Vermelha: que os outros se voltem contra eles e revidem.

Chamamos esse tipo de personalidade de desafiadora porque, mais do que qualquer outro tipo, os tipos 8 adoram aceitar desafios, além de dar aos outros a oportunidade de desafiá-los, de se superarem de alguma forma. Eles têm carisma, além das habilidades físicas e psíquicas para convencer as pessoas a segui-las em todos os tipos de empresas, seja começando um negócio, reconstruindo uma cidade, administrando uma casa, fazendo uma guerra ou assinando a paz. Os tipos 8 têm enorme força de vontade e vitalidade, e se sentem mais vivos quando exercem essas capacidades no mundo. Eles usam sua energia abundante para realizar mudanças em seu ambiente, para deixar sua marca nele, mas também para evitar que o meio ambiente ou outras pessoas o prejudiquem e afetem os seus entes queridos. Desde cedo, eles entendem que isso requer força, vontade, perseverança e resistência, qualidades que desenvolvem e buscam nos outros.

Os tipos 8 não querem que ninguém os controle ou tenha poder sobre eles (seu medo básico), seja ele psicológico, sexual, social ou econômico. Em grande parte, seu comportamento é baseado no desejo de reter e aumentar o poder que teme pelo maior tempo possível. Um tipo 8 poderia ser um general ou jardineiro, um pequeno empresário ou magnata, uma mãe ou o líder de uma comunidade religiosa; não importa: estar no comando e deixar sua marca no seu ambiente é especialmente característico deles. Eles são os verdadeiros "individualistas duros" do eneagrama. Mais do que qualquer outro tipo, eles são autônomos; eles querem ser independentes e não querem dever qualquer coisa a alguém. Muitas vezes se recusam a cumprir convenções sociais e são capazes de desafiar o medo, a vergonha e o mal-estar sobre as consequências de seus atos. Embora eles geralmente saibam o que se pensa deles, não se permitem ser desviados pelas opiniões dos outros.

Eles fazem seus negócios com uma determinação de ferro que inspira respeito e até intimida. Embora, em certa medida, temam danos físicos, muito mais importante é o medo de perder o poder ou ser dominado de alguma forma. Eles são extraordinariamente resilientes, capazes de receber um pouco de punição física sem reclamar, o que é uma virtude de dois gumes, uma vez que muitas vezes tomam sua saúde e vitalidade como garantidas e minimizam a saúde e o bem-estar dos outros.

No entanto, temem terrivelmente as feridas emocionais e estão dispostos a usar sua força física para proteger seus sentimentos e manter os outros a uma distância emocional segura. Mas sob a fachada da dureza há vulnerabilidade, embora bem coberta por armaduras emocionais. Assim, eles geralmente são muito trabalhadores, mas ao custo de perder contato emocional com muitas pessoas importantes em suas vidas. É possível que esse estado de coisas gere uma insatisfação crescente entre seus íntimos, e isso os confunde ("Não sei do que minha família reclama. Eu me mato de trabalhar para que a eles não falte nada. No que os decepcionei?"). Quando isso acontece, eles se sentem incompreendidos e podem se tornar ainda mais distantes. Na realidade, sob seu imponente exterior, geralmente se sentem magoados e rejeitados, embora isso seja algo que raramente falam, porque é difícil para eles reconhecer sua vulnerabilidade, e muito mais difícil ainda que outros a vejam.

Dado o medo de rejeição (divórcio, humilhação, crítica, demissão do trabalho ou qualquer tipo de dano), eles tentam se proteger rejeitando-os primeiro. A consequência é que os tipos 8 médios estão bloqueados em sua capacidade de se conectar com os outros ou em sua capacidade de amar, já que o amor dá poder sobre eles para a outra pessoa, e isso reativa seu medo básico. Quanto mais fortalecem seus egos para se protegerem, mais sensíveis eles são a qualquer desprezo, real ou imaginário, ao seu respeito próprio, à sua autoridade e sua importância. Quanto mais tentam ser insensíveis à dor (física ou emocional), mais se aproximam emocionalmente, para endurecer e ser como rochas.

Mas quando estão emocionalmente saudáveis, possuem inventividade, atitude de ser capazes, bem como uma dinâmica interna estável. Eles tomam a iniciativa e com sua imensa paixão pela vida fazem as coisas acontecerem. São honestos e autoritários, líderes naturais, com uma presença sólida e imponente. Essa base lhes dá bastante bom senso, além do poder de decisão; eles estão dispostos a enfrentar qualquer oposição, pois sabem que nenhuma decisão agradará a todos. Mas, na medida do possível, eles procuram cuidar dos interesses das pessoas sob seu comando, sem favoritismos. Eles usam seus talentos e força para construir um mundo melhor para todas as pessoas em suas vidas.

Para motivar o tipo 8

Precisa de segurança e individualidade. Ofereça-lhe um projeto que ele possa desenvolver de forma independente. Estabeleça claramente os meios à sua disposição e diga que confia que cumprirá sua tarefa. Certifique-se de que ele não dependa de ninguém, especialmente de alguém menos capaz que ele.

9- O Pacificador

Ele também foi chamado de Curador, Otimista, Conciliador, Consolador, Utópico e Ninguém Especial.

Do tipo indolente, modesto, receptivo, reconfortante, amigável e satisfeito.

"Eu sigo a corrente."

Medo Básico: da perda e separação; da aniquilação.

Desejo Básico: manter a estabilidade interior e a paz de espírito.

Mensagem do Superego: "Você vale ou você está bem, desde que aqueles ao seu redor sejam bons e estejam bem".

Como ele manipula os outros: ele se esquiva e resiste aos outros de forma passiva-agressiva.

Comportamento Tóxico: temendo sofrer a perda de contato com os outros, "se desconecta" dos outros para fazê-los sentir que perderam a conexão com ele.

Medo Bandeira Vermelha: que a realidade os force a enfrentar seus problemas.

Nós chamamos o eneatipo 9 de O Pacificador porque nenhum eneatipo é mais dedicado à busca da paz interior e externa para si mesmo e para os outros.

Geralmente, são pessoas espirituais que anseiam por conexão com o cosmos e com os outros. Eles trabalham para manter sua paz de espírito, bem como para estabelecer paz e harmonia em seu mundo. As preocupações que encontramos nos tipos 9 são os fundamentos de todo o trabalho interno: ficar acordado versus estar dormindo à nossa verdadeira natureza, paz versus sofrimento, união versus separação.

A ironia é que, para ser uma pessoa espiritualmente orientada para o mundo, o tipo 9 é o que mais está em contato com o mundo físico e seu corpo. A contradição é resolvida quando vemos que essas pessoas estão conectadas às suas qualidades instintivas e têm enorme poder elementar e magnetismo pessoal, ou são desconectadas de suas forças instintivas e, portanto, separadas e distantes, elas podem até ser muito leves. Para compensar a desconexão com suas energias instintivas, elas também se retiram em suas mentes e fantasias emocionais (razão pela qual às vezes podem ser mal identificadas com as pessoas do tipo 7, "tipo de cérebro", ou com as de tipos 2 e 4, "tipos de sentimentos"). Além disso, quando suas energias instintivas estão desequilibradas, elas usam essas energias contra si mesmas, suprimindo seu poder a tal ponto que tudo em sua psique se torna estático e inerte. Quando não é usada, essa energia é paralisada como um lago, que na primavera fica tão lotado que não permite a entrada de água das nascentes que a abastecem. Mas quando estão em equilíbrio com seu centro instintivo e sua energia, elas são como um grande rio que carrega tudo em sua corrente, sem esforço.

Às vezes, chamamos a personalidade de tipo 9 de coroa do eneagrama, porque está no topo do símbolo e porque parece abranger tudo. Os tipos 9 podem ter a força dos tipos 8, o gosto pela diversão e aventura dos 7, a docilidade dos 6, o intelecto dos 5, a criatividade dos 4, a atratividade dos 3, a generosidade dos 2 e o idealismo do 1. No entanto, o que eles geralmente não têm é a sensação de realmente habitar-se, um forte senso de identidade. Então, paradoxalmente, o único tipo com que os 9 não se parecem é o 9. Eles têm medo de serem indivíduos isolados que devem se afirmar contra os outros. Eles preferem se fundir com outra pessoa ou seguir silenciosamente seus devaneios idílicos.

Os 9 ilustram a tentação universal de ignorar os aspectos perturbadores da vida e encontrar algum grau de paz e bem-estar ao se tornarem dessensibilizados. Eles reagem à dor e ao sofrimento tentando viver em um estado de paz prematura, seja de falsa realização espiritual ou negação total.

Mais do que qualquer outro eneatipo, ilustram a tendência de fugir dos paradoxos e tensões da vida, tentando transcendê-los ou buscando soluções simples e indolores para seus problemas. Focar a atenção no lado agradável ou prazeroso da vida não é ruim, logicamente, o que acontece é que é uma abordagem limitada e limitante da vida. Se para proteger-se das adversidades eles sempre tendem a procurar o lado bom de tudo, os outros tipos também têm suas distorções em sua maneira de ver as coisas. Por exemplo, os tipos 4 focam a atenção em suas feridas e se sentem vitimizados; o tipo 1, em como as coisas estão ruins, e assim por diante. Os tipos 9, por outro lado, tendem a concentrar a atenção no lado bom da vida, para não perturbar sua paz de espírito. Mas, em vez de negar o lado ruim da vida, eles devem entender que as perspectivas apresentadas por todos os outros tipos também são verdadeiras; eles devem resistir ao desejo de escapar do mundo real para um "nirvana prematuro" ou para a "luz branca" do divino; eles devem lembrar que a única saída é passar pelo mundo real.

Para motivar o tipo 9

Ele faz um bom time com o 8, o 7, o 3 e o 1. O valor principal será estabelecido agindo junto com outras pessoas, nunca o deixe sozinho em suas tarefas. Será um apoio inestimável para a equipe em que ele trabalha, não busca glória pessoal. Sua satisfação deriva do sucesso da empresa ou que o grupo atinja seus objetivos.

Conselhos para o líder e os liderados

Digo ambos porque o liderado se tornará líder no devido tempo, e entrará em contato com outras pessoas com quem deverá interagir e, se possível, ajudá-los a se tornarem novos líderes.

Quando conhecer uma pessoa, o ideal é saber a qual eneatipo pertence, para que nosso trato com essa pessoa seja mais eficaz, tendo em conta seus medos e como podemos motivá-los.

Desta forma, você saberá os eneatipos das pessoas que você conhece, e, o mais importante, você saberá como tratá-los. Tente motivá-los da maneira que é recomendada no final de cada descrição dos eneatipos.

CAPÍTULO 11

Essa é a LÓGICA da liderança:

"Ao olhar para o próximo século, os líderes serão aqueles que capacitam os outros."

Bill Gates

Manter a árvore saudável

- Cuidando da Árvore
- O liderado recebe exatamente o que é exigido dele
- Vieses cognitivos
- Os heurísticos

    O Heurístico da Representatividade
    O Heurístico de Disponibilidade
    O Heurístico de Ancoragem e Ajuste

- Tomada de decisões

Cuidando da Árvore

Você deve verificar seu pé de pêssego todos os dias e regar levemente se ele parecer murcho. Normalmente, a chuva é tudo o que a árvore precisa. No entanto, se você vive em uma área particularmente seca, você provavelmente precisará de rega leve.

Além disso, você também deve aplicar uma capa de adubo orgânico para cuidar da nutrição da sua planta. Basta aplicar um círculo de adubo na área com 5 cm de profundidade e 1 metro de diâmetro. Com a quantidade certa de chuva, você pode literalmente só sentar e ver a árvore crescer.

Para continuar com a analogia, tenha em mente que o pêssego é a empresa, você deve verificar todos os dias e se você vir que algo não está funcionando corretamente, você deve fazer algo imediatamente. Se parece "murcha", você deve regá-la levemente com informações através de *feedback* saudável, principalmente prestar atenção, talvez nem todos os funcionários estejam "murchos", você pode focar sua atenção naqueles que parecem assim, ou aproveitar e fazer uma reunião de motivação. Geralmente, o ***brainstorming*** é tudo o que a empresa precisa, mas é preferível que você esteja atento caso precise de um pouco mais de umidade, regue-a com a seiva da comunicação.

Adubo orgânico tem a ver com o pacote de informações que você fornece periodicamente para seus liderados de acordo com seu eneatipo. Mas em cada uma das entregas você deve reforçar os valores essenciais e, com a quantidade certa de *feedback* (chuva), você pode sentar e ver a empresa crescer.

O liderado deve receber exatamente o que é exigido dele.

Uma vez que o que se pretende é escalar a liderança, ou seja, o desenvolvimento da outra semente, então o liderado deve receber exatamente o que é exigido dele.

Isso significa que o líder deve estar claramente aberto na comunicação e ter muito cuidado com o que está se comprometendo, tanto com a empresa quanto com todas as pessoas com quem está em relacionamento de trabalho, seja essa relação vertical ou horizontal. A confiança é um dos valores que devem ser essenciais, pois é algo que, se perdido, é quase impossível de recuperar. É por isso que o valor da palavra deve ser defendido a qualquer custo, não importa qual seja o eneatipo que corresponde à sua personalidade.

Assim, é recomendável ter um profundo conhecimento tanto de eneatipos ou outro sistema que usar para conhecer os membros da equipe e se comunicar com ela quanto de vieses cognitivos e heurísticos ao tomar todas as suas decisões.

Vieses cognitivos são estruturas mentais que levam as pessoas a ter uma percepção distorcida da realidade, tanto de sua própria realidade quanto da realidade que as cerca. Elas geralmente se aplicam às pessoas, ou são vistos no tratamento entre as pessoas. Mas, principalmente, eles se manifestam na tomada de decisões. E isso é muito perigoso, porque estamos constantemente tomando decisões.

O que os vieses cognitivos podem fazer em uma empresa?

Tomemos como exemplo um artigo publicado na revista *McKinsey Quarterly* sobre uma empresa alemã, a RWE.

"Uma série de decisões tendenciosas levou a aumento de custos e prazos excessivos em um grande projeto de investimento na empresa alemã RWE.

O que ficou evidente é que fomos vítimas de uma combinação de vieses cognitivos", diz o CFO Bernhard Günther, nessa entrevista à *McKinsey Quarterly.* "Pudemos ver que o status quo e os vieses de confirmação nos levaram a assumir que o mundo sempre seria o que costumava ser".

O desempenho decepcionante do projeto levou Günther a liderar mudanças fundamentais nos processos de tomada de decisão da empresa. Isso incluiu o lançamento de programas de treinamento para líderes e gestores sobre como se conscientizar sobre os vieses, estar mais aberto a dissidências e conflitos e aprender práticas de eliminação de viés, que eventualmente resultaram em melhores decisões. Um fator-chave no sucesso do programa para evitar perdas da RWE foi que a alta administração deu o exemplo. "Isso é verdade para qualquer tipo de mudança, não apenas para eliminar o viés", diz Günther. "Se não for modelado no topo, é improvável que aconteça mais abaixo na hierarquia."

Um heurístico é um mecanismo que o cérebro ou a mente tem para evitar gastos excessivos de energia e tempo. Eles se aplicam a decisões de forma inconsciente. Eles funcionam como um atalho, quando o momento ou a realidade se torna muito complexo.

Vamos a um exemplo muito conhecido no *marketing*. Foi provado que, se você colocar seis tipos de geleia em uma prateleira de supermercado, vai vender muito mais do que se você colocar 24 tipos de geleia, incluindo os 6 anteriores. O motivo? O cérebro não quer se dar ao trabalho de decidir entre muitas opções, o resultado é que ele "decide" não comprar qualquer geleia. A saturação ocorreu como resultado de uma sobrecarga de opções. Ou um excesso de oferta, diriam os economistas.

Assim, um heurístico é uma regra que as pessoas seguem de forma inconsciente para mudar a formulação de um problema e representá-lo de uma forma mais simples para que possa ser resolvido facilmente ou sem ter que pensar muito sobre isso. É um tipo de truque mental que usa o cérebro para tomar decisões sem complicar a vida.

O problema é que o mecanismo tem muita coerência. Imagine que você tinha que escolher entre inúmeras opções em cada decisão que você tem que tomar. As horas do dia não seriam suficientes e você acabaria exausto. A evolução inventou o heurístico para que não tenhamos que passar por isso. Só que às vezes o mecanismo se torna prejudicial, principalmente quando temos que tomar uma decisão importante e, em vez de analisar as opções, optamos pelo caminho mais fácil. Nesse caso, o heurístico se torna um viés, e na maioria das vezes nos leva a cometer erros.

No artigo da revista que mencionei recentemente, o diretor financeiro comentou que eles tinham sido vítimas de uma combinação de vieses cognitivos, e menciona viés de confirmação em particular.

O viés de confirmação é o que faz com que um médico, ao fazer a primeira consulta com um paciente, leve em conta certos sintomas que o paciente apresenta ou se manifesta, e toma uma decisão: "Esse paciente tem uma doença dessas". Ele então pede uma série de exames, todos destinados a confirmar seu diagnóstico. Não é para avaliar outras doenças, mas para "confirmar" que ele não estava errado. Mas, tenha cuidado, não é ruim que seja, desde que o médico seja mais experiente. Sabemos bem que a experiência é o que nos ajuda a não cometer erros, mas a experiência é consequência dos erros que cometemos. Caso você não seja um médico experiente, você tem que prestar muita atenção, avaliar as possibilidades e pedir exames para descartar possibilidades, fazer um diagnóstico válido e, em seguida, realizar o tratamento. Tirar uma conclusão rápida e fazer um tratamento são brincar com a vida da pessoa que o consultou. O médico que realiza tais ações é considerado "tendencioso". Falarei um pouco mais sobre esse tipo de preconceito quando descrever o viés de confirmação.

Então, é certo ou errado usar os mecanismos cerebrais chamados heurísticos? Ambos. Isso é bom porque há muitas decisões que devem ser tomadas rapidamente, ou porque são urgentes ou porque não vale a pena usar nosso tempo e esforço para levar em conta todos os aspectos.

> *"Mesmo uma decisão certa é errada quando é feita tarde demais."*
>
> Lee Iacocca

É errado porque há decisões que se tomarmos de forma leviana, as consequências podem ser devastadoras se cometermos um erro, como a vida de uma pessoa no caso do médico. Nesses casos, é melhor levar em conta todas as possibilidades que puderem ser vislumbradas.

O problema é que as pessoas não consideram tomar o caminho simplificado ou não. A escolha é automática e inconsciente, justamente porque o cérebro não quer se dar ao trabalho de ter que escolher. E, diante de um dilema, sempre tomará o caminho mais fácil ou mais simples. A maioria dos nossos processos mentais são inconscientemente guiados por essa lógica.

Um bom exemplo são os preconceitos, que como diz a palavra são decisões tomadas antes de fazer uma avaliação. Você vê uma pessoa que vem caminhando em sua direção e você já não gosta dela, isso já gera desprezo, e você nem está ciente de que sente esse desprezo, mas você está disposto a rejeitar o que vem dessa pessoa. Seu cérebro identificou nessa pessoa um gesto, talvez sua maneira de andar, talvez a forma do rosto, ou o cabelo, ou um rastro de perfume. Seu cérebro identificou com uma pessoa que lhe machucou e, pronto, o atalho ocorreu. Você não precisa mais falar com essa pessoa, fazer perguntas para conhecê-la, não é necessário, você já a despreza.

Há um sistema que ajuda muito no processo de lidar com vieses. É um processo que já começamos a usar desde o primeiro capítulo: valores.

Se você for muito claro sobre os valores que devem governar suas ações e mantê-las em mente permanentemente, você pode dar a si mesmo o prazer de tomar o máximo de decisões possível através dos atalhos dos heurísticos porque eles dificilmente irão contra a sua escala de valores.

A escala de valores faz com que o heurístico pegue um atalho que não prejudique os valores estabelecidos. Talvez não seja tão automático, mas será eficaz e eficiente, o que significa que vai levá-lo à realização da ação em tempo hábil, sem prejudicar os pontos importantes.

Todas as ações que realizamos, incluindo as decisões que tomamos, são uma consequência de nossa escala de valores. Claro, na maioria das vezes, essa escala de valores é inconsciente e os valores são misturados com os antivalores.

É muito útil conhecer os vieses, tanto para o autoconhecimento quanto para conhecer as outras pessoas e saber quando elas têm uma atitude tendenciosa. Mas principalmente para usar os mecanismos mentais que levam a diferentes tipos de pessoas a reagirem de uma certa forma, através de um viés ou um heurístico. Na verdade, ambos são heurísticos, só que no enviesado é provável que a pessoa esteja errada, pois seria como comprar um item por inveja ou porque foi enganado, já que no *marketing* usa-se muito a tendência dos clientes de tomar decisões por vieses.

Então é extremamente importante saber os heurísticos que produzem os vieses, tanto para não cair neles como para saber usá-los na relação com outras pessoas.

> *"A verdadeira jornada da descoberta não é sobre procurar novas paisagens, mas sobre ter novos olhos."*
>
> Marcel Proust

Tomadas de decisões

Assim que acordamos, temos que enfrentar uma tomada de decisão contínua, que, se tivéssemos que analisar os movimentos, comparar as possibilidades, para então tomar a decisão, antes da metade do dia estaríamos fisicamente e mentalmente exaustos. Imagine se você tivesse que pensar profundamente sobre de qual lado da cama você deve descer, que meias usar, passar pelo banheiro, escovar os dentes, tomar banho, escolher vestido, sapatos, preparar o café da manhã, levar em conta os horários, se você vai sair de carro ou andar etc. Além disso, devemos acrescentar as decisões importantes: resolver problemas do cliente, fazer um investimento ou um contrato. É cansativo só de pensar nisso.

Bem, a evolução decidiu fazer atalhos para esses processos e deixá-los instalados em nosso cérebro, além disso a maioria de nós nem precisa decidir usá-los ou não, porque eles estão totalmente inconscientes, o cérebro decide sozinho, por si só, nem sequer sabemos.

Esses atalhos foram chamados de heurísticos. São processos cognitivos que funcionam inconscientemente e que nos permitem automatizar escolhas para escolher alternativas mais rapidamente.

No entanto, esses heurísticos que nos permitem aliviar o trabalho de tomar decisões podem se transformar em vieses, ou armadilhas cognitivas, que nos fazem tomar decisões inconscientes em momentos que deveríamos ter pensado de forma consciente. Ou seja, os heurísticos cumprem sua missão de economizar tempo e esforço, nos poupam o trabalho mental, mas em casos importantes podem nos levar a tomar decisões com informações tendenciosas ou erradas. E nesses casos não só estamos errados, mas buscamos justificativas para provar que nossa decisão é acertada.

Além disso, o cérebro está preparado para responder mais rapidamente ao que não gosta do que ao que ele gosta. E a velocidade de resposta ou tomada de decisão é incrivelmente rápida, ele faz isso em menos de meio segundo através da heurística. Esses processos são tão rápidos porque têm acesso direto à nossa memória implícita, uma memória que eles acessam sem que tenhamos que pensar e que tem informações que não estamos cientes de que temos.

É por isso que é tão importante ter uma escala de valores, a qual reforçamos permanentemente, para dar um guia aos heurísticos. É como forçá-los a levar em conta nossos princípios morais ou éticos sem que tenhamos que pensar neles e que eles se manifestem através do processo de tomadas de decisões inconscientes.

Por sua vez, conhecendo esses processos, podemos organizar a entrega de informações para as diferentes pessoas com quem estamos em relacionamento de acordo com seu eneatipo. Mas fazer isso com princípios éticos em mente é importante para a evolução da consciência humana.

Existem vários tipos de heurísticos, mas os que nos interessam para uma Liderança Eco-LÓGICA são três:

1. **O heurístico da representatividade**
2. **O heurístico de disponibilidade**
3. **O heurístico de ancoragem e ajuste**

1 – O heurístico da representatividade

- Viés de insensibilidade do tamanho da amostra.
- Viés de insensibilidade às probabilidades anteriores.
- Viés de falácia conjunção.
- Viés de insensibilidade ao fenômeno da regressão à média.

O heurístico da representatividade

É um atalho mental que usamos para avaliar as probabilidades de um evento acontecer, comparando-o com um protótipo, estereótipo ou situação anterior existente na mente. O processo determina se a pessoa, ação ou evento é representativo do estereótipo evocado, se for, o acórdão que provocará as ações correspondentes é emitido. Como o exemplo que vimos antes, quando ele conhece uma pessoa que só por seus movimentos ou semelhança física já o rejeita. Outro exemplo é o processo que leva a pensar que produtos de excelente qualidade são caros, neste caso surge o raciocínio de que se algo é caro deve ser de muito boa qualidade, o que nem sempre acontece na prática.

Esse heurístico é acertado na maior parte das vezes, pois nos permite dar respostas imediatas às situações habituais, economizando tempo e energia. Mas há momentos em que informações relevantes não foram levadas em conta, produzindo uma decisão tendenciosa. E quando isso acontece em situações importantes pode levar a consequências infelizes.

Os vieses que geralmente ocorrem usando o heurístico da representatividade são os seguintes:

Viés de insensibilidade do tamanho da amostra

Há pessoas que fazem julgamentos pensando que, em uma pequena amostra, o resultado será o mesmo que em uma amostra maior.

Desse tipo de viés surgiu a "Falácia do Jogador", esse viés é composto por um raciocínio no qual as pessoas que participam de diferentes tipos de jogo geralmente caem.

Funciona assim, eles pensam que, se um evento já foi gravado no passado, há menos chance de que ele aconteça no futuro. Por exemplo, que em uma roleta, se saiu preto, é mais provável que na próxima rodada saia vermelho. Eles acham que as chances se acumulam quando sai preto novamente, teoricamente as chances de sair vermelho na próxima corrida são dobradas. E, se sair preto novamente, o entusiasmo continua a crescer, com a quase certeza de que o próximo será vermelho. O viés assume que, como um evento que já ocorreu no passado, há menos chance de acontecer novamente. No entanto, isso não é verdade, porque cada evento aleatório não está condicionado a um anterior. Então, a próxima rodada de roleta pode resultar em um número vermelho ou preto.

Outro exemplo, imagine que você tem quatro maços de cartas de pôquer, depois de embaralhar cada um deles você levanta a primeira carta. Nos três primeiros maços aparece um ás de corações. Seu inconsciente vai fazer você acreditar que no próximo maço há menos chance de outro ás de corações saia. No entanto, as possibilidades são exatamente as mesmas que em ocasiões anteriores.

Daniel Kahneman e Amos Tversky fizeram um experimento sobre esse viés. Eles perguntaram a um grupo de estudo:

Uma certa cidade é atendida por dois hospitais. No maior hospital, cerca de 45 bebês nascem por dia, e no hospital menor cerca de 15 bebês nascem por dia. Como se sabe, cerca de 50% de todos os bebês no mundo são meninos. No entanto, a porcentagem exata varia de dia para dia. Às vezes pode ser maior que 50% e às vezes menor.

Durante o período de um ano, cada hospital registrou os dias em que mais de 50% dos bebês nascidos eram do sexo masculino. Qual hospital você acha que registrou a maior parte de meninos nesses dias?

1. O maior hospital
2. O menor hospital
3. Foi o mesmo em ambos os hospitais (ou seja, a diferença foi inferior a 5%)

Resultado: 56% dos sujeitos escolheram a opção 3 e 22% dos sujeitos escolheram as opções 1 ou 2, respectivamente. No entanto, de acordo com a teoria da amostragem, o maior hospital é muito mais propenso a ter uma proporção próxima a 50% do que o pequeno hospital em um determinado dia, o que implica que a resposta correta para a pergunta é o hospital menor.

Viés de insensibilidade às probabilidades anteriores

As pessoas tendem a tirar conclusões sobre algo ou alguém com base nas últimas informações que recebemos pela semelhança de ideias, geralmente estereotipadas, desconsiderando probabilidades anteriores sobre isso ou alguém.

Por exemplo, Jorge é um jovem metódico, cuja principal diversão são os computadores. O que você acha mais provável, que Jorge seja um estudante de engenharia ou humanidades?

Quando perguntas desse tipo são feitas, a maioria das pessoas tende a dizer que Jorge certamente está estudando engenharia. Assumimos que Jorge estuda engenharia simplesmente porque sua descrição se encaixa com um certo protótipo ou **estereótipo** do estudante de engenharia. Mas isso envolve ignorar o fato de que estudantes de humanidades ou "letras" são muito mais abundantes do que os da engenharia, tornando muito mais provável encontrar estudantes de humanidades que correspondam à descrição de Jorge.

Viés de falácia de conjunção

Na teoria das probabilidades há um axioma que diz: "A probabilidade conjunta de dois eventos é sempre menor ou igual à probabilidade de cada um deles separadamente". A falácia da conjunção vai contra essa afirmação, é uma falácia lógica.

Mais uma vez, Daniel Kahneman e Amos Tversky realizaram um experimento sobre esse viés.

Eles afirmaram: "Linda tem 31 anos, solteira, inteligente e muito brilhante. Especializou-se em Filosofia. Como estudante, estava profundamente preocupada com as questões de discriminação e justiça social, também participando de manifestações antinucleares".

O que é mais provável?

1. Linda é caixa de banco.
2. Linda é caixa de banco e ativista de movimentos feministas.

Resultado: 85% dos entrevistados escolheram a opção 2. No entanto, a probabilidade de que os dois eventos ocorram juntos é sempre menor ou igual à probabilidade de que cada um ocorra separadamente.

Insensibilidade tendenciosa ao fenômeno da regressão à média.

O fenômeno da Regressão à Média é um termo que designa o fenômeno pelo qual as coisas tendem a ser igualadas nos extremos. Se uma variável é extrema na primeira medição, a tendência é que na segunda e subsequentes medições ela se aproxime da média.

A insensibilidade a esse fenômeno é um viés cognitivo que pode produzir perdas importantes de todos os tipos. No caso de investimentos no mercado de ações, geralmente são milhares ou milhões de dólares. Essa insensibilidade ocorre porque o cérebro é programado para aceitar facilmente o fenômeno da causa e do efeito, e quando encontra outros tipos de evidência, parece inacreditável.

Isso foi descoberto por Sir Francis Galton, pioneiro em estudos genéticos, no final do século XIX, estudando a altura das pessoas que perceberam que as alturas extremas das pessoas estudadas não se repetiam nas novas gerações. Os filhos de pais muito altos estavam ficando cada vez mais baixos, aproximando-se da altura média, assim como os filhos de pais muito baixos, que estavam ficando cada vez mais altos. Galton teve a sensação de que era como se a natureza estivesse procurando uma maneira de neutralizar valores extremos. O heurístico da representatividade definitivamente provou que ele estava certo. Mas nosso cérebro não está muito de acordo com a natureza, prefere tirar conclusões rápidas e acredita que a sorte será a seu favor.

Um exemplo simples está na saúde. Quando uma pessoa vai cuidar de si mesmo com o médico é quando ela se sente pior. Na maioria dos casos, após os cuidados médicos, você vai se recuperar. O cérebro atribui a causa de sua recuperação à intervenção do médico. Mas é muito provável que a pessoa tenha se recuperado de qualquer maneira, é claro, no caso de que era uma condição aguda e não crônica ou perigosa. Mas como os leigos não sabem que condição é, é melhor ir ao médico para ter certeza. É disso que se trata o viés.

A regressão à média é um conceito muito difícil de entender para a mente humana, o cérebro está ansioso para encontrar padrões que o ajudem a economizar tempo e energia, e o interessante é que desta forma ele o alcança. Os princípios da aleatoriedade e da regressão à média raramente produzem explicações satisfatórias e significativas. Mas, na maioria dos casos, essa heurística funciona como precisamos, sem ser um viés, e resolve muitos problemas.

A insensibilidade ao fenômeno da regressão à média pode levar a erros de apreciação. Como Daniel Kahneman descobriu quando ele estava ensinando um curso em uma base da Força Aérea israelense, um dos instrutores lhe disse:

"Quando eu elogio um cadete que fez uma boa manobra aérea, o próximo o faz pior. Quando eu grito com um cadete depois de uma manobra ruim, aquele que segue faz melhor. Portanto, a punição é mais eficaz do que a recompensa".

Esse instrutor estava atribuindo erroneamente causalidade às flutuações aleatórias nos resultados. Sob a abordagem de regressão à média, se uma manobra é realizada especialmente bem, o resultado mais provável na próxima observação simplesmente se aproxima da média.

Quando falamos de perdas de dinheiro, é principalmente no mundo dos investimentos onde esse fenômeno é chamado de Reversão à Média, e descreve como os retornos podem ser extremos no curto prazo, mas mais estáveis no longo prazo. Ou seja, períodos de baixa rentabilidade em determinados mercados tendem a ser seguidos por períodos com maiores retornos que compensam as perdas. O fenômeno tornou-se muito popular entre as criptomoedas. Mas você também deve ter cuidado com exceções porque existem valores que não podem voltar à média porque estão indo para a falência. Nesse caso, é necessária uma análise minuciosa das empresas e setores para separar oportunidades atraentes dos poços sem fundo.

2 - O heurístico de disponibilidade

- Viés de recuperação ou lembrança de instâncias
- Viés de correlação ilusória
- Viés do conjunto de busca
- Viés devido à imaginação

O heurístico de disponibilidade

É um processo acelerado de raciocínio que tende a basear decisões nas primeiras informações que estão disponíveis em nossa mente porque é mais fácil de lembrar. Normalmente essa informação são memórias recentes, coisas estranhas ou especiais.

O uso indevido da regra heurística de disponibilidade pode levar a erros sistemáticos nos critérios de decisão. Assumimos facilmente que nossas memórias disponíveis são verdadeiramente representativas e usamos esse mecanismo inconsciente para determinar a probabilidade de um evento ocorrer ou não. Quanto mais acessível um evento parecer, mais frequente e mais fácil de lembrar, mais vívidas as informações parecerão, mais convincentes e, claro, mais fáceis de chegar a uma conclusão. Só temos que ter cuidado para não usar esse mecanismo em questões importantes, pois corremos o risco de escolher a opção errada mentalmente disponível.

Dessa forma, quando usamos a heurística de disponibilidade, acessamos o material mental mais recente ou de fácil acesso em nossa mente, o que temos mais à mão, e contamos com esse material para fazer um julgamento ou criar uma opinião relacionada a algum tema. O problema é a tendência do viés de usar as informações que temos mais disponíveis como prioridade.

De acordo com o psicólogo social e professor Scott Plous (1993), "quanto mais acessível for um evento, mais frequente e provável parecerá". Além disso, Plous também especifica que, quanto maior a vivacidade da informação, mais convincente ela será, e melhor será a memória que teremos dela. Por outro lado, quanto mais evidente algo for para nós, mais nos parecerá que é a causa do fenômeno que estamos analisando.

Por exemplo, se eu pedir para você se lembrar do último acidente de carro que você pode lembrar, mesmo que você não tenha se envolvido nele, vai levar mais tempo do que se eu lhe perguntar a mesma coisa sobre um acidente de avião. Esta é a informação que nós mesmos arquivamos em nossa mente, que é mais perigoso viajar de avião do que de carro, e como nos parece algo importante o heurístico também considera dessa forma, apesar do fato de que os fatos provam o contrário, a frequência de acidentes de carro é muito maior do que a dos aviões, e muito mais pessoas morrem em acidentes de carro.

Algo semelhante acontece se nos perguntarem nossa opinião sobre a adequação de um colega de trabalho para realizar alguma tarefa. A primeira coisa que virá à nossa mente é o último trabalho que vimos em nosso parceiro e a conclusão será de acordo com a habilidade mostrada nesse último trabalho, no entanto, que pode não ser o melhor exemplo de como ele trabalha.

Um exemplo dessa heurística transformada em preconceito é uma pesquisa que mostrou que as pessoas que assistem a muita televisão consideram que mais crimes violentos são cometidos do que pensam as pessoas que assistem a menos televisão. Logicamente, há muito mais cenas de violência e crimes na televisão do que na vida normal de pessoas que não assistem televisão, e cada uma dessas pessoas responderá de acordo com as últimas memórias que têm no registro.

Viés de recuperação ou lembrança de instâncias

Esse viés consiste em superestimar a importância das informações disponíveis, o que nos leva a tirar conclusões ou tomar decisões erradas.

Você vai facilmente notar com um estudo que fizeram nos Estados Unidos e foi compilado por Gilovich, Griffin e Kahneman em 2002.

Uma enquete foi realizada com muitos participantes na qual foram solicitados a analisar sua percepção sobre os riscos entre acidentes e doenças. O resultado é preocupante, porque sugere a tendência do ser humano tirar conclusões apenas levando em conta uma parte das últimas informações registradas em sua memória e outras que estão disponíveis apenas porque são relevantes ou chocantes.

- 80% dos participantes avaliaram que as mortes por acidentes eram mais prováveis do que as mortes por acidentes vasculares cerebrais.

Na realidade, os acidentes vasculares cerebrais causam quase o dobro de mortes do que todos os tipos de acidentes combinados.

- Tornados foram considerados uma causa mais frequente de morte do que a asma.
  As estatísticas dizem que a asma provoca 20 vezes mais mortes.

- Eles julgaram que as mortes por doenças e acidentes eram igualmente prováveis.
  Mas a realidade contradiz isso, porque a morte por enfermidade é 18 vezes maior do que a morte por acidente.

- Eles consideraram a morte por acidentes 300 vezes mais provável do que por diabetes.
  Quando, na verdade, as pessoas morrem de diabetes 4 vezes mais do que por acidente.

A conclusão dos estudiosos é que as estimativas feitas pelo ser humano são distorcidas pela relevância midiática que tenham, uma vez que a cobertura jornalística é tendenciosa em relação à novidade e ao drama. Embora a asma cause 20 vezes mais mortes do que tornados, são mortes que carecem de um "gatilho" emocional. Ou seja, a memória do tornado está mais disponível, e a mente fica automaticamente com isso.

Viés de correlação ilusória

Nossa mente superestima a frequência em que a coincidência de dois ou mais eventos aparece, e uma vez registrada tal associação, tende a pensar que acontecerá novamente mais vezes do que realmente acontece.

Por exemplo, tendemos a pensar que o tráfego só está desmoronando quando estamos com pressa, ou que a faixa ao lado sempre vai mais rápida do que a nossa, e se mudarmos de faixa, a mesma coisa acontece: "Sempre a outra faixa se move mais rápido!". Isso acontece porque nossa mente formou laços associativos em nossa memória.

Mais importante, devemos levar em conta a relação que esse viés tem com a formação de estereótipos e preconceitos. O mecanismo funciona de tal forma que guardamos na memória dois eventos que em algum momento estavam relacionados, quanto mais chocantes esses eventos, mais forte é o vínculo que nosso cérebro cria. A partir daí nosso cérebro decide que cada vez que um dos eventos ocorrer estará associado com o outro.

Assim, através da correlação ilusória, superestimamos o comportamento de qualquer um que associamos de alguma forma a um grupo minoritário. De tal forma que, se um membro de um grupo minoritário realizar uma ação negativa, ambos os eventos serão associados e estimados como relativamente frequentes. Por exemplo, pensar que todos os ciganos são ladrões porque um deles uma vez roubou de nós, ou pior, porque alguém contou que conhece uma pessoa que foi roubada por um cigano.

O viés de correlação ilusória é o mecanismo que possivelmente está na origem de estereótipos ou preconceitos.

De acordo com Mullen e Johnson (1990), as pessoas superestimam a correlação entre duas variáveis que geralmente são distintas e diferentes em outras. Por exemplo, ser um cigano, ser de uma cor de pele particular, ser homossexual etc., isso nos faz desenvolver estereótipos de natureza negativa para certos grupos.

Originalmente o termo "correlação ilusória" foi cunhado por Chapman e Chapman (1967). Eles afirmam que essa é a tendência de confiar apenas em casos confirmatórios de nossas ideias ou hipóteses, ignorando casos não confirmatórios. Através da correlação ilusória, buscamos e criamos, se necessário, associações ou correlações entre diferentes variáveis que confirmam nossas crenças e acabam percebendo a relação entre duas ou mais variáveis como mais forte do que realmente é. Às vezes essa relação não existe.

Já dissemos que os vieses agem inconsciente e automaticamente, e os resultados vão diretamente para nossas decisões e atitudes. Para o nosso cérebro é muito mais fácil pensar que todas as pessoas com "tal" cor da pele, "tal" religião, "tal" partido político etc. têm uma maneira negativa de agir, do que pensar que Jorge age de determinada forma. Só para constar, eu disse que é mais fácil, não que seja mais justo, certo ou lógico.

Dessa forma, economizamos grandes quantidades de energia e tempo, e muitas vezes contribuímos para preconceitos sociais. Mas também muitas vezes evitamos grandes problemas.

Viés do conjunto de busca

Esse viés marca a tendência do cérebro de usar padrões limitados para recuperar informações, esses padrões são chamados de "conjunto de busca".

Esses conjuntos de busca são construídos com padrões que geralmente são lineares, e analisam uma série de etapas em vez de categorias.

Um exemplo desse viés é visto em um experimento conduzido por Mayzner e Tresselt, no qual os participantes selecionaram aleatoriamente palavras com mais de três letras de memória. Os experimentadores perguntaram se a letra R aparecia com mais frequência na primeira ou terceira posição e pediram-lhes para estimar a proporção dessas duas posições.

A grande maioria dos participantes selecionou a primeira posição para a letra R, e a proporção subjetiva média da primeira posição foi duas vezes na primeira letra para uma vez na terceira.

A análise das palavras selecionadas mostrou que a letra R aparece mais frequentemente na terceira posição.

Esse experimento destacou a dificuldade de modificar conjuntos de pesquisa estabelecidos. Se quisermos encontrar uma palavra no dicionário, procuramos por ela pela primeira letra, não pela terceira.

Viés baseado na imaginação

Esse viés refere-se ao fato de que quando a mente se depara com uma determinada situação, e não tem memórias de que possa se relacionar com outro viés, usa a imaginação para prever o resultado da ação. É claro que a capacidade imaginativa da pessoa afeta consideravelmente esse resultado.

Encontramos um exemplo desse viés em um casal que planeja fazer uma viagem para um determinado lugar que nenhum deles conhece. Supondo que ambos sejam eneatipo 7, eles vão querer usar seu tempo e recursos da melhor forma possível. Eles primeiro procurarão informações, mapas e locais de interesse. Então eles vão imaginar as possíveis contingências que podem encontrar no desenvolvimento da viagem.

Quanto mais vividamente os riscos forem levantados, mais perigosa parecerá a viagem para eles, e ambos tentarão levar os elementos necessários para superar os problemas que teriam que enfrentar. No entanto, é muito improvável que todas as situações que estão prevendo aconteçam, e por outro lado, outras situações certamente acontecerão que não poderiam levar em conta por causa dos limites de sua imaginação. Mas, claro, se alguns dos problemas que imaginaram acontecer com eles, saberão como resolvê-los.

3 - O heurístico de Ancoragem e Ajuste

- Viés de Ancoragem
- Custo Afundado ou Viés de Engate
- Viés Retrospectivo
- Viés de Confirmação
- Viés de Superioridade Ilusória ou Efeito Dunning-Kruger

O heurístico de ancoragem e ajuste

Este heurístico de ancoragem e ajuste é um processo em que as pessoas fazem estimativas a partir de um valor inicial, que é ajustado até obter uma resposta final ou estimativa. Kahneman e Tversky (1974) indicam que muitas vezes o ajuste acaba sendo tipicamente insuficiente.

Einhorn e Hogarth (1986) descrevem esse fenômeno argumentando que quando as pessoas tomam decisões sob incerteza, elas estão mais dispostas a usar informações externamente disponíveis como âncoras e, em seguida, ajustar de acordo com suas próprias estimativas. O ajuste se move na direção da âncora, e o tamanho do ajuste é uma função da magnitude em que a âncora externa difere das estimativas iniciais.

Esse fenômeno ocorre com muita frequência quando se pretende fazer uma estimativa. Inicialmente, uma estimativa preliminar é escolhida, comumente referida como uma âncora, e então essa última é ajustada de acordo com as informações adicionais que parecem relevantes.

Kahneman e Tversky descobriram que as estimativas feitas com esse procedimento são muitas vezes tendenciosas por duas razões. Primeiro, a âncora inicial pode não ter relação com o valor a ser estimado. E em segundo lugar, mesmo que esteja relacionado a ele, ele tende a se ajustar muito pouco (Frank, 1992).

Viés de ancoragem

Viés de ancoragem é uma variante de heurístico que tende a causar erros de apreciação. Ela surge de fazer uma estimativa de um valor inicial que serve como uma âncora, e se ajusta progressivamente à medida que informações adicionais são obtidas. Esse valor inicial pode ser aleatório ou sugerido pela situação ou pelo próprio problema.

Esse processo mental dá resultados diferentes só por tomar um valor de ancoragem diferente, o qual tende a provocar erros de apreciação e como resultado produzir erros.

Em uma negociação, se o vendedor iniciar a oferta com um valor de 10 e acabarmos comprando por 7, nos sentiremos satisfeitos com a compra, já que ancoramos nossa mente a um valor mais alto. A tendência é focar exclusivamente no primeiro valor recebido.

Temos um exemplo em uma avaliação simples que foi levantada em vários grupos:

Uma raquete de tênis de mesa e uma bolinha, juntas, custam U$S 1,10.

Só a raquete custa U$S 1,00 a mais que a bola.

Quanto custa a bola?

Esse é um problema muito simples, onde o viés de âncora evoca uma resposta intuitiva, atraente e falsa.

Digo isso porque se você é um dos nossos, dos 95% que afirmam que a bola custa U$S 0,10 ou, dos 95% que está errado, nós somos daqueles que tomam o caminho fácil do viés. Talvez você seja um daqueles que agarram dentes e unhas ao seu ponto de vista e você continua assinando que a bola deve custar U$S 0,10, aconteceu comigo também.

Vamos fazer as contas ao contrário: se a bola custasse $ 0,10 e a raquete custasse $ 1,00 a mais que a bola. Então, a raquete custa U$S 1,10 e juntas custariam U$S 1,20.

Para cumprir os primeiros dados, que juntos custam U$S 1,10, a bola deve custar U$S 0,05. Então teríamos que a bola custa U$S 0,05, a raquete US$ 1,00 a mais que a bolinha, ou seja, US$ 1,05 e, logicamente, juntas custam U$S 1,10.

O viés tende a ser agravado quando a decisão é tomada em grupo. Por exemplo, os jurados que concordam, após a deliberação, em proferir um veredicto condenando a pagar danos punitivos resolvem condenar a quantias maiores do que cada um de seus membros individualmente estava disposto a fazer o réu pagar antes de se reunir para deliberar com o resto do júri. Aparentemente, quem propõe a maior condena acaba arrastando aos demais.

Viés do custo afundado ou viés de engate

Esse viés ocorre quando um indivíduo investiu dinheiro, tempo ou esforço e decide continuar nessa situação porque já fez um investimento inicial. É uma âncora no passado e é uma das armadilhas cognitivas mais comuns quando se enfrentam mudanças. Refere-se a um viés de raciocínio sobre os custos do passado que você não quer perder, embora a realidade seja que você já os perdeu.

Por exemplo, imagine que você está terminando o terceiro ano de carreira, e você percebe que uma profissão não é para você. No entanto, como você já investiu 3 anos do seu tempo e muito dinheiro nela, você considera que é preferível terminá-la em vez de sair e mudar para outra carreira, mesmo que você não tenha intenção de exercer a profissão.

Estudos comportamentais mostram que os custos afundados geralmente exercem uma enorme influência nas decisões, já que simplesmente todos nós odiamos perder. Dessa forma, não só tempo ou dinheiro, mas também as ilusões e expectativas investidas em qualquer projeto pesam quando se trata de estabelecer uma nova meta para aqueles que não funcionam tão bem quanto esperávamos, agindo como um lastro que impede mudanças, na esperança de que o tempo, esforço ou dinheiro investido ofereça alguma recompensa em algum momento. Essa esperança tem sido chamada de otimismo ingênuo.

O melhor exemplo é a pessoa que tem suportado um parceiro abusivo ou problemático por anos, mas não rompe o relacionamento por causa do tempo em que estiveram juntos, por causa da perda de bens, por causa dos filhos ou porque não quer enfrentar o desafio de ter que procurar outro parceiro sem ter certeza de encontrar um melhor que aquele que suporta.

Viés retrospectivo

Uma vez que sabemos o resultado de uma ação ou decisão, o viés retrospectivo nos leva a pensar que sabíamos o resultado desde o início, que teríamos razão se fizéssemos aquela escolha, e que poderíamos fazer o mesmo no futuro.

Esse viés é conhecido como o fenômeno "eu sabia desde o início", porque uma vez que sabemos os resultados, isso nos leva a pensar que poderíamos tê-lo antecipado. Ou seja, o conhecimento do resultado nos leva a uma mudança de perspectiva que nos leva a pensar que esse resultado era inevitável.

Se você enumerar todas as possibilidades de um evento, uma vez que ele ocorre é por consequência de alguma delas, então você diz: "Eu sabia desde o início", "eu estava certo". O problema é que se alguma das outras possibilidades tivesse acontecido, você teria dito a mesma coisa.

Há muitas situações no cotidiano em que esse viés está presente.

Por exemplo, quando chega uma carta informando que foi aceito na universidade, e a pessoa sente que já sabia que isso aconteceria, mesmo que no início tivesse dúvidas.

A mesma coisa acontece com quem gosta de futebol, quando um time ganha um jogo ou uma taça e eles pensam: "Eu sabia que eles iam ser campeões". Eles confundem o que gostariam com o conhecimento.

Outro exemplo, quando você sai e pensa: "É melhor eu pegar o guarda-chuva", começa a chover e você não se molha, e você pensa: "Eu sabia que ia chover". Se sabe quando vai chover, por que não carregar o guarda-chuva só quando vai chover? Por que você o usa tantas vezes inutilmente?

A resposta é que as coisas parecem mais óbvias quando já aconteceram.

O problema é que aceitar esse viés pode simplesmente provocar um excesso de confiança que leva a pessoa a correr riscos perigosos. Isso pode acontecer quando uma pessoa ousa colocar uma quantidade considerável de suas economias em uma ação ou criptomoeda que apenas a sua intuição diz que será capitalizada.

Mesmo em um nível emocional, esse tipo de viés pode ser desfavorável, como quando muito tempo é investido em um relacionamento que não é saudável.

Viés de confirmação

O viés de confirmação é a tendência do cérebro de valorizar mais as ideias ou opiniões que confirmam suas próprias ideias ou opiniões.

Geralmente, o viés de confirmação leva a ignorar completamente as ideias contrárias às nossas, levando-nos a ter apenas um ponto de vista. Caracteriza-se pela filtragem das informações que recebe, em busca de provas e argumentos que confirmem a posição ou decisão que tomou inicialmente. Da mesma forma, ignora e rejeita qualquer evidência ou argumento que seja contra ele.

O viés de confirmação é citado como um dos principais obstáculos que levam o ser humano a escapar do pensamento crítico, analítico e racional.

O cérebro procura evidências para apoiar a opinião que tem. Quando as evidências contra ele aparecem, ela não só as ignora, mas também procura justificativas para explicar por que não se aplica naquele momento ou nessas circunstâncias.

Vemos um exemplo desse viés na forma como muitos investidores pesquisam na internet ou outras fontes por opiniões que confirmem suas ideias de investimento. E, da mesma forma, ignoram outras opiniões que contradizem seu ponto de vista.

Uma forma de aplicar esse viés em uma empresa é analisar os resultados de forma especialmente otimista. Por exemplo, pensar que a empresa evolui bem apenas aumentando suas vendas, apesar do aumento de seu endividamento e da queda de seus lucros.

Uma maneira de evitar o viés de confirmação é levar em conta opiniões que são contra as nossas e analisá-las objetiva e cuidadosamente. Se os argumentos contrários são lógicos e fazem sentido, certamente evitaremos cometer erros ao não permitir que esse viés nos domine.

Outra maneira é interpretar o advogado do diabo, como os advogados fazem preparando testemunhas para dar seu testemunho. O advogado do diabo confronta a testemunha com pensamentos e pontos de vista totalmente contrários à sua opinião, e assim a força a levá-los em consideração. Quando a situação é importante, é melhor levar em conta todos os pontos de vista e não permitir que nosso inconsciente nos guie para o que queremos internamente.

Por fim, é importante manter o cuidado necessário para lidar com nossos pares, pois devemos estar atentos a encontrar esse viés em nossas interações, pois certamente a outra pessoa está agindo inconscientemente e não percebe que está usando uma justificativa após a outra para demonstrar seu ponto de vista. Devemos tratá-los com moderação e consideração, porque é comum ver que as pessoas se tornam até violentas e vão a extremos a fim de defender suas opiniões equivocadas.

Viés de Superioridade Ilusória ou Efeito Dunning-Kruger

David Dunning e Justin Kruger, da Universidade Cornell (Nova York), receberam o Prêmio Nobel em 2000 por este trabalho.

O Efeito Dunning-Kruger é um viés cognitivo do heurístico de ancoragem, que leva as pessoas com pouca habilidade ou conhecimento a pensar que são capazes de realizações que realmente não são, considerando-se mais inteligentes do que outras pessoas mais preparadas e medindo incorretamente suas habilidades, acima da realidade. Isso se deve à incapacidade metacognitiva de uma pessoa de reconhecer sua própria inaptidão.

A contrapartida do mesmo efeito ocorre em indivíduos altamente competentes ou qualificados que tendem a subestimar suas habilidades, assumindo que tarefas fáceis para eles também são fáceis para outros.

Dunning e Kruger chegam à seguinte conclusão:

"A má calibração do incompetente deve-se a um erro sobre si mesmo, enquanto a má calibração do altamente competente se deve a um erro sobre os outros."

"Após quatro estudos, os autores descobriram que os participantes que obtiveram o pior trimestre do total nos testes de humor, gramática e lógica superestimaram muito sua capacidade e pontuação no teste. Mesmo que os resultados dos testes os colocassem nos piores 12%, eles se consideravam entre os 62% mais bem pontuados."

Enquanto isso, pessoas com conhecimento real tendem a subestimar sua competência, chegando à velha frase de Sócrates: "Eu só sei que não sei".

Um estudo subsequente sugere que os alunos mais incompetentes melhoram seu nível de habilidade e sua capacidade de estimar sua posição no ranking apenas depois de terem recebido muitas aulas nas habilidades que não tinham.

Em resumo, Dunning e Kruger concluíram que:

- Indivíduos incompetentes tendem a superestimar sua própria habilidade.
- Indivíduos incompetentes são incapazes de reconhecer a capacidade dos outros.
- Indivíduos incompetentes são incapazes de reconhecer sua extrema inadequação.
- Se eles podem ser treinados para melhorar substancialmente seu próprio nível de habilidade, esses indivíduos podem reconhecer e aceitar sua falta de habilidades anteriores.

Lembre-se de que, se levarmos em conta o viés de confirmação, a grande maioria desses indivíduos incompetentes se apegará a seus erros procurando ou inventando todos os tipos de justificativas que confirmam sua autopercepção. Ou seja, eles preferem ficar com sua incompetência, "acreditando" que são competentes.

Os poucos que aceitam ser treinados passarão por cinco estágios claramente definidos, e que veremos em um gráfico que Dunning e Kruger projetaram colocando em coordenadas cartesianas, por um lado, o Nível de

Autocompetência A Percebida e, por outro, o Nível de Competência Real:

1. Parte de 0. Sua autopercepção é nula porque ele não sabe nada sobre o assunto.
2. Se sabe alguma coisa sobre o assunto, seu nível de competência autopercebida é muito alto e você está no "Monte da Ignorância". Onde acredita que sabe de tudo e que pode falar sobre o assunto como se fosse um especialista, fazendo um papelão e sendo ridículo sem perceber.
3. Os poucos que conseguem se conscientizar percebem sua inaptidão e caem no "Vale do Desespero".
4. Ao concordarem em ser treinados, eles começam a ter conhecimento real e entram no "Modo de Saber".
5. Quando eles realmente dominam o assunto, eles se encontram no "Planalto dos Gurus" e têm a sensação novamente de que eles realmente sabem sobre o assunto.

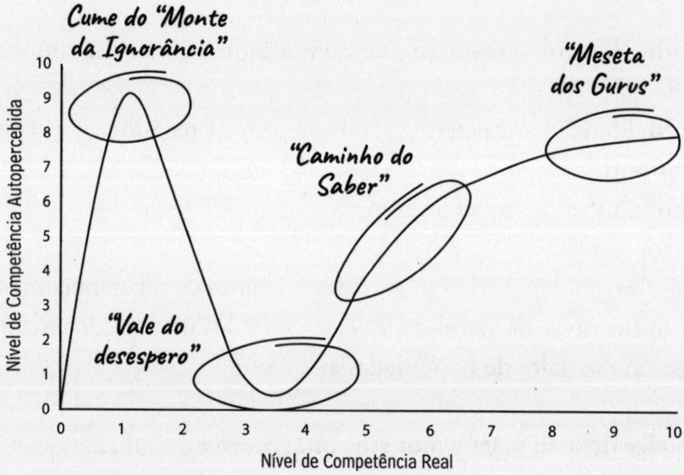

Imagem: Gráfico de Competência Autopercebida A x Competência Real Dunning e Kruger.

CAPÍTULO 12

Essa é a LÓGICA da liderança:

"Liderar não é agradar.
É fazer o que precisa ser feito."

Cláudia Barros

Os necessários defensivos ecológicos

- **Aplique um defensivo ecológico**
- **Sinais de crime**
- **A punição necessária**
- **A companhia não é uma família**
- **Liderança Tóxica**

  - Definição de Liderança Tóxica
  - Definição de Liderança Tóxica
  - Tipos de Liderança Tóxica
  - Causas da Liderança Tóxica
  - Consequências da Liderança Tóxica

Aplique um defensivo ecológico

Imagem: freepik.com

Aplique um defensivo ecológico na árvore após cerca de uma semana para evitar que insetos e doenças a danifiquem. Você também pode considerar dissuadir algumas larvas embrulhando o tronco com restos de pneumáticos em desuso.

- Para manter os roedores a distância, você pode cercar a árvore com um cilindro de malha de metal.
- Usar um *spray* de cal e enxofre para aumentar as defesas da árvore contra o encrespamento da folha de pêssego, que é a causa mais comum de doenças nessa planta. Mas claro que se plantar outro tipo de árvores frutíferas as medidas poderão ser diferentes.

Assim como a saúde da sua árvore, a saúde da empresa é indispensável. Uma árvore sem qualidade, desde sua semente e solo até a forma que é cuidada e protegida, dificilmente dará os frutos esperados.

Da mesma maneira, não basta desenvolver os valores, preparar a estrutura, focar nas pessoas, ter o comportamento adequado com as partes interessadas através de *feedback*, alimentação e escuta ativa, saber a que eneatipos eles pertencem, conhecer a heurística e aprender técnicas de tomada de decisão.

Aprender sobre os vieses nos mostrou que as pessoas tendem a cometer erros inconscientemente e a se ater a esses erros procurando justificativas ou inventando-as, se necessário.

O líder deve tomar medidas preventivas para evitar danos e problemas que possam ser irreparáveis, levando a empresa a produzir itens ou serviços defeituosos, por exemplo. Defeitos de produção sempre têm impacto na saúde da empresa.

Uma empresa doente nunca gera suficiente lucro

A principal doença que ataca a integridade da empresa é a corrupção. Uma pessoa sem valores é facilmente corrompida e faz uso da hipocrisia para se justificar e se esconde atrás da impunidade para continuar se corrompendo. A partir daí, pode infectar seus colegas e *stakeholders* que entram em contato com ela. Nessas pessoas, a astúcia substitui a inteligência e a decepção substitui a consciência. São pestes que corroem as fundações da empresa.

Sempre pode haver esses tipos de pessoas, então o líder deve ter cuidado e se preparar para descobri-las assim que encontrar sinais de fraude ou crime. E não ter escrúpulos em não só remover a pessoa da empresa, mas também usar os mecanismos corretos e as autoridades para punir a pessoa corretamente. E que seja de conhecimento de todos, para que os outros saibam o que terão que enfrentar se fizerem a mesma coisa. Conheci uma grande empresa que começou a ter dificuldades para comprar a bom preço os seus materiais, pois o departamento de compras estava corrompido desde a gerência até os auxiliares. Eles renunciavam a descontos legítimos que a empresa poderia ter, para se beneficiar com presentes ilegais. Como essa corporação construía imóveis onde sediar seus negócios, os descontos viravam tijolos, janelas, portas, azulejos e outros materiais para a construção de imóveis para os funcionários da empresa. Quase todos nós já vimos ou ouvimos falar de casos assim.

Sinais de crime

Em geral, as pessoas que compõem uma empresa são razoáveis e honestas. Muito mais se elas forem solicitadas a memorizar uma escala de valores.

Mas também há pessoas que têm uma essência corrompida e geralmente tendem a ser desonestas e conspiratórias, escondem seus malfeitos da vista dos outros e têm a capacidade de se tornarem aparentemente confiáveis e indispensáveis. De acordo com a polícia, mais de 90% dos criminosos nas empresas são pessoas em cargos de muita confiança.

Muito bem, já dissemos que os funcionários das empresas, em sua maioria, são responsáveis e honestos. Também dissemos que os desonestos são mestres em camuflar sua desonestidade e tentarão tornar-se indispensáveis e parecer confiáveis. Você não quer tomar um pelo outro. Isso significa que você tem que ter muito cuidado em acusar alguém, você não quer complicar a vida de um inocente. Portanto, quando você encontra qualquer sinal de desonestidade, você só tem que prestar mais atenção, fazer as perguntas pertinentes e principalmente observar muito. Vou fazer uma lista de indicações que teriam que chamar sua atenção para levá-lo mais a fundo em uma investigação da pessoa:

Ela não lhe dá as informações necessárias sob a repetida desculpa de:

- Estar demasiado ocupada.
- Ter problemas de saúde.
- Ter problemas familiares.
- Ela traz algumas fofocas em confiança para desviar sua atenção.
- Ela não apresenta os relatórios para você no momento certo e como é devido.
- Ela não fornece recibos para todas as despesas.
- Não lhe fornece provas de saldos bancários.
- Ele culpa a tecnologia por não ter a informação certa.

- Para facilitar o trabalho, ele quer fazer transações financeiras sendo a única autoridade.
- Diz que uma auditoria não seria necessária.
- Sugere que um amigo dele pode fazer a auditoria.
- Chega de última hora às reuniões, ou não comparece ou chega sem a preparação adequada e usa justificativas emocionais para isso.
- Recita longas histórias sobre o porquê de não ter feito algo, ou por que não conseguiu algo que era de sua responsabilidade.
- Sugere mudanças sem sentido nos procedimentos financeiros.
- É relutante em mostrar os detalhes das transações.
- Diz que tudo está bem, sem apresentar os relatórios correspondentes.
- Tenta usar simpatia ou cumplicidade para não dizer onde ou o que ela estava fazendo.
- Ela tenta esconder que está em dificuldades financeiras pessoais.
- Se uma pessoa que tem alguma responsabilidade financeira ou possibilidade de desviar dinheiro de repente renuncia a uma investigação minuciosa, na maioria das vezes alguma desonestidade é encontrada.

Se você vê alguma dessas coisas acontecendo, deve ficar atento ao comportamento dessa pessoa e, como eu disse antes, fazer muitas perguntas. Exija provas do que a pessoa está dizendo e tente sempre ter uma pessoa como testemunha. Porque eu já lhe disse que essas pessoas costumam ser astutas e a qualquer momento elas podem dizer que você está cometendo assédio moral.

A punição necessária

Se você descobrir sinais de desonestidade, tenha em mente que uma pessoa culpada poderá desafiá-lo, dizendo que você está questionando sua integridade. Se você tem dúvidas sobre ela, poderá tentar fazer uma chantagem emocional. Uma pessoa honesta mostrará o que é preciso para demonstrar sua transparência, sem fazer declarações emocionais ou se ofender. Mas lembre-se de que você só pode seguir em frente se você tiver evidências sólidas de desonestidade.

Tenha em mente que as pessoas que cometem fraudes são quase sempre pessoas muito confiáveis e tentarão dissuadi-lo de tomar as medidas necessárias.

Como líder, é essencial que em todos os casos de comportamento desonesto você vá à polícia e às autoridades competentes. Tire do meio todos os problemas afetivos e a vergonha de que esses eventos aconteceram com você. Apenas tenha em mente que, se essa pessoa fez aquilo em sua empresa, ele já fez isso antes, e se ela não receber sua pena, certamente vai fazê-lo novamente.

Uma vez que você descobre a desonestidade e cumpriu seu dever, vá um passo adiante, faça o que for necessário para obter uma restituição do crime; nem sempre é alcançado, mas é uma segunda lição para o autor. E uma mensagem dupla para o resto dos membros da empresa.

Considere, ainda, que nem toda corrupção pode acontecer somente a partir do departamento financeiro. Praticamente qualquer departamento de uma empresa é vulnerável. Compras, vendas, planejamento, industrial, e até a clonagem do negócio pode acontecer.

A empresa não é uma família

Uma família pode ser formada por todos os tipos de pessoas, e os membros estão dispostos a aceitar e suportar todos os tipos de comportamentos. E, em todos os casos, eles colocam a mesma justificativa: "É família". Então, na família, você vai encontrar pessoas desonestas, preguiçosas, trabalhadoras, responsáveis, viciadas, bêbadas, infiéis, leais etc. Na família, tudo é aceitável, e se tiverem que esconder alguém das autoridades, vão fazê-lo sem pensar muito. É chamado de instinto de pertencimento e certamente todos os tipos de heurísticos agem para proteger o corpo familiar.

Agora, na empresa, já dissemos que é necessário que você estude cuidadosamente a possibilidade de encontrar pessoas desonestas ou que possam cometer fraudes. E essas pessoas não só devem ser expulsas da empresa, mas também reportadas às autoridades, e feito o que for necessário para que sejam punidas adequadamente. Ou seja, não há razão para aceitá-los como são, muito menos fingir que não há problema.

Mas essas pessoas não são as únicas doenças que assolam uma empresa. Há aquelas que não cumprem suas tarefas porque não são responsáveis o suficiente, por causa do desleixo, por causa da inutilidade, e até mesmo por causa da estupidez. É sua responsabilidade cuidar de que essas pessoas não entrem na empresa, mas se houve um erro e aconteceu, então deve ser corrigido o antes possível.

A empresa não precisa aceitar todos os membros, apesar de quem são ou o que fazem. Não é uma família. É um lugar de trabalho, de convívio, sim, e até de amizades, de crescimento em conjunto, de muitas oportunidades. Mas ainda não é uma família.

Você deve ter em mente que se uma pessoa está em uma posição que não é perceptível se ela cumpre ou não seu trabalho, definitivamente essa posição está sobrando, é uma despesa desnecessária. Se ela tiver qualidades necessárias para outra posição, deve ser remanejada, de acordo com o seu eneatipo ou outra ferramenta que você usar. Uma pessoa inútil por qualquer motivo que não cumpra uma tarefa que é necessária causa perdas difíceis de quantificar na cadeia de processos.

Um líder que não está disposto a fazer esse tipo de ação está dentro das variantes do que pode ser chamado de "liderança tóxica", e certamente é uma das peças que devem ser substituídas para que a empresa cumpra sua missão e dê os merecidos frutos.

CAPÍTULO 13

Essa é a LÓGICA da liderança:

"Não exerça uma liderança tóxica; porque essa não é a LÓGICA!"

Cláudia Barros

Diga não à liderança tóxica

Imagem: freepik.com

"Não exerça uma liderança contagiosa, mas sim uma liderança contagiante." O líder que eu estava falando recentemente, que não está disposto a estabelecer um sistema de medidas preventivas, detectar membros que não trabalham e fazer a limpeza necessária para que as engrenagens do sistema funcionem corretamente é um líder tóxico.

Mas, claro, não é a única forma de toxicidade, nem sequer é a mais grave. Isso é uma toxicidade para a saúde da empresa. Há outros tipos de toxicidade que foram estudados.

Para conhecer o assunto rapidamente, podemos começar com a definição de liderança e de Liderança Tóxica.

Definição de liderança

Por um lado, podemos definir a liderança como a influência exercida por um indivíduo sobre os outros, com base na comunicação, respeito e consideração, para obter objetivos positivos para a organização e para cada um dos membros da equipe.

Definição de Liderança Tóxica

Por outro lado, podemos definir o líder tóxico como aquele que quer obter lucros rápidos em detrimento ou desgaste e destruição do liderado.

A liderança tóxica é perceptível no processo e no resultado, sua forma de agir afeta diretamente seus colaboradores, influenciando seus desempenhos e causando terríveis consequências na organização.

Lipman Blumen (2006) afirma que os líderes tóxicos são pessoas "cujos comportamentos destrutivos e características pessoais disfuncionais geram efeitos graves, permanentes e venenosos sobre aqueles que lideram. Líderes tóxicos trabalham para garantir seus interesses pessoais e deixar suas equipes piores do que as encontraram".

Por outro lado, Barbara Kellerman (2004), em seu livro *Bad Leadership*, faz duas classificações de liderança negativa:

1. Ineficaz ou incompetente.
2. Antiética ou ruim.

No primeiro, o líder não alcança os objetivos ou mudanças que eram esperados na organização devido à ausência de habilidades, à execução de negócios incorretos ou estratégias e táticas erradas, isso porque falta conhecimento, inteligência, persistência, flexibilidade ou disposição.

Na segunda classificação, o líder não possui a capacidade de distinguir entre o bem e o mal. Um chefe antiético não considera as necessidades de seus seguidores antes das suas, não demonstra coragem e temperança, nem trabalha para o bem comum.

Imagem: Arquivo Cláudia Barros.

Tipos de líderes tóxicos

De acordo com as características mencionadas, várias classificações de líderes tóxicos foram feitas.

Barbara Kellerman (2004) aponta sete principais:

1. **O Incompetente:** o líder não tem habilidades para executar ações eficientes. Não produz mudanças positivas.
2. **O Rígido**: o líder é muito rigoroso e inflexível. Pode ser competente, mas não se adapta a novas ideias ou mudanças.
3. **O Intempestivo:** o líder não tem autocontrole e se deixa levar por seus impulsos, geralmente pela raiva.
4. **O "Insensível":** ele é indiferente e indelicado com seus subordinados.
5. **O Corrupto:** o líder corrupto mente e/ou rouba, afetando os subordinados e fazendo-os participar de tais atos ilícitos.
6. **O Isolado:** minimiza e não está interessado no estado de saúde ou bem-estar daqueles em seu grupo.
7. **O Diabólico:** o líder comete atrocidades. Usa a dor como ferramenta de poder. Causa danos físicos e/ou psicológicos aos seus subordinados.

Por outro lado, Iñaqui Piñuel (2008) conta com perfis psicológicos para classificar chefes tóxicos. Aqui estão três:

1. **O Narcisista:** ele tem um ego extremamente alto, então ele nunca apoia seus subordinados, porque se sente ameaçado por suas conquistas. Ele precisa de admiração. É egoísta e desconsidera os sentimentos dos outros.
2. **O Psicopata:** ele parece ser uma pessoa encantadora e agradável, no entanto, ele é mau e calculista com seus subordinados. Ele gosta de machucá-los e vê-los sofrer, especialmente os mais frágeis.
3. **O Paranoide:** revisa e controla o trabalho dos subordinados repetidamente, porque desconfia do trabalho dos outros. Ele tem dificuldade em aceitar que está errado e que todas as iniciativas ou ideias parecem negativas.

Qualquer um desses líderes tóxicos pode adotar um estilo autoritário ou um estilo *laissez-faire*, ou seja, não tomar decisões diante de uma determinada situação e apenas deixar que as coisas aconteçam.

Causas da Liderança Tóxica

Tendo em conta que é a organização que designa e concede autoridade ao líder para liderar equipes de trabalho, podemos concluir que a principal causa da Liderança Tóxica é a deficiência nos processos de seleção e promoção na escolha dos líderes.

Muitas vezes não é aplicado um procedimento técnico que prove que um indivíduo terá um bom desempenho ao liderar um grupo de pessoas.

De acordo com Robert Hogan (2006), se o líder não é capaz de construir e manter uma equipe de alto desempenho, pode ser por três razões:

- Falta de treinamento de liderança antes de seu desempenho no cargo.
- Prejuízos cognitivos, pois o líder não aprende com experiências.
- Personalidade, podendo ser classificados em: paranoico (passivo/agressivo), simpático ou narcisista (Aamodt, Reyes, Castillo, 2010).

Consequências da Liderança Tóxica

Iñaqui Piñuel, autor do livro *Neomanagement: chefes tóxicos e suas vítimas*, ressalta que a má qualidade da gestão é um dos riscos psicossociais mais importantes.

A OMS confirma esses dados, afirmando que "a primeira causa de afastamento por doença é devido a fatores psicológicos e está relacionada ao estresse" (Ferrado, 2008).

O chefe prejudicial pode afetar em três níveis:

- No primeiro, transforma uma organização em tóxica.
- No segundo, essa organização tóxica gera danos psicológicos nos funcionários.
- No terceiro e mais grave nível, produz doenças físicas e mentais nos colaboradores, dependendo de sua vulnerabilidade.

Um chefe tóxico frustra a natureza do ser humano para criar e decidir, se apropria das ideias dos outros e não reconhece seus méritos. Uma tensão no trabalho surge devido à falta de apoio social e emocional, e à impotência do empregado em controlar a situação e a incerteza. Daí o surgimento de alguns riscos psicossociais:

1. **Estresse no trabalho:** o estresse no trabalho afeta o sistema nervoso central, o sistema imunológico e o sistema endócrino, dependendo da vulnerabilidade do empregado e do grau de exposição a situações tóxicas.

   Pode causar psicopatologias como ansiedade, depressão, insônia, apatia, problemas cognitivos, afeta funções executivas, concentração e memória. Em um nível físico, pode produzir síndromes metabólicas, distúrbios alimentares e doenças cardiovasculares (Ferrado, 2008).

2. **Síndrome de Burnout:** a Síndrome de Burnout foi descrita em 1974 pelo psiquiatra Freudenberg, que observou que os trabalhadores perderam energia e motivação até chegarem à depressão ao longo do tempo. Esse transtorno pode gerar um nível tão alto de estresse que pode deixar uma pessoa incapaz de voltar ao trabalho. Alguns sintomas são evidentes, como exaustão emocional, falta de sensibilidade com os outros e com si próprio, falta de realização pessoal, baixa autoestima, cansaço, mal-estar e depressão. A pessoa começa a se ausentar do trabalho e seu desempenho no trabalho diminui (Zamora, 2008).

3. **Assédio moral:** é assédio psicológico no trabalho, ou seja, a existência de pressão psicológica e violência por um período considerável. Dependendo da vulnerabilidade da pessoa, esta pode sofrer de estresse no trabalho, depressão, ansiedade, gastrite, distúrbios digestivos ou distúrbios do sono.

4. **Assédio sexual:** um chefe tóxico pode assediar sexualmente seus funcionários afetando a dignidade da pessoa, causando estresse, ansiedade e desconforto no funcionário.

5. **Assédio institucional:** o chefe quer que o empregado dê o melhor, ainda mais do que ele pode dar de si mesmo, com a menor remuneração possível. Os efeitos são semelhantes aos de assédio moral (Fernández, 2001). Líderes tóxicos podem causar danos psicológicos e físicos difíceis de superar e às vezes irreparáveis. As consequências se estendem a terceiros, já que as famílias das vítimas também são afetadas, assim como colegas de trabalho e a própria organização. Um gestor tóxico influencia diretamente o comportamento organizacional, o que constitui uma base importante para a dinâmica do ambiente de trabalho. Pode-se dizer que o comportamento organizacional trata especificamente de situações em torno do emprego, como produtividade, absenteísmo, rotatividade e satisfação no trabalho, que serão afetados se houver baixos níveis de motivação, comprometimento e confiança (efeitos da liderança).
6. **Produtividade:** ante a liderança prejudicial, a produtividade diminuirá no longo prazo.
7. **Absenteísmo:** o absenteísmo aumenta radicalmente quando há a presença de diferentes estressores. Os mais relevantes são: ambiente de trabalho deteriorado, má qualidade da gestão, falta de clareza da função, má organização do trabalho, demandas excessivas de trabalho, ambiente de trabalho desmotivador, medo organizacional, pressão no trabalho, falta de reconhecimento, falta de participação, conflitos no ambiente de trabalho (Ferrado, 2008).
8. **Rotatividade:** os chefes nocivos causam um aumento considerável na taxa de rotatividade, pois não geram confiança nos trabalhadores, afetando a motivação e, portanto, o comprometimento.
9. **Satisfação no trabalho:** o líder tóxico vai gerar insatisfação no ambiente e no colaborador, desmotivando-o e gerando aversão ao trabalho.

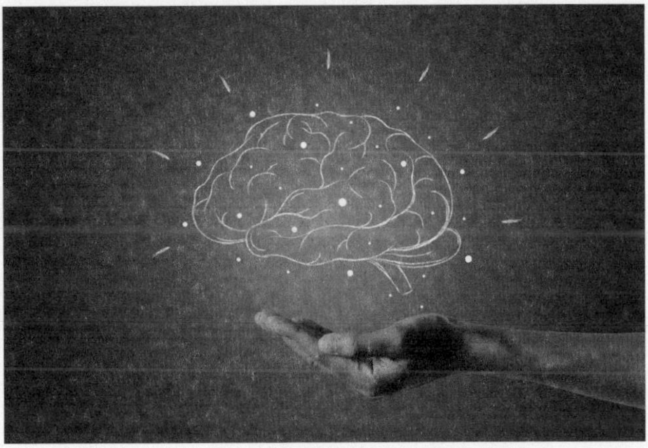

Sim! A saúde mental no ambiente de trabalho agora é LEI no Brasil!

O número de colaboradores afastados por burnout, depressão e estresse foi tão expressivo, que a partir de 26 de maio de 2025 de acordo com a atualização da norma regulamentadora nº 1 (NR-1) pelo Ministério do Trabalho e Emprego (MTE), as empresas serão obrigadas a olharem para a saúde mental dos colaboradores. Serão obrigadas a mapear e gerenciar os riscos psicossociais (BRASIL, 2024).

Na prática, será preciso identificar e reduzir o risco psicológico no ambiente de trabalho.

Deverão criar medidas de prevenção contra assédio moral, jornadas exaustivas e cobranças excessivas, por exemplo. Criar estratégias para combater o estresse, pressão desproporcional e outros fatores que impactam a saúde mental dos colaboradores.

Não importa o tamanho da empresa; a obrigação é para todas.

CAPÍTULO 14

Essa é a LÓGICA da liderança:

"A maior contribuição
de um líder é a de
formar novos líderes."

Simon Sinek

Adicione um bom fertilizante

Imagem: freepik.com

- **Adicione um bom fertilizante**
- **Fertilizantes da empresa**
- **Pirâmide de Maslow**
- **Incentivos**
- **Motivação**

- **Ferramentas da Felicidade**
- **Como ajudar na felicidade do liderado**
- **Reconhecimento**
- **Onde essas ideias se aplicam**

Adicione um bom fertilizante

Adicionar um fertilizante é fundamental cerca de duas vezes por ano. Seu fertilizante deve ter nitrogênio, que é importante para a geração de frutas e flores; potássio, que ajuda a evitar as pragas, enxofre, cálcio, magnésio e fósforo, além de outros componentes em quantidades muito pequenas, chamados micronutrientes.

Para fortalecer o pé de pêssego, você não deve fertilizá-lo dentro de dois meses após a primeira geada ou quando os frutos estão amadurecendo.

Claro que cada fertilizante é indicado para um ou outro tipo de planta, e saber qual é o tempo correto de colocar o fertilizante é a responsabilidade do dono da plantação.

> *"Começo com a premissa de que a função da liderança é produzir mais líderes, não mais seguidores."*
>
> Ralph Swim

Como eu disse no início, "não é como soprar e fazer garrafas". Se você quer uma planta excelente, que tenha folhas e flores lindas e frutas suculentas, você deve colocar uma boa quantidade de fertilizante nela duas vezes no primeiro ano.

Você pode reduzir a quantidade no segundo ano, mas aumentar uma das aplicações no terceiro ano. E como tudo na natureza, é melhor adicionar esses fertilizantes na época da primavera. Isso além de aplicar um fertilizante suave cotidianamente.

Fertilizantes da empresa

Quando falamos da empresa, que é nossa planta, o líder será responsável por fazer esses incentivos cotidianos e fazer duas vezes por ano uma motivação mais importante. Também dissemos que uma empresa, embora não seja uma entidade humana, está integrada por seres humanos, inserida em um ambiente formado por seres humanos e, em última instância, o objetivo da empresa é impactar os seres humanos. É por isso que dissemos que um líder não teria nada para fazer em uma ilha deserta ou em qualquer lugar onde não haja pessoas.

Conhecer o eneatipo dos colaboradores ou liderados dá ao líder uma vantagem indiscutível, pois lhe confere a possibilidade de adaptar sua liderança a cada pessoa, uma vez que ele conhece os pontos importantes na essência de cada eneatipo. Consequentemente, pode adaptar seu procedimento de acordo com as diferentes necessidades humanas de cada eneatipo.

Pirâmide de Maslow

Abraham Maslow desenvolveu uma teoria psicológica em 1943: "Uma teoria sobre motivação humana". Nessa teoria, Maslow formula uma hierarquia das necessidades humanas, postulando que à medida que as necessidades mais básicas são atendidas, os seres humanos desenvolvem outras necessidades e desejos maiores. Essa teoria foi mais tarde chamada de "Pirâmide de Maslow".

Esta teoria é projetada para o ser humano em geral. Agora, o líder ético, ecológico, tem várias ferramentas importantes que o ajudam a realizar sua tarefa de forma mais eficiente.

- Internalizar uma escala essencial de valores.
- Permitir a tomada de decisões através dos heurísticos, educando o inconsciente para que ele não tome variantes erradas, como preconceitos.
- Aplicar incentivos de diferentes tipos de acordo com a atitude de cada eneatipo.

Se você também aplicar esse conhecimento levando em conta a Pirâmide de Maslow, você terá uma chance muito melhor de sucesso.

A Pirâmide de Maslow é dividida em hierarquias e cada nível contém necessidades, desde as necessidades mais básicas até as mais complexas de realização pessoal.

- As necessidades básicas são o que a pessoa precisa para sua sobrevivência, elas são as duas primeiras: fisiológicas e de segurança. Nas necessidades fisiológicas, podemos encontrar a respiração, o sono, a digestão, a satisfação da necessidade de comer e beber, e a de se reproduzir.

- Nas necessidades da segurança, encontramos a manutenção do próprio corpo, atividade alugada, moradia, segurança de recursos e para sua família.
- Então vêm as necessidades psicológicas, que se relacionam com processos mentais e comportamentais: essas são as necessidades sociais e as da estima.

    - Nas necessidades sociais, encontramos amizade, relações familiares, relações sentimentais e pertencimento a grupos sociais.
    - As necessidades da estima encontram autoestima, confiança, realização e respeito por outros.

- Finalmente, como as necessidades mais complexas do ser humano são as da realização pessoal, aqui encontramos moralidade, criatividade, espontaneidade, resolução de problemas, ausência de preconceito e aceitação dos fatos.

Você percebe como é difícil conhecer e aceitar a realidade? Quantas necessidades você tem que atender antes de chegar a isso?

Depois desses cinco níveis de necessidades, eu identifico três outras necessidades humanas que começam a se manifestar quando você satisfaz às necessidades acima. São elas:

- A necessidade de aprender: todo ser humano tem a vontade de aprender, entender e conhecer o mundo em que vive.
- A necessidade de satisfação estética: é a necessidade de criar e apreciar beleza, simetria e proporção.
- A necessidade de transcendência: é a necessidade de transcender os limites impostos pela sociedade e até mesmo pela realidade, como tem sido conhecida até agora, está relacionada à espiritualidade, fé, conexão com o infinito.

Maslow afirma que um indivíduo que não atendeu às suas necessidades básicas não tem interesse em satisfazer outras necessidades mais elevadas. Uma pessoa que está com fome ou cuja cabeça está submersa na água não está interessada no respeito de seus companheiros, mas em sobreviver.

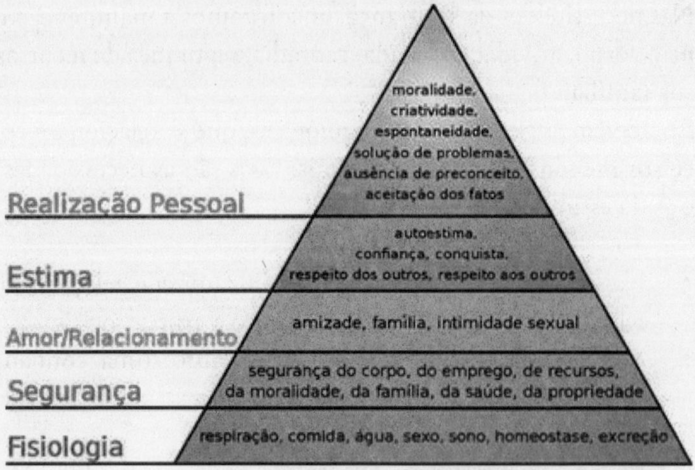

Ilustração: "Autoestima" | Fonte: Wikipedia Autor J. Finkelstein (traduzido ao pt-BR por Felipe Sanches).

Em teoria, podemos dizer que a pessoa que tem mais necessidades satisfeitas se sente mais feliz.

Nós definitivamente temos que começar a atender às necessidades do nível básico. É como se preenchêssemos o recipiente de felicidade das necessidades satisfeitas, por isso começamos com as necessidades fisiológicas ou ecológicas, continuamos com as de segurança, depois afiliação, depois reconhecimento e, finalmente, autorrealização.

Mas o interessante sobre o sistema é que o líder pode pegar elementos de níveis mais altos e usá-los a partir de objetivos ou metas de motivação. Um eneatipo 2, por exemplo, será altamente motivado se alcançar os objetivos que envolvem aumentar o bem-estar de sua família. Um eneatipo número 6 será muito grato e motivado se lhe forem garantidos certos direitos sobre os objetivos obtidos, porque lhe dá segurança, o que é mais importante do que respirar para ele. Um eneatipo número 1 encontrará uma maneira de chegar ao quinto nível, arrastando a empresa se necessário, desde que você forneça o que ele precisa em um nível básico e lhe dê liberdade para procurar e encontrar o caminho para a perfeição. Você quer ter um aliado para alcançar o sucesso? Você só tem que pensar em como fazer um eneatipo 3 se sentir valioso, aceito e desejável.

Mas não tente um tipo 4 para ajudar sua família, ou forçar um 7 a manter um cronograma, e esqueça de alguém com eneatipo 1 se ele achar que o que ele está fazendo não ajuda a humanidade.

O bom que a pirâmide de Maslow faz é classificar as necessidades humanas em ordem de importância. Felizmente, nem todas as pessoas desenvolvem a mesma escala de valores ou não dão importância às mesmas coisas nos mesmos níveis. É por isso que é tão valioso poder usar o sistema de eneatipos, porque permite individualizar a generalidade da pirâmide. Usando ambos os sistemas, você tem a possibilidade de identificar quais aspectos da vida de cada colaborador são essenciais para que eles alcancem plena satisfação e felicidade.

De acordo com a teoria de Maslow, os indivíduos são motivados pelo desejo de satisfazer suas necessidades a partir do básico, de cada um dos elementos primordiais, e só passam a ter desejos de satisfazer os do próximo escalão quando as necessidades do nível anterior estão satisfeitas. Nesse sentido, uma pessoa que não tem suas necessidades básicas resolvidas sequer pensará na ideia de se preocupar com necessidades mais complexas. Aqui está uma magnífica explicação do porquê de as políticas populistas, seja de esquerda, direita ou centro, perpetuarem-se no poder, pois trazem a maioria das pessoas para o nível das necessidades fisiológicas, e não as deixam sair de lá. Elas também incentivam a proliferação do crime para que aqueles que atenderam às necessidades fisiológicas tenham algo com que se preocupar na busca por segurança e não olhem para cima, onde estão roubando a mãos cheias.

Isso significa que um líder populista faz exatamente o oposto do que um líder ético ecológico tem que fazer, pois tudo o que ele se importa é enriquecer e usar o poder para sua própria conveniência. É muito fácil reduzir as pessoas que estão no terceiro ou quarto nível para o segundo e até mesmo o primeiro, por exemplo, uma pessoa que tem afeto e autoconfiança (quarto nível), você só tem que desarmá-la, para que fique indefesa, e depois tenha que enfrentar criminosos. Ficará insegura quanto a manter a sua propriedade privada, perderá a confiança ao passar para o segundo nível e até mesmo temerá por sua sobrevivência terminando por cair no primeiro nível. Ela terá medo de perder o que ainda lhe resta, pedindo ajuda e resgate ao governo (as ovelhas pedem ajuda ao lobo). Em seguida, o populista faz promessas que ele nunca cumpre, mas que a pessoa que está no primeiro nível está predisposta a acreditar, a pessoa faz pedidos às autoridades que não são para ajudá-lo, mas para fazê-lo afundar mais fundo na lama das necessidades básicas. Em seguida, o círculo de duas faces está fechado: virtuoso para o populista e cruel para o povo.

Ao reduzir os níveis de magnitude, vamos passar de um país para uma empresa e um indivíduo. No país, já sabemos que se as pessoas são mais felizes, elas são mais prósperas e, sozinhas, sobem os níveis da pirâmide até chegarem à autorrealização. Mas em uma empresa: a felicidade do pessoal ajudará a prosperidade da empresa?

Definitivamente, a felicidade ou satisfação do colaborador tem um impacto direto na conquista dos objetivos da empresa. Além da produtividade, a satisfação no trabalho também se reflete na rotatividade de funcionários, fuga de talentos e absenteísmo.

Você pode ler sobre a importância de ter funcionários satisfeitos no artigo do *Business and Economics Journal*, intitulado "Produtividade Impulsionada pela Satisfação do Trabalho, o Ambiente de Trabalho Físico. Apoio à gestão e autonomia trabalhista". Disponível no seguinte link: https://www.hilarispublisher.com/open-access/productivity-driven-by-job-satisfaction-physical-work-environmentmanagement-support-and-job-autonomy-2151-6219-1000351.pdf

CAPÍTULO 15

Essa é a LÓGICA da liderança:

"Entender sobre PESSOAS é um dos maiores segredos da liderança. Utilize a neurociência para ajudar os colaboradores a serem mais felizes dentro e fora da empresa."

Cláudia Barros

Como a neurociência pode ajudar a liderar as pessoas com efetividade

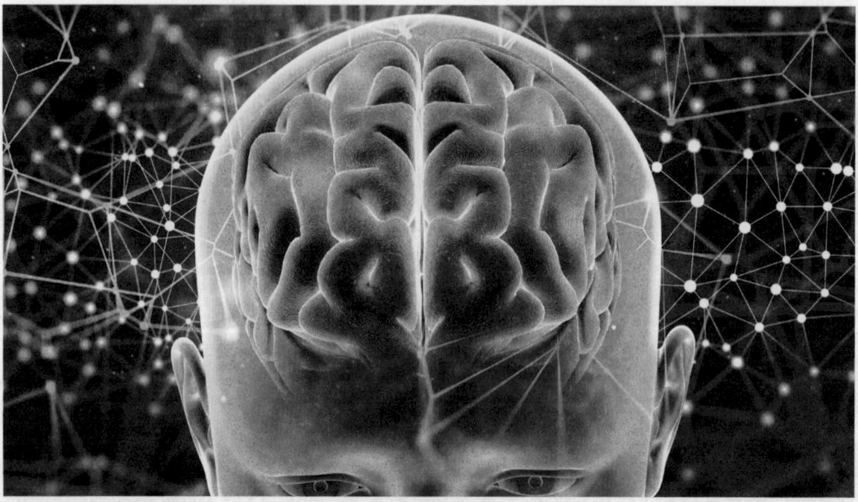

Imagem: freepik.com

O cérebro humano é certamente o órgão mais complexo da Terra. Muito já sabemos de suas funções, e muito há que ainda não desvendamos. Lembraremos aqui de algumas substâncias fundamentais para a felicidade humana, os chamados neurotransmissores bons, ou da "felicidade".

- Serotonina
- Endorfina

- Oxitocina
- Dopamina

Eles têm funções específicas, a serotonina é chamada de hormônio do prazer, a endorfina permite que a dor seja suportada, pois tem efeito analgésico, a oxitocina é chamada de hormônio do amor. Produzida no hipotálamo, está ligada aos sentimentos de maternidade, controla a ansiedade, gera sentimentos de afeto e cuidados, e a dopamina está ligada ao sistema de ação x recompensa, responsável pelo entusiasmo, sentimento de dever cumprido, regulando ainda as funções cognitivas. Não cabe neste livro fazer um estudo pormenorizado de todas elas e os efeitos da sua ausência ou presença no cérebro de todas as pessoas. Mas é importante saber que, resumidamente, podemos conseguir excelente equilíbrio dessas substâncias com algumas atitudes simples:

- Praticar atividades físicas.
- Meditação, contemplação, *mindfulness.*
- Dormir bem.
- Comer de forma saudável.
- Fazer parte de comunidades (empresa, família, bairro, associações) que têm valores que apreciamos.
- Ter profundas relações afetivas.

Vamos então verificar o que, como líderes com atitude Eco-LÓGICA, podemos fazer para colaborar com a felicidade dos nossos liderados.

Incentivos e Motivação

Comecei o capítulo dizendo que os fertilizantes da empresa são os incentivos e a motivação. Para lhes dar um uso prático, lhes atribuirei diferentes significados, embora eles essencialmente não os tenham.

Incentivos

- Chamarei de incentivos as ferramentas permanentes que podemos usar para estimular o crescimento saudável da empresa por meio de políticas implementadas com os participantes, colaboradores ou lideradas no dia a dia.

Motivação

- Chamarei a motivação de instrumentos que podem ser utilizados para estimular os colaboradores a participar do desenvolvimento da empresa e agregar valor. A ideia desses instrumentos é fazer algo especial e significativo duas vezes por ano, como a natureza nos ensina que devemos usar os fertilizantes.

Existem dois tipos de motivação:

- **Motivação Intrínseca:** surge de dentro da pessoa, produzindo uma satisfação para a execução da tarefa. É uma motivação que faz parte da pessoa, que estimula a realização e que não depende de outra pessoa ou fonte. Muitas vezes está relacionada com as habilidades da pessoa para realizar determinadas tarefas, se ela é boa nelas, se sentirá mais realizada porque terá bons resultados. Essa motivação está diretamente relacionada ao seu nível de satisfação pessoal.
- **Motivação Extrínseca:** é aquela que vem de fora, de uma pessoa de fora ou de uma terceira fonte. Está associada ao reconhecimento externo, objetivos e prêmios alcançados. Mas tem uma intensidade passageira ao longo do tempo, por isso é aconselhável implementar incentivos para fortalecê-la.

Ferramentas da Felicidade

Como mencionado, pode-se dizer que tanto incentivos quanto motivações são sinônimos, só que de acordo com as definições anteriores usaremos incentivos diariamente e motivações periodicamente, a cada seis meses ou duas vezes por ano.

Qualquer um dos instrumentos pode ser usado para uma coisa ou outra, dependendo da forma e importância que lhe damos.

Ter colaboradores felizes, que se sentem bem no ambiente de seu trabalho e que podem oferecer excelente desempenho, é um dos principais objetivos de qualquer empresa.

Muitas pesquisas têm sido feitas com relação à felicidade ou satisfação dos colaboradores e ao seu desempenho. Todos chegaram à conclusão de que é essencial que os colaboradores estejam satisfeitos e suficientemente motivados para alcançar os resultados pretendidos, especialmente em empresas que estabeleceram uma visão de longo prazo.

Segundo estudos, os colaboradores felizes são mais produtivos e se sentem mais comprometidos com a empresa, produzem menos conflitos trabalhistas e melhoram o clima de seu ambiente de trabalho. Quando os colaboradores se sentem confortáveis em seu trabalho, eles alcançam os mais altos níveis de produtividade. Isso significa que investir na promoção do bem-estar no local de trabalho é uma ótima ideia para a expansão de uma empresa.

Existem muitos fatores que intervêm no bem-estar de um colaborador e não podemos assegurar que alguns sejam mais importantes que os outros: o ambiente de trabalho, a relação com os colegas, as condições salariais, a organização das tarefas, a definição de objetivos, o trato com superiores, entre muitos outros.

- **O trabalho:** que o colaborador se adapte ao trabalho é essencial para que ele alcance uma boa motivação. Os desafios e requisitos do cargo devem estar à frente das necessidades da pessoa e produzir bastante estímulo. Muitas vezes a falta de adequação para o cargo é causada por erros no processo de recrutamento ou seleção de pessoal ou com a falta de definição de seu papel dentro da empresa. O cargo em si deve estar de acordo com o conhecimento, experiência e habilidades pessoais do funcionário. Um empregado mal aproveitado é um potencial empregado descontente. Além disso, deve ser devidamente remunerado, levando em conta o mercado, carga horária, responsabilidades, experiência, etc. Caso contrário, podem ser geradas insatisfações ou outros problemas, como a Síndrome de *Burnout* (síndrome do trabalhador de *Burnout*) que estudaremos no próximo capítulo.
- **Objetivos realistas:** os objetivos definidos para o trabalhador devem ser claros e alcançáveis. Qualquer pessoa realiza sua tarefa de forma mais eficiente quando percebe que seus objetivos são reais. A comunicação dos objetivos ao trabalhador é de vital importância para aumentar seu envolvimento e comprometimento. Essa ferramenta é onde as possíveis gratificações e incentivos devem ser esclarecidos.
- **Reconhecimento de conquistas:** os líderes devem reconhecer e parabenizar o colaborador quando ele fez um bom trabalho, isso impacta fortemente sua motivação. Principalmente se os gestores estão envolvidos e reconhecem a realização dos objetivos de forma personalizada. Sempre que possível, o reconhecimento deve ser público.

- **Adaptabilidade das condições de trabalho:** se o empregado alcançar o cumprimento dos objetivos, deverá ser autorizado a adaptar as condições de trabalho de acordo com sua conveniência. Nesses casos, a rigidez das regras é contraproducente, especialmente considerando que o importante é o desempenho das tarefas de forma excelente. Esse item inclui o horário da jornada de trabalho, o horário do almoço com o horário de partida, a extensão dos horários em determinados dias da semana para encurtar outros, e outras variações nas condições de trabalho que melhoram a qualidade de vida do colaborador e permitem que ele concilie seu trabalho com outros interesses.
- **O plano de carreira:** um dos incentivos mais importantes que o trabalhador tem é a possibilidade de subir posições na organização da empresa. Essa é uma das motivações mais importantes. Se o trabalhador sabe que chegou até o fim com relação ao seu trabalho, que não pode continuar se desenvolvendo dentro de sua empresa, é provável que ele procure outro emprego e acabe saindo. Por isso, é muito importante promover planos internos de crescimento e treinamento para melhorar a satisfação do trabalho. É também uma forma de atrair talentos internos que beneficiam a empresa e o trabalhador.
- **O plano de treinamento:** junto com o plano de carreira está esse outro plano que permite ao colaborador receber treinamento dentro da empresa ou através de cursos e atividades com certificações que credenciam sua especialização e permitem que ele ocupe melhores cargos dentro da empresa, tornando seu currículo mais atrativo.
- **Feedback sobre o ambiente de trabalho:** um ambiente de trabalho adequado contribui com o alcance dos objetivos. Então, é necessário permitir e insistir que o empregado manifeste qualquer ponto que se torne crítico para ele, a fim de poder agir e corrigir um problema antes que se torne algo prejudicial. O ideal é realizar uma pesquisa voltada para a satisfação dos funcionários.
- **Atividades em equipe ou formação de equipe:** é necessário incentivar a realização de atividades em equipe fora do ambiente de trabalho por muitas razões, embora as mais importantes sejam fortalecer os laços entre os colegas e descobrir como os membros da equipe se comportam em uma situação diferente. Qualquer tipo de iniciativa será suficiente, eles não precisam fazer um retiro para a montanha

todos os meses, sair para beber algo juntos uma vez por mês é suficiente, e ainda mais se as bebidas são pagas pela empresa. Políticas sociais: é de extrema importância estabelecer bons hábitos de saúde entre os colaboradores. Começando por informá-los sobre hábitos alimentares e estabelecer de tempos em tempos um horário de 10 minutos para caminhar, por exemplo, além de pedir ao funcionário para fazer certos exercícios no seu tempo livre, essenciais para sua saúde física e mental. As políticas de integração e diversidade, bem como as que destacam o compromisso da empresa com o meio ambiente, também são extremamente benéficas. O importante é deixar o colaborador orgulhoso de pertencer a uma empresa comprometida, o que aumenta os níveis de motivação.

- **Participação ativa:** o trabalhador deve ter a possibilidade de ser parte ativa da empresa, pelo menos no setor em que participa. É necessário incentivá-lo a se comunicar, a informar sobre elementos que ele considera bons ou ruins, suas necessidades ou melhorias que podem ser extremamente úteis para aqueles que às vezes não conseguem ver as coisas de um ponto de vista diferente, como seu chefe. É nessas práticas que surgem importantes ideias criativas e inovadoras, mas as possibilidades para que isso aconteça têm que estar abertas e o líder deve avisar o colaborador.
- **Mídia:** fora do posicionamento da empresa, é muito útil publicar em alguns meios de comunicação, como jornais, rádios, sites de informação, publicações nas quais a equipe e suas conquistas são mencionadas. É uma fonte de orgulho e aumenta a motivação para a realização. Enviar relatórios ou pesquisas para determinadas mídias de forma orgânica geralmente é uma boa fonte de informação para eles e uma boa maneira de se posicionar para a empresa como referência no setor.
- **Transparência:** a transparência é essencial para manter a confiança e permitir que o colaborador se sinta parte da empresa. Principalmente igualdade perante as regras. Informar os líderes sobre o alcance dos objetivos da empresa ajudam nesse sentimento, informando-os até mesmo das atividades e resultados da empresa que podem ser compartilhados.
- **A cultura organizacional da empresa:** a empresa deve ter políticas e uma cultura da qual os colaboradores se orgulham e com as quais se identificam. Isso aumentará seu senso de realização pessoal, o que

pode até transformá-los em embaixadores de marca ou "*employer branding*", como são chamados no jargão empresarial, que ajudam a obter candidatos espontâneos que vêm à empresa por sua imagem e "*branding*" como empregadora. Talentos que, além disso, virão motivados e, de alguma forma, já adaptados aos valores da empresa.

Como ajudar a felicidade dos liderados

Já sabemos que funcionários felizes são mais rentáveis para a empresa do que aqueles que não são. A questão é como ajudar que os funcionários sejam mais felizes. Se levarmos em conta que a felicidade ou satisfação de uma pessoa é consequência de variáveis muito complexas na vida, ao invés de provocar felicidade, a ação do líder pode focar em antecipar os problemas e situações que provocam ou levam a insatisfação e à falta de motivação.

Como dito acima, nas Ferramentas da Felicidade, podemos deduzir uma série de ações ou determinações que o líder pode colocar em prática para melhorar a satisfação no trabalho daqueles liderados. A ideia é que os funcionários se sintam valorizados, comprometidos e satisfeitos.

- **Ser transparente:** sobre qualquer tipo de informação que o liderado solicite sobre a empresa, incluindo rentabilidade. Isso faz com que o empregado se sinta seguro com o líder.
- **Estabelecer canais de comunicação:** os canais de comunicação devem ser adequados e garantir a comunicação horizontal. Estabeleça uma estrutura adequada e leve em conta a eficiência do tempo do liderado. O importante é que os liderados se sintam ouvidos e saibam que suas conversas serão privadas e que não cairão em ouvidos surdos.
- **Ser flexível:** a flexibilidade tem a ver com todo o universo empresarial. Rigidez é um negócio ruim que gera decepções e mau humor. O líder deve estar disposto a questionar tudo o que vem em seu caminho: remuneração, sistema de incentivo, cronogramas, *home office*, políticas de conciliação, adaptação ao mercado e as necessidades que são geradas dentro da empresa.
- **Promover Relações Pessoais:** boas relações entre colegas ou diferentes equipes é indispensável. Um dia por mês para ir beber, organizar atividades de construção de equipes. Qualquer atividade fora do escopo do trabalho não requer muito tempo e traz muitos benefícios.

- **Proporcionar Novas Oportunidades:** crescimento na empresa, formação ou treinamento, entre outros.
- **Ajuda a conciliar trabalho e família:** permite que o colaborador concilie sua responsabilidade de trabalho com suas responsabilidades familiares. Neste aspecto, você pode usar a flexibilidade que falamos no ponto anterior. Isso ajudará o colaborador a não se distanciar da empresa e se sentir contido, grato e satisfeito.
- **Reconhecimento:** Como dito antes, reconhecer seus colaboradores em público e corrigi-los em particular. É a melhor maneira de considerá-los como pessoas. Confie-lhes tarefas que vão além das usuais para seu trabalho ou peça sua opinião quando você tem que tomar uma decisão importante e, claro, mantê-la em mente. Isso vai fazer o colaborador se sentir valorizado. Por outro lado, nunca deixe de reconhecer os bons resultados que surgem do esforço de seus liderados, e nunca atribua a si conquistas que não são suas diante de alguém.

Reconhecimento

Como este item é tão importante, vou me dar ao trabalho de lhe dar algumas sugestões para que você leve em conta ao reconhecer o trabalho de seus líderes:

- **Reconhecer realizações específicas:** a maioria dos programas de reconhecimento são baseados na antiguidade e nas vendas. Mas as realizações específicas e os saltos qualitativos de seus colaboradores merecem ser premiados, sejam eles grandes ou pequenos.
- **Crie um Wall of Fame:** esta é uma forma bem famosa de reconhecimento e que pode se adaptar ao mundo digital. Certifique-se de que a foto é bonita, criativa ou engraçada, mas sempre consulte com seu colaborador.
- **Reconhecimento nas Redes Sociais:** comunique em suas redes sociais corporativas quem foi o funcionário do mês. Um espaço público, no qual seu liderado pode compartilhar informações e reconhecimento, contribuindo até mesmo para disseminar a imagem da marca da empresa.

- **Agradeça:** nunca minimize o valor de uma mensagem escrita, deixar uma nota na mesa ou mesmo no domicílio do seu colaborador pode ser um grande gesto de valor moral. Idealmente, você deve então reforçá-lo pessoalmente ou com um telefonema ou mensagem digital.
- **Publicar sucessos na imprensa:** lançar um comunicado de imprensa em mídia local ou digital. Isso aumentará a valorização que seu liderado tem de si mesmo e contribuirá com o conhecimento de que sua empresa reconhece os melhores, ganhando cobertura. Histórias de sucesso profissional reforçam e viralizam esse tipo de publicação.
- **Publicar seu grupo na web:** ajuda a estabelecer o hábito de enviar as fotos dos profissionais que colaboram com a empresa. Coloque-os no site da empresa e envie-os para sites especializados com alguma anedota curiosa ou engraçada. E sempre mostre orgulho que eles são a imagem da empresa, porque eles são a coisa mais importante.
- **Realizar uma cerimônia de premiação:** conceder um prêmio, um diploma ou um troféu aos colaboradores mais produtivos, responsáveis, mais atenciosos, mais humanos, engraçados etc. Montar um lugar especial e prepará-lo para o evento, também pode se aproveitar alguma data especial, como Natal, Ação de Graças, aniversário da fundação da empresa, ou definir uma data significativa para realizá-los.
- **Conceder um bônus ou aumento de salário:** bônus extras e aumentos salariais são muito importantes como reconhecimento e são sempre duplamente bem recebidos. Primeiro porque o dinheiro extra é bom para todos nós e segundo porque envolve o reconhecimento do nosso esforço. O ideal é, como no ponto anterior, estabelecer uma periodicidade, digamos, a cada três meses, por exemplo. A cerimônia pode ser dividida em duas partes: bônus pela realização de objetivos e aumento permanente do salário.

É preciso ter cuidado para não incentivar a concorrência entre os colegas, pelo contrário, recompense o autoaperfeiçoamento, o esforço pessoal e o desenvolvimento de valores éticos ou morais, sem denegrir o resto da equipe.

- **Conceder um dia extra de férias:** os dias de férias e sua distribuição são valores importantes para aqueles liderados. Oferecer dias extras aos funcionários mais produtivos ou aos mais apreciados pelos clientes é um grande incentivo para que eles se esforcem e melhorem os resultados.

- **Entregar um pin ou distintivo:** muitas empresas dão pins como prêmio. Não precisa ser assim, mas pode ser algo que identifique os funcionários que têm melhor desempenho ou que alcançaram um objetivo especial.
- **Crie uma posição:** é como recompensar um bom político criando um ministério. Isso pode ser previsto em um plano de carreira profissional, onde você surpreende o colaborador com algo inesperado e que mostra que seu talento e esforço são levados em conta.
- **Benefícios econômicos:** pode-se entregar vouchers para alimentos ou mercadorias. Esse incentivo econômico atua como um complemento salarial e costuma ter vantagens fiscais.
- **Entregar ingressos para um evento:** a concessão de ingressos para shows exclusivos, concertos, estreias de filmes ou eventos esportivos é um incentivo altamente valorizado pelos colaboradores. Dar passagens para um lugar específico no fim de semana, talvez com acomodação incluída. É possível dar esse tipo de prêmio de tempos em tempos, apenas quando você precisa motivar o esquadrão. É uma forma de valorizar a imagem da empresa no ambiente do liderado.
- **Oferecer Formação Profissional:** a formação contínua melhora muito as habilidades profissionais dos colaboradores e reforça o "engajamento" com a empresa. É uma forma de valorizar as pessoas organizando conferências, cursos externos, seminários nacionais ou internacionais e alternativas educacionais, sempre com certificações e um exame de reavaliação subsequente.
- **Organizar competições esportivas:** o esporte incentiva a prática de atividades físicas e o trabalho em equipe, e a criação de jogos internos ajudará seus funcionários a ficarem menos estressados.
- **Flexibilizar o Cronograma de Trabalho e o *Home Office*:** pode-se conceder a flexibilização das horas como recompensa pela realização dos objetivos. Se o liderado executa uma excelente tarefa, não importa onde e quando a executa. Qualquer um vai gostar de ser autorizado a conciliar seu trabalho com suas responsabilidades familiares. Com horários flexíveis e possibilidade de trabalho a distância, a equipe se sentirá reconhecida. Se for dada como um prêmio por

realizações, pode-se esclarecer que ele será retirado se o colaborador não continuar a cumprir os objetivos.

- **Prepare uma creche:** encontrar um lugar onde cuidem adequadamente de seus filhos é um problema tanto para mulheres quanto para homens. E liberá-los de ter que recorrer a uma creche cara ou pedir favores que possam ser muito caros, com parentes ou amigos, onde também é um perigo para sua segurança, é um incentivo muito importante e altamente valorizado.
- **Benefícios sociais:** oferecer uma contribuição para uma conta especial que poderá ser retirada na aposentadoria ou ser dada aos seus herdeiros, ajudar a criar uma conta especial para a bolsa de estudos da faculdade de seus filhos pequenos, dar-lhe ajuda financeira para as despesas de matrícula de seus filhos, ou dar-lhe uma boa cobertura médica.
- **Criar um espaço de meditação:** um jardim com almofadas e assentos, com música suave e imagens de belas paisagens, ajuda os colaboradores a se desconectarem alguns minutos após horas de concentração.

Como sempre, todos esses incentivos têm que ser conquistados, nunca concedidos sem condições. Por algo, eles carregam o título de reconhecimentos. Já sabemos que tudo o que é livre, não é valorizado e se torna um direito conquistado. Você tem que definir condições claras e elas devem ser aceitas conscientemente.

> *"As vendas de um funcionário satisfeito aumentam 37%, sua produtividade melhora até 31% e a precisão de suas tarefas aumenta 19%. Tudo isso sem contar os inúmeros efeitos positivos em sua saúde e qualidade de vida."*
>
> Shawn Achor, "The Happiness Dividend",
> Harvard Business Review

Um estudo de 2014 do Brandon Hall Group descobriu que as organizações que investiram em soluções de reconhecimento social aumentaram a receita em até 82%, mais de 70% melhoraram sua taxa de retenção de talentos e 80% viram uma melhoria tangível no engajamento dos funcionários.

Neurotransmissores		
Hábito	**Neurotransmissor**	**Efeito na vida**
Comemorar, ser grato e exercícios físicos	**Dopamina**	Reduz a ansiedade, melhora o ânimo, energia e motivação.
Ver o lado bom das coisas, otimismo	**Serotonina**	Reduz maus hábitos e aumenta a capacidade de decisão.
Tomar um pouco de sol	**Melatonina**	Melhora a qualidade do sono.
Massagens e exercícios físicos	**Noradrenalina**	Reduz o estresse, melhora o foco e a capacidade de pensar.
Abraços verdadeiros e troca de afeto	**Oxitocina**	Proporciona bons sentimentos, amor, conexão e confiança.
Comer castanhas, foco, meditação e respiração	**Gaba**	Reduz a ansiedade e aumenta o relaxamento.
Sexo, chocolate, risos e contato com a natureza	**Endorfina**	Reduz a dor, a depressão e aumenta a sensação de felicidade.

Essas estratégias são aplicadas em empresas com mentalidade Eco-LÓGICA.

A revista *Fortune* compila anualmente um ranking das empresas preferenciais para trabalhar. Obviamente, as questões salariais também têm muito a ver com a valorização dos profissionais.

- Seja como for, o Google tem uma reputação merecida como uma empresa que trata seus funcionários especialmente bem. O horário de trabalho flexível, a organização horizontal do trabalho e as possibilidades de promoção são algumas de suas características. O agradável e ecologicamente correto permite que seus funcionários sintam que são parte de uma onda de realização com sustentabilidade.

- Outra empresa do Vale do Silício, o Facebook (Meta), é caracterizada por dar boas-vindas calorosas aos seus novos colaboradores, que, desta forma, se incorporam à empresa com uma boa predisposição. Também no Facebook, os funcionários são estimulados a ter ações sustentáveis em vários níveis e são premiados por isso.
- O LinkedIn oferece dias de descanso ilimitados com base nos resultados.
- A Cisco Systems opera um centro de saúde primário exclusivo para os seus trabalhadores. Isso também é uma LÓGICA sustentável.
- A Embraco, empresa que fabrica compressores para refrigeração, tem um berçário dentro da fábrica, em Joinville, SC.
- A Unilever tem um programa de mentoria, escolhido entre seus colegas. Esse programa de aconselhamento ajuda o profissional a crescer dentro da empresa, sem necessidade de competir internamente. As ações de cooperação são mais valorizadas do que os sucessos unipessoais.
- O Boticário dá auxílio-babá e/ou creche às suas funcionárias, que são mais de 70% de sua força de trabalho. Isso é sustentabilidade e mentalidade Eco-LÓGICA. Não é possível mensurar todos os benefícios em cadeia, para a humanidade e para o planeta, que essa ação traz.
- A Rhodia em São Paulo tem um programa de cuidados com a saúde muito amplo, inclusive com monitores de exercícios dentro do espaço do trabalho.

Com certeza, em qualquer empresa é possível aplicar reconhecimentos e benefícios apropriados e eficazes.

É bom conhecer o que acontece nas outras empresas, mas também é possível usar a criatividade para ter benefícios e reconhecimentos únicos.

CAPÍTULO 16

Essa é a LÓGICA da liderança:

"Liderar é agir com inteligência e estratégia."

Cláudia Barros

A temporada da poda

Imagem: freepik.com

- A poda
- Rarear o fruto
- É hora de tomar decisões
- Desmotivação trabalhista
- Síndrome de *Burnout*
- Pesquisa de clima do trabalho
- Como identificar um colaborador infeliz
- Quebra do contrato de trabalho
- Motivos para demissão

- Demissão humanizada
- Exemplo de demissão humanizada
- Quais elementos você deve levar em conta para realizar uma demissão humanizada
- Como superar a desmotivação do emprego
- Programa de Reconhecimento
- A Poda

Após o primeiro ano, durante o verão, você precisa cortar os brotos que se formam em cima da árvore em dois ou três casulos. Dentro de um mês, você deve verificar a árvore para verificar seu progresso. Se você tiver três ramos grande angulares separados igualmente, você deve aparar os outros ramos para mantê-los como os três ramos principais.

Um ano depois, novamente durante o verão, você precisa podar os brotos crescendo sob esses ramos principais. A partir deste momento, você deve remover quaisquer brotos que estejam no centro da árvore, para ajudá-la a manter sua forma.

Você deve podar a árvore no final do inverno ou início da primavera para moldar a árvore. Corte galhos que se esfregam uns contra os outros, bem como aqueles que podem crescer no centro aberto da árvore.

A poda anual estimula a produção e não a diminui. Incentivar um novo crescimento, distribuindo mais recursos para as partes da árvore que você quer cultivar. Você vai ter de 25 a 45 cm de novo crescimento a cada temporada.

- **Rarear os Frutos**

Uma vez que a árvore floresça, o que levará cerca de 4-6 semanas, você deve rarear os frutos separando-os. Dessa forma, certifique-se de que a fruta restante se torne grande e suculenta. Além disso, o sol será capaz de alcançar todos os ramos e frutos desta forma. Se alguma fruta florescer na sombra, você deve retirá-la para distribuir os nutrientes aos outros e fazê-los crescer mais rápido.

Você sempre precisa de um "corpo aberto" para as frutas. Tente garantir que cada ramo tenha acesso a muita luz solar. Você precisa remover galhos e flores mortos, moribundos e cruzados para dar aos frutos a melhor chance de crescer.

- **É hora de tomar decisões**

"Depois do primeiro ano e durante o verão, você precisa cortar os brotos que se formam em cima da árvore deixando dois ou três botões em cada grupo". Segundo a natureza, a maneira mais equilibrada de crescer é o triângulo, o quadrado se mantém por mais tempo, mas sem muito crescimento. É por isso que é preferível que existam três ramos para que cresça em harmonia e equilíbrio. Os outros ramos devem ser cortados para distribuir a força e os nutrientes aos que estão melhor posicionados.

Isso significa que você deve estudar cuidadosamente os ramos em expansão e cada um dos membros desses ramos e os outros para identificar rapidamente aqueles que estão em locais inadequados ou que estão funcionando inadequadamente. E você deve erradicá-los imediatamente após ser identificado. Se eles ainda são úteis, você deve enviá-los para nutrir os outros ramos. E se eles não são mais úteis ou nunca foram, você deve erradicá-los permanentemente sem remorso, é parte de sua tarefa. Tenha em mente que os recursos são sempre escassos e limitados, não se dê o luxo de desperdiçá-los.

Humanos, inclusive líderes, tendem a cair no viés de âncora e buscam justificativas para manter o "status quo", isto é, a maneira como se desenvolveu. E um dos vieses mais fortes é o preço afundado, eles precisam justificar seus esforços anteriores e não estão dispostos a reconhecer erros. É aí que você tem que aprender com a natureza e a direção que o cultivo toma através do conhecimento. Se alguns galhos saíram no centro da árvore ou empilhados, eles devem ser cortados. A árvore se ajusta imediatamente à sua nova estrutura e começa a enviar nutrientes para reforçar os galhos restantes.

A natureza não lamenta, pega o que tem e produz o melhor que pode. Se a planta foi cuidada e guiada será uma bela planta que dará frutas abundantes e saborosas.

"Você deve remover mortos, moribundos, galhos cruzados e flores para dar aos frutos a melhor chance de crescer". Se você observou cuidadosamente todos os membros, você já conhece "quem" se enquadra no nome de "morto, morrendo e atravessado". Você tem que eliminá-los, precisamente, para dar aos "frutos" a melhor chance de crescer.

- **A poda estimula a produção, não a diminui.**

Como eu disse antes, embora a empresa não seja humana, ela é composta por seres humanos e o objetivo final é impactar os seres humanos. Assim, o líder ético ecológico deve levar isso em conta mesmo quando ele deve realizar poda ou afinamento, ou seja, a redesignação ou demissão de pessoas que não estão cumprindo sua função. Como dissemos antes, a empresa não é uma família que deve aceitar o membro independentemente da condição que ele tem. Pelo contrário, se o membro foi mal contratado, você deve aceitar o erro e corrigi-lo da maneira mais conveniente para ambas as partes. O mesmo se, após ser contratado, ele não cumprir sua função ou estar insatisfeito com ela, é importante procurar que ele seja realocado ou treiná-lo adequadamente. E se isso não funcionar, deve ser demitido da forma mais humanizada possível.

Desmotivação trabalhista

É inevitável que cometamos erros, porque, como eu disse antes, somos humanos. Mas, assim como cometemos erros, devemos reconhecê-los, corrigir-nos e melhorar a nós mesmos como pessoas e como profissionais. É preferível que os colaboradores ou líderes estejam cumprindo sua função corretamente, permitindo assim que usemos nossos recursos para melhorar a expansão da empresa. É claro que a realidade geralmente não coincide com o que preferimos, e muitas vezes descobrimos que as coisas não saem como esperamos, e quando um de nossos colaboradores está desmotivado, ele pode romper seu contrato, e pode até infectar seus colegas.

Então você deve identificar rapidamente os colaboradores que estão desmotivados e realizar as ações correspondentes para corrigir os problemas que existem, e há mecanismos para superar a desmotivação. Mas primeiro você tem que identificá-lo através de suas causas.

No capítulo anterior, vimos que existem dois tipos de motivação: internas e externas. Se como líder você está aplicando as motivações externas do seu conhecimento, obviamente a desmotivação do seu colaborador se deve ao fato de que as causas estão prejudicando sua motivação interna. O que faz você se sentir frustrado de alguma forma.

O estudo do comportamento humano nos ensina que as pessoas, através de suas ações na vida, são geralmente orientadas para o objetivo. E dentro desses objetivos está a tendência de fazer as coisas que você faz melhor e melhor. Os gols as mantêm ocupadas e motivadas. O líder motivado se esforça para alcançar os objetivos que propôs e, neste caso, seus objetivos também beneficiam a empresa. Dessa forma, é estabelecido um processo que leva a ideia à sua realização:

- O colaborador tem uma ideia.
- Transforme a ideia em um objetivo.
- É motivado para atingir esse objetivo.
- Finalmente, cumpre seu objetivo.

Definitivamente algo acontece ao longo do caminho, que faz com que a pessoa perca a motivação e não atinja seu objetivo. De todas as possibilidades, identificamos quatro eventos como as principais causas da desmotivação do trabalho:

1. **Estagnação:** isso surge a partir da passagem do tempo na mesma posição, em muitos casos, anos, realizando a mesma tarefa sem variação e sem que o líder seja designado para colaborar em outras iniciativas ou outras equipes. Isso invariavelmente condena sua tarefa à monotonia e desencadeia várias causas de desmotivação. Não poder participar de outras tarefas da empresa ou mesmo de outra forma faz com que a pessoa se sinta presa à sua posição e que não tenha motivação suficiente para gerar algo excelente. Aqui estamos falando da falta dos dois tipos de motivação, tanto interna quanto externa. Manter a pessoa nessa situação leva à quase total falta de motivação e produção, e a empresa à perda de capital, não só no que é mal alcançado, mas também na medida em que nem sequer é possível obter lucros.
2. **Comunicação ruim:** isso acontece quando o colaborador está isolado em sua posição e não tem *feedback* adequado tanto horizontal quanto verticalmente. Isso significa tanto com colegas quanto com seus superiores. Isso também desencadeia várias causas de desmotivação, principalmente o medo da replicação, que surge quando você já teve tais inconvenientes ou viu que seus pares a tinham. Isso acontece na maioria das vezes quando chefes tóxicos não escutam e não valorizam as contribuições dos funcionários, gerando insegurança e desvalorização, e, como consequência, a falta de participação do líder que prefere manter sua opinião e permanecer em silêncio. Isso produz um círculo vicioso de falta de participação e desvalorização.
3. **Salário insuficiente:** normalmente, o período inicial implica uma adaptação e aprendizado necessários, o que faz com que o colaborador iniciante atenda a um mínimo em sua tarefa. À medida que se adapta, também produz mais e se torna mais eficiente, além de assumir novas responsabilidades. Por essa razão, muitas vezes tem uma remuneração econômica inicial mínima que cresce em um nível que aumenta sua expertise e eficácia. Se isso não acontecer, o empregado se sentirá desvalorizado se estiver aumentando sua produção e isso não se reflete em seu salário. Isso é ainda mais agravado se a pessoa solicitar ou perguntar se seu salário será atualizado e recebe

uma recusa ou aumento insignificante. De acordo com a natureza humana, é inevitável que ele pense que, se ele vai receber a mesma remuneração que no início, ele também produzirá o mesmo que no início, logicamente diminuindo sua motivação e produção.

4. **Incompatibilidade de valores:** isso acontece quando os valores da empresa ou líder colidem com seus próprios valores. Se o funcionário perceber que a empresa engana o cliente ou que seus líderes mentem ou só estão interessados em lucro e aparecem como sempre donos da ração, a perda de confiança ocorre, e a confiança, uma vez perdida, é muito difícil de recuperar. Por isso, é tão importante especificar claramente a escala de valores com os quais a empresa é identificada. Caso o liderado tenha os mesmos valores corruptos que o líder ou a empresa, o que se estabelece é uma cumplicidade criminosa, caso contrário, a pessoa vive com a angústia e desvalorização de seus próprios valores. Outro aspecto é o caso de o colaborador notar a incapacidade de liderar e a pouca preparação de seu superior. Muito mais quando o líder é premiado com as conquistas feitas por seus liderados. A falta de confiança na forma como as coisas são feitas dentro da empresa é motivo de desmotivação.

Se os valores reais da empresa forem estabelecidos desde o início e o colaborador se sentir confortável com eles, é um bom sintoma de que ele continuará motivado a realizar suas tarefas.

A desmotivação no emprego é um problema tanto para o empregado quanto para a empresa, pois a desmotivação afeta diretamente seus lucros.

De acordo com uma pesquisa realizada na Brown University, a produtividade de uma empresa pode ser reduzida em até 40% quando seus funcionários não se sentem confortáveis em seu trabalho.

Quando uma pessoa se sente desmotivada em seu trabalho, ela não pode dar o melhor de si mesmo, e logicamente, se é o que ela quer, uma atitude duplamente negativa em relação à empresa e para si mesmo é gerada, o que afeta o ambiente de trabalho e a empresa, tanto a curto quanto a longo prazo.

Claro, é uma utopia fingir que os liderados estão motivados todos os dias e o tempo todo. Além disso, as causas da desmotivação podem estar em outras áreas da vida da pessoa, já que o tempo de trabalho é apenas uma parte da vida, então pode haver várias razões pessoais para a desmotivação, e é tarefa do líder investigar e descobrir quais são as causas. Claro, há outros mecanismos, sobre os quais falaremos mais tarde.

Síndrome de Burnout

O nome dessa síndrome veio de um romance que Graham Greene escreveu em 1960 chamado *Um caso queimado*. Nesse romance, o autor descreve claramente os sintomas do que mais tarde será chamado de "Síndrome de *Burnout*" ou "Síndrome do trabalhador queimado", também podemos chamá-lo de "Síndrome do Esgotamento Emocional". Qualquer um dos nomes é horrível, embora efetivamente reflita a forma de sentir a pessoa prejudicada.

Essa síndrome produz um problema sério na saúde mental da pessoa que sofre dela, que se reflete em sua produtividade no trabalho e em todos os aspectos da vida, a tal ponto que algumas pessoas chegaram ao suicídio. É por isso que faço uma menção especial.

O termo *Burnout* começou a ser usado por Herbert Freudenberger em 1974 em sua obra *Burnout*: *O alto custo da alta realização*, na qual ele estuda em profundidade essa síndrome.

A Síndrome de *Burnout* causa uma redução da energia e uma notável diminuição da produtividade, quando a pessoa se sente incapaz de cumprir todas as obrigações exigidas pelo seu trabalho. Ela se sente sobrecarregada pela realidade e demandas, e saber que o dia seguinte será o mesmo, com fardos e exigências que ela não será capaz de enfrentar, é como o estresse, mas com a sensação de que é permanente e eterno, o que causa extremo esgotamento físico e mental. Ela perde a habilidade de imaginar um futuro em que ela possa ter algum tipo de controle. A sensação de vazio impede que veja qualquer tipo de solução. O círculo vicioso se fecha com profundo esgotamento emocional, físico e mental.

Quando esses sentimentos são prolongados ao longo do tempo, a pessoa desenvolve estados de desespero, ressentimento e estresse no trabalho. Sente-se sobrecarregada com as exigências contínuas do trabalho e incapacidade de atendê-las. Quanto mais tempo passa nesse estado, mais o estado mental piora, e a motivação e produção diminuem.

São sintomas identificáveis de ausência de emoção, irritabilidade, ironia, dano emocional, depressão, falta de pertencimento, distanciamento afetivo, atenção seletiva, impotência, perda de esperança, sensação de vazio e falta de sentido, absenteísmo do trabalho, fadiga crônica, insônia, hipertensão e dores de cabeça contínuas. A pessoa chega a sentir que a vida não vale a pena.

Esses sintomas são transferidos para todos os setores da vida além do trabalho, vida doméstica, vida de casal, vida social e até lazer, o que pode fazer a pessoa perder a vontade de viver.

Logicamente, esse estado mental e emocional leva a pessoa a ser mais vulnerável a outros tipos de doenças físicas, porque diminui suas defesas.

As consequências dessa síndrome fazem com que ela sinta a empresa como um lugar hostil e, logicamente, a culpa pelo seu sofrimento. E isso produz muitos problemas em seu trabalho diário, pois ela também se torna irascível e apática. Às vezes, ao ponto de que, se o problema não for resolvido ou erradicado, a pessoa pode causar danos irreparáveis à empresa.

Pesquisa de Clima do Trabalho

Os trabalhadores passam grande parte de suas vidas em seu local de trabalho, por isso é necessário determinar como é o ambiente de trabalho para corrigir possíveis desvios do que é considerado apropriado e erradicar as causas da desmotivação, incluindo a Síndrome de *Burnout*.

A maneira mais fácil e direta é realizar um levantamento do ambiente de trabalho com uma certa periodicidade, a partir do qual surgem informações que nos levam a determinar a falta de felicidade em nossos colaboradores. É claro que devemos evitar a tendência de que as pessoas tenham que adaptar as respostas ao que acham ser a coisa certa a fazer ou desconfiar do que a empresa está fazendo, falsificando a resposta e nos levando a fazer um diagnóstico errado da situação.

Quando a pesquisa é bem conduzida, permite que a empresa saiba como está o impacto de suas ações na equipe, comunicação direta ou feedback para onde é mais conveniente, detectar necessidades pessoais, desenvolver uma cultura participativa e implementar um programa de prevenção de riscos ocupacionais nesse sentido.

Dessa forma, é essencial ter uma cultura de onboarding que permita uma adaptação dos novos membros com uma estrutura que os ajude a começar a ter um desempenho positivo de forma rápida e que se adapte à filosofia da empresa.

Como identificar um colaborador infeliz

Além de realizar a pesquisa do ambiente de trabalho, é necessário prestar atenção aos atos e humores dos colaboradores. Primeiro, para não confundir a felicidade do trabalho com o humor das pessoas em um nível pessoal. Em segundo lugar, porque se a pessoa sente que seu trabalho na empresa não é satisfatório, ela tende a escapar, causando o esvaziamento de valores antes de ser verificado se a contribuição é ideal para a empresa e para si mesmo.

A infelicidade do trabalho é a causa de muitos problemas na empresa e, portanto, causa gastos desnecessários e outros tipos de perdas que podem incluir o descrédito da marca no mercado.

O líder deve prestar atenção e usar as ferramentas necessárias se descobrir em seus colaboradores o seguinte:

- **Má sociabilidade:** é normal que as pessoas se sintam confortáveis com seus pares, além de manter uma cordialidade profissional. Ou seja, estabelecer laços amigáveis entre as pessoas que compartilham tanto tempo em suas vidas. Se a pessoa evita o contato com colegas fora do horário de trabalho, geralmente é um índice de insatisfação no trabalho, é claro que também pode ser que seja apenas uma pessoa introvertida. Nenhum desses índices é um indicador de infelicidade em si mesmo.
- **Esforço mínimo:** é normal para uma pessoa que se sente comprometida com a empresa fazer esforços para melhorar sua atividade. Quando o empregado age aplicando a lei de menor esforço, geralmente significa que ele não está satisfeito com o cargo ou com a empresa, ou que ele é uma pessoa com a vontade enferma e foi integrado por um erro na seleção de pessoal. Você tem que lembrar que a principal razão para criar um ambiente onde os funcionários são felizes é porque funcionários felizes são mais produtivos. Por isso, a apatia e a falta de iniciativa evidenciam a falta de felicidade.
- **Descumprimento:** a frequente impontualidade geralmente é um indício de que a pessoa se sente insatisfeita com sua posição e, portanto, se atrasa o máximo possível para chegar ao seu local de trabalho. Claro, também pode ser um defeito pessoal, o que é inaceitável, porque, juntamente com a procrastinação, eles são os piores inimigos da excelência. O mesmo acontece se a pessoa não cumprir, pelo menos na média, com as tarefas relacionadas à sua posição, ou se é indelicada com colegas ou clientes, ou deixa de cumprir os prazos para a entrega das tarefas.

- **Falta de comunicação ou *feedback*:** quando a situação é normal, é lógico que uma troca de informações seja estabelecida para fazer uma acomodação permanente das tarefas. Se o empregado se recusa a estabelecer tal comunicação, geralmente é porque ele tem um problema com o líder ou com a empresa. Outra opção é que também seja o caso de um defeito pessoal, com o qual, se for estabelecido, o líder deve tomar as ações corretivas, pois prejudica a fluidez das informações, agindo como um elo quebrado na cadeia produtiva.

Até agora, temos indícios de que podemos identificar a infelicidade no local de trabalho. Mas é necessária uma autoavaliação, pois é possível que as causas desses sintomas sejam causadas por erros ou vieses inconscientes do próprio líder ou da empresa com suas políticas. A infelicidade e falta de motivação do colaborador podem surgir de:

- **Erros na organização da empresa** - a empresa pode ser mal organizada, não ter objetivos claros ou permanentemente improvisados. Pode acontecer que a gestão da empresa seja desorganizada e não saiba ou não consiga transmitir os objetivos ou valores de forma adequada. A incerteza causa falta de motivação.
- **Falta de confiança** - pode acontecer que o liderado não confie nos parâmetros estabelecidos pelos gestores ou que considere que eles são muito ilusórios ou inatingíveis e não tem a possibilidade de comunicá-lo aos referidos gestores. Também pode acontecer que o líder não seja confiável, que minta ou engane em sua comunicação vertical tanto a seus liderados quanto aos seus superiores, que esconda informações ou que seja premiado com conquistas que foram alcançadas por seus colaboradores. O fator mais frequente de falta de confiança no líder é um *feedback* defeituoso do líder.
- **Um líder controlador** - há pessoas que acreditam que só elas podem fazer as coisas bem, e quando são promovidas ou criam suas próprias empresas, tendem a controlar excessivamente seus subordinados porque acham que não serão capazes de fazer coisas como elas fazem. Ficam controlando muito, marcando os erros mínimos nos detalhes. Outras vezes, esse tipo de líder pensa de uma forma tendenciosa que seus seguidores funcionam melhor quando ele (o líder) é muito exigente e quando os erros são marcados por críticas que ele acredita serem construtivas. Tive um gestor que detestava

elogios, e acreditava que as críticas eram muito melhores para o rendimento no trabalho, e até me orientava a nunca elogiar um subordinado. Este tipo de líder acredita que seus liderados têm menor desempenho ou são incapazes de agir se não estiverem sob pressão. Em outras ocasiões, como vivem controlando cada movimento de seus liderados, duas coisas acontecem: eles param de cumprir suas próprias obrigações e perdem de vista os verdadeiros objetivos, e quando o liderado descobre que seu líder não confia nele, há uma sobrecarga emocional que termina em infelicidade, desmotivação e, como consequência, falta de iniciativa.

- **Remuneração inadequada** - já mencionei o problema quando falei sobre desmotivação do trabalho. Receber um salário inadequado para o cargo que ocupa, a responsabilidade que assume ou a empresa à qual pertence afeta a motivação para realizar a tarefa e causa uma motivação para buscar outras oportunidades de trabalho. Outro aspecto que causa falta de confiança no dirigente é que ele não revisa periodicamente os salários, indicando falta de consideração para com o colaborador.
- **Inflexibilidade** - a falta de flexibilidade torna-se um problema quando fatores individuais e ocasionais não são levados em conta. E principalmente quando o líder leva mais em consideração a forma como as coisas são feitas e não as coisas que são feitas. Ou seja, perde de vista os objetivos devido a exigências desnecessárias. Esses são os horários, os feriados, a conciliação familiar ou os protocolos. Ninguém aprecia um negociador inflexível.
- **Insegurança no emprego** - a segurança de uma pessoa dentro de uma empresa tem a ver com a confiança gerada pela solvência da empresa. Quando os colaboradores não sabem como é ou têm dúvidas sobre a situação financeira da empresa, há insegurança sobre sua posição. Por isso, é essencial que a empresa comunique sua demonstração financeira (se for boa) periodicamente, o mesmo no que diz respeito à alocação de remessas para os diferentes grupos. Isso também acontece se eles acham que o líder está controlando todas as ações para procurar justificativas para demiti-los, e pode causar desmotivação e a busca por outro emprego.
- **Um ambiente de trabalho ruim** - o ambiente de trabalho negativo pode ser gerado pela empresa ou pelos gestores. E isso sempre resulta em conflitos e perdas, conflitos com funcionários e prejuízos

para a empresa. No caso do led, pode causar muitos problemas, incluindo a Síndrome de *Burnout*. Já dissemos que é muito importante cuidar do ambiente de trabalho, fazendo, por exemplo, uma pesquisa de ambiente de trabalho periodicamente, não só para saber se o ambiente é negativo, mas para saber quais são as razões para esse descontentamento.

- **Estresse** - o estresse é o grande inimigo da motivação, e isso leva a problemas mentais, emocionais e físicos. E se for mantido ao longo do tempo, pode gerar Síndrome de *Burnout* com suas nefastas consequências.
- **Problemas personalizados** - da mesma forma que nos negócios, quando um comerciante diz: "É apenas negócio, não é nada pessoal com você", ele vale para o trabalho e o resto das relações humanas. Não levar os problemas para o lado pessoal ajuda a pessoa a se desconectar do trabalho no final do dia, no fim de semana e nas férias.
- **Falta de Perspectivas** - a perspectiva é olhar para frente e ver o caminho com suas possibilidades. Quando a pessoa vê que a estrada é cortada por uma parede a poucos metros de distância, ele perde a esperança. Se o trabalhador não vê a possibilidade de crescer dentro da empresa e está condenado a ocupar todo o seu tempo em uma tarefa rotineira sem a possibilidade de poder buscar outras oportunidades, ele definha. Sem futuro, o presente não tem sentido, especialmente se o presente não é feliz e os dias se seguem com os mesmos problemas e uma rotina enfadonha.
- **Tédio** - considerando a duração do dia de trabalho, é muito sério para um liderado passar todo esse tempo entediado, e assim todos os dias até, por fim, chegar ao fim de semana. O trabalho se torna um fardo muito pesado se não incentivar o trabalhador a seguir objetivos, se não apresentar desafios, se não gera satisfação pessoal ao atingir suas metas.
- **Falta de reconhecimento** - no final do capítulo, vou expandir seu significado e a possível maneira de resolvê-lo. Todos sabemos que a falta de reconhecimento por um trabalho bem-feito e a ausência de empatia geram desmotivação, contribuem com a redução da produtividade e geram conflitos entre os trabalhadores e seus superiores. Quando o líder não sabe como apreciar o desempenho de seus liderados, ele está dizendo a eles que não são importantes e que são dispensáveis. A falta de reconhecimento causa problemas de autoestima e estresse no líder, e isso causa absenteísmo do trabalho e diversos problemas de saúde mental.

Quebra do Contrato de Trabalho

Quando um empregado é contratado, um contrato de trabalho deve ser feito quando os direitos e deveres de ambas as partes são estipulados. No caso de um colaborador que não seja contratado ou outro tipo de stakeholder, encontramos um contrato moral não assinado, mas é senso comum cumpri-lo.

Se a qualquer momento o empregado negligenciar suas tarefas ou deixar de cumprir os deveres trabalhistas estipulados, o empregador tem o direito de agir, dependendo da magnitude da falha.

É desnecessário dizer que um bom líder fará a pesquisa pertinente para determinar o que está acontecendo com o funcionário. Pode haver alguns fatores atenuantes, como passar por situações pessoais difíceis que podem levar a alguma negligência no trabalho. O líder falará com a pessoa para perguntar o que está acontecendo e como eles podem ajudar. Se depois de ter feito as perguntas e ter fornecido a ajuda adequada, a falha persistir, então você deve tomar as medidas apropriadas.

A demissão deve ser a última opção, mas às vezes é a única opção que resta ao líder. Por exemplo, em casos de falsificação de documentos, atos de violência, dano material intencional, praticar atos criminosos, declaração pública de assuntos particulares da empresa, descumprimento das ordens de segurança da instituição, entre outros. Nesses casos, especialmente nos mais graves, é necessário, além da demissão, fazer a respectiva denúncia às autoridades competentes.

O líder deve ter em mente que sua maior consideração deve ser com a empresa e com a escala de valores que decidiu abraçar. Outra coisa a ter em mente é que a pessoa que ofende provavelmente já fez isso antes e que, se a punição apropriada não for aplicada, ela continuará a fazê-lo em outras empresas. De tal forma que se o líder não fizer tudo o que for necessário para que essa pessoa seja justamente punida, ele está se tornando cúmplice de um crime futuro.

Por outro lado, é essencial que o restante do pessoal saiba que existem ações que não só não serão toleradas, mas também serão sancionadas com total severidade.

Além dessas situações extremas que representam atos praticamente criminosos, existem muitas outras situações que podem levar à demissão de um funcionário. Você só tem que ser autocrítico o suficiente para ter certeza de que essas situações não foram provocadas pela própria empresa ou pelo próprio líder. Existem várias situações que podem afetar o desempenho dos funcionários:

- **Satisfação com o seu cargo:** a satisfação é um dos aspectos mais importantes para que a pessoa desenvolva motivação suficiente para realizar a produção de seu trabalho. A insatisfação na posição geralmente leva ao absenteísmo e à perda de colaboradores talentosos, o que prejudica muito a empresa.
- **A habilidade do funcionário:** o normal, caso tenha sido bem contratado, é que ele seja capaz de cumprir a tarefa que lhe foi confiada. Se você não é capaz de realizar tal tarefa, na maioria das vezes estamos falando que ele não tem o conhecimento ou habilidades necessárias para realizá-la. Se aquele que o colocou nessa posição estava ciente de sua situação, ele é responsável por gerar frustração no trabalhador. A solução é a capacitação, porque o funcionário não mentiu em suas habilidades e capacidade.
- **A clareza de sua posição:** é essencial que o colaborador tenha claro o papel que desempenhará na empresa dentro de sua área de atuação. Caso contrário, além de sofrer desorientação e confusão, ele poderá experimentar um estado de estresse e ansiedade. O líder tem a obrigação de definir os objetivos e atividades a serem desenvolvidas com cada colaborador.
- **Ambiente de trabalho:** quando os valores da empresa são reais, eles se tornam extremamente importantes para os colaboradores. Por outro lado, se um trabalhador se esforça para aplicar os valores da empresa e, ao mesmo tempo, se sentir desvalorizado, maltratado, ou que dá muito pela remuneração ou tratamento que recebe, ele perderá sua motivação, e a tendência é, progressivamente, ir fazendo apenas o mínimo necessário para se manter na função.
- **Fatores externos:** já mencionamos acima os fatores externos que podem causar a falta de motivação e felicidade nos liderados. São eles: erros na organização da empresa, falta de confiança, líder controlador, remuneração inadequada, inflexibilidade, insegurança no trabalho, ambiente de trabalho ruim, estresse, personalização de problemas, falta de perspectivas, tédio e falta de reconhecimento.

Uma vez que o desempenho do trabalho tenha sido afetado e o líder tenha realizado todas as ações correspondentes para a reabilitação do empregado, se os problemas persistirem, chegou a hora de fazer a demissão correspondente.

Motivos para demissão

De acordo com o país onde ocorre a celebração do contrato de trabalho, em geral os motivos da demissão são os seguintes:

Segundo a capacidade do trabalhador:

- Incapacidade do trabalhador de realizar suas tarefas normalmente.
- Desempenho ruim no cumprimento de suas tarefas.
- Recusa injustificada do trabalhador em se submeter a exame médico previamente acordado ou estabelecido por lei, ou de cumprir as medidas profiláticas ou curativas prescritas pelo médico para evitar doenças ou acidentes.

De acordo com a conduta do trabalhador:

- Quando o trabalhador comete uma falta grave de acordo com a política da empresa.
- Quando o colaborador tem uma condenação criminal por crime intencional.
- Quando o trabalhador está inabilitado para o trabalho.

De acordo com faltas graves cometidas pelo trabalhador:

- Quando o empregado não cumpre suas obrigações.
- Quando o trabalhador diminui deliberadamente e repetidamente o desempenho do trabalho, afetando a qualidade da produção.
- Quando o empregado se apropria de bens ou serviços do empregador.
- Quando o trabalhador faz uso ou entrega a terceiros de informações confidenciais do empregador.
- Quando o colaborador frequenta repetidamente o trabalho em estado de embriaguez ou sob influência de drogas ou substâncias entorpecentes.
- Quando o trabalhador comete atos de violência, grave indisciplina, insulto em discurso verbal ou escrito em detrimento do empregador ou de outros trabalhadores.
- Quando o trabalhador causa danos intencionais a prédios, instalações, obras, máquinas, instrumentos, documentação, matérias-primas ou outra propriedade própria ou em posse da empresa.
- Quando o trabalhador deixa o trabalho por mais tempo do que a lei permite, tem faltas injustificadas em excesso (e isso varia de país para país).

Demissão Humanizada

A demissão humanizada é um processo de demissão no qual se busca deixar o mínimo dano psicológico na vida pessoal e profissional do empregado demitido.

Essa demissão precisa ser comunicada e explicada com muito tato e deve ser feita pela pessoa certa.

A ideia é transformar um processo legal em um processo que, além de legal, seja humanizado. É preciso levar em consideração que esse processo tem implicações importantes para o funcionário que está sendo demitido, mas também na empresa, na marca e na equipe que continua trabalhando.

Tem efeitos no empregado demitido porque ele está perdendo seu emprego, seu sustento e os laços afetivos que tem com o pessoal, por isso a demissão deve ser implementada com empatia e responsabilidade social.

Na empresa devemos considerar o funcionário que está sendo demitido, que também deve suportar um fardo emocional significativo. Também é preciso ter em conta a carga emocional que os demais funcionários da empresa terão que suportar, pois percebem que qualquer pessoa poderia passar por isso e odiaria ser tratada de forma desumanizada.

Fazer esse tipo de demissão é um investimento extra de tempo, dinheiro e preparação, mas muitos estudos já foram realizados, e mostram que o retorno recebido pela empresa é muito maior do que o gasto que produz. E, com o tempo, a marca se fortalece de forma importante. Além disso, o clima organizacional da empresa se fortalece, maximizando a confiança de outros funcionários e reduzindo os riscos das demandas trabalhistas.

Normalmente, são os seguintes tipos de demissão que podem ocorrer por iniciativa do empregado ou do empregador. A aplicação da demissão humanizada pode ser realizada em todos eles:

- Pedido de demissão do trabalhador.
- Demissão sem justa causa e pela vontade do empregador.
- Demissão por justa causa por má conduta grave do trabalhador.
- Demissão indireta, também chamada de demissão por justa causa pelo empregador, quando a empresa deixa de cumprir as cláusulas e regras do contrato.
- Rescisão do contrato de trabalho após um determinado período (como o contrato de experiência, por exemplo).

A seguir, você encontrará a carta escrita por Brian Chesky, CEO do Airbnb, como um exemplo de demissão humanizada quando em 2020 ele teve que demitir 1.900 membros de sua equipe global.

Exemplo de Demissão Humanizada

Em 5 de maio de 2020, o cofundador e CEO do Airbnb, Brian Chesky, enviou a seguinte nota aos funcionários do Airbnb:

"Esta é a sétima vez que eu falo com você desde a minha casa. Toda vez que nos falamos, eu tenho compartilhado boas e más notícias, mas hoje eu tenho que compartilhar algumas notícias muito tristes.

Quando me perguntou sobre as demissões, eu disse que nada está descartado. Hoje, devo confirmar que estamos reduzindo o tamanho da força de trabalho do Airbnb. Para uma empresa como a nossa, cuja missão é focada no senso de pertencer, isso é incrivelmente difícil de lidar, e será ainda mais para aqueles que têm que deixar o Airbnb. Vou compartilhar o máximo de detalhes que puder sobre como cheguei a essa decisão, o que estamos fazendo por aqueles que saem, e o que acontecerá a seguir.

Deixe-me começar com como chegamos a esta decisão. Estamos coletivamente vivendo a crise mais dolorosa de nossas vidas, e quando começou a acontecer, as viagens globais pararam. Os negócios do Airbnb foram duramente atingidos, com a previsão de receita deste ano ser menos da metade do que ganhamos em 2019. Em resposta, levantamos US$ 2 bilhões em capital e reduzimos drasticamente os custos que afetaram quase todos os cantos do Airbnb.

Embora essas ações fossem necessárias, ficou claro que teríamos que ir mais longe diante de duas duras verdades:

1. Não sabemos exatamente quando as viagens voltarão.
2. Quando as viagens voltarem, elas serão diferentes.

Embora saibamos que os negócios do Airbnb se recuperarão totalmente, as mudanças que sofrerá não são temporárias ou de curta duração. Por isso, precisamos fazer mudanças mais fundamentais no Airbnb, reduzindo o tamanho da nossa força de trabalho em torno de uma estratégia de negócios mais focada.

Dos nossos 7.500 funcionários do Airbnb, cerca de 1.900 colegas de equipe terão que deixar o Airbnb, representando cerca de 25% da nossa empresa. Como não podemos nos dar ao luxo de fazer tudo o que costumávamos fazer, esses cortes tiveram que ser alocados para um negócio mais focado.

Viajar neste novo mundo será diferente, e precisamos que o Airbnb evolua em consequência. As pessoas vão querer opções mais próximas de casa, mais seguras e mais acessíveis. Mas as pessoas também anseiam por algo que parece ter sido tirado delas: conexão humana. Quando começamos com o Airbnb, era sobre pertencimento e conexão. Essa crise aguçou nosso foco em voltar às nossas raízes, voltar ao básico, voltando ao que é realmente especial sobre o Airbnb: pessoas comuns hospedando suas casas e oferecendo experiências.

Isso significa que precisaremos reduzir nosso investimento em atividades que não apoiem diretamente o núcleo da nossa comunidade anfitriã. Estamos pausando nossos esforços em Transporte e Estudos Airbnb, e precisamos reduzir nossos investimentos em Hotéis e Lux.

Essas decisões não são reflexo do trabalho das pessoas dessas equipes, e isso não significa que todas nessas equipes vão nos deixar. Além disso, equipes em todo o Airbnb serão afetadas. Reduzirá o tamanho de muitas equipes com base no quão bem eles mapeiam para onde o Airbnb está indo.

Como lidamos com reduções

Era importante que tivéssemos um conjunto claro de princípios, guiados por nossos valores fundamentais, sobre como abordaríamos as reduções em nossa força de trabalho. Esses eram nossos princípios orientadores:

- Designar todas as reduções como parte de nossa futura estratégia de negócios e as capacidades que precisaremos.
- Fazer tudo o que pudermos por aqueles que são afetados.
- Ser inabalável em nosso compromisso com a diversidade.
- Otimize a comunicação 1:1 para os afetados.
- Aguarde para comunicar qualquer decisão até que todos os detalhes tenham sido obtidos; transparência de apenas informações parciais pode piorar as coisas.

Eu fiz o meu melhor para ser fiel a esses princípios.

Processo para fazer reduções

Nosso processo começou com a criação de uma estratégia de negócios mais focada baseada em um modelo de custo sustentável. Avaliamos como cada equipe se alinhava com nossa nova estratégia e determinamos o tamanho e a forma de cada equipe no futuro. Em seguida, fizemos uma revisão completa de cada membro da equipe e tomamos decisões baseadas em habilidades críticas e em que medida essas habilidades corresponderam às nossas necessidades futuras de negócios.

O resultado é que teremos que nos separar dos pares que amamos e valorizamos. Temos ótimas pessoas deixando o Airbnb, e outras empresas terão sorte em tê-las.

Para cuidar daqueles que saem, analisamos a indenização, equidade, assistência médica e apoio ao emprego e fizemos o nosso melhor para tratar a todos com compaixão e consideração.

Ruptura

Os funcionários nos EUA receberão 14 semanas de salário base, mais uma semana adicional para cada ano em Airbnb. A idade será arredondada para o ano mais próximo. Por exemplo, se alguém estiver no Airbnb por 3 anos e 7 meses, receberá 4 semanas adicionais de salário ou 18 semanas de salário integral. Fora dos EUA, todos os funcionários receberão pelo menos 14 semanas de salário, além de aumentos na permanência de acordo com as práticas específicas de cada país.

Equidade

Estamos derrubando a exigência de um ano para ter o direito à participação na empresa de todos que contratamos no ano passado, para que todos os que partem, independentemente de há quanto tempo estejam aqui, sejam acionistas. Além disso, todos os que saem são elegíveis para a data de aquisição em 25 de maio.

Saúde

Em meio a uma crise global de saúde de duração desconhecida, queremos limitar a carga dos custos de saúde. Nos EUA, cobriremos 12 meses de seguro de saúde através da COBRA. Em todos os outros países, cobriremos os custos do seguro de saúde até o final de 2020. Isso porque somos legalmente incapazes de continuar a cobertura ou nossos planos atuais não permitem uma prorrogação. Também forneceremos quatro meses de apoio à saúde mental através do KonTerra.

Suporte ao emprego

Nosso objetivo é conectar nossos companheiros de equipe deixando o

Airbnb com novas oportunidades de trabalho. Aqui estão cinco maneiras que podemos ajudar:

- Diretório de talentos de ex-funcionários: lançaremos um site público para ajudar os colegas de equipe a encontrar novos empregos. Os funcionários que partem podem optar por ter perfis, currículos e portfólios acessíveis a potenciais empregadores.
- Equipe de recolocação de ex-funcionários: durante o restante de 2020, uma parcela significativa da área de contratação do Airbnb se tornará uma equipe de colocação de ex-funcionários. Os recrutadores que permanecem no Airbnb fornecerão apoio para ajudar os que estão saindo a encontrar seu próximo emprego.
- RiseSmart: oferecemos quatro meses de serviços profissionais de aconselhamento de carreira através da RiseSmart, empresa especializada em serviços de transição de carreira e colocação de empregos.
- Suporte aos funcionários: encorajamos todos os funcionários restantes a se inscreverem em um programa para ajudar os colegas de equipe que encontrarão sua próxima posição.
- Laptops: um computador é uma ferramenta importante para encontrar um novo emprego, por isso estamos permitindo que todos que saem mantenham seus laptops Apple.

Eis o que acontecerá a seguir.

Quero esclarecer todos vocês o mais rápido possível. Temos funcionários em 24 países e o tempo necessário para fornecer clareza varia de acordo com as leis e práticas locais. Alguns países exigem que as notificações sobre emprego sejam recebidas de uma maneira muito específica. Embora nosso processo possa diferir de país para país, tentamos ser cuidadosos no planejamento de todos os funcionários.

Nos EUA e no Canadá, posso fornecer clareza imediata. Nas próximas horas, aqueles que deixarem o Airbnb receberão um convite para uma reunião de partida com um líder sênior do seu departamento. Era importante para nós que, sempre que pudéssemos legalmente, as pessoas fossem informadas em uma conversa pessoal 1 a 1. O último dia útil para funcionários que partem dos EUA e Canadá será segunda-feira, 11 de maio. Achamos que a segunda-feira daria às pessoas tempo para começar a dar os próximos passos e se despedir – entendemos e respeitamos a importância disso.

Alguns funcionários que ficarão na empresa terão uma nova função e receberão um convite para uma reunião com o assunto "Nova função" para aprender mais sobre isso. Para aqueles de vocês nos EUA e no Canadá que continuam na equipe do Airbnb, vocês não receberão um convite.

Às 18h, horário do Pacífico, organizarei uma reunião mundial para nossas equipes da Ásia-Pacífico. Às 12h, horário do Pacífico, organizarei uma reunião mundial para nossas equipes da Europa e Oriente Médio. Após cada uma dessas reuniões, prosseguiremos com as próximas etapas em cada país, com base nas práticas locais.

Pedi a todos os líderes do Airbnb que esperassem para reunir suas equipes até o final desta semana por respeito ao impacto de nossos colegas de equipe. Quero dar a todos os próximos dias para que consigam processar tudo isso e organizarei uma sessão de perguntas e respostas do CEO novamente nesta quinta-feira, às 16h, horário do Pacífico.

Algumas palavras finais

Como aprendi nas últimas oito semanas, uma crise traz clareza sobre o que é realmente importante. Embora tenhamos passado por um turbilhão, algumas coisas estão mais claras para mim do que nunca.

Primeiro, sou grato a todos aqui no Airbnb. Ao longo desta experiência angustiante, fui inspirado por todos vocês. Mesmo nas piores circunstâncias, eu já vi o melhor de nós. O mundo precisa mais do que nunca de conexão humana, e eu sei que o Airbnb atenderá a esse chamado. Eu acredito nisso porque acredito em vocês.

Segundo, tenho um profundo sentimento de amor por todos vocês.

Nossa missão não é meramente sobre viagens. Quando começamos o Airbnb, nosso slogan original era "Viaje como humano". A parte humana sempre foi mais importante que a parte da viagem. O que nos interessa é pertencer, e no centro do pertencimento está o amor.

Para aqueles de vocês que ficam

Uma das maneiras mais importantes de honrar aqueles que estão saindo é que eles saibam que suas contribuições são importantes e que sempre farão parte da história do Airbnb. Estou confiante de que o trabalho deles continuará, assim como esta missão continuará.

Para aqueles que saem do Airbnb

Eu realmente sinto muito. Por favor, saiba que isso não é sua culpa. O mundo nunca deixará de procurar as qualidades e talentos que você trouxe para a Airbnb... que ajudaram a fazer o Airbnb. Quero agradecer, do fundo do meu coração, por compartilhá-los conosco. Brian".

Quais elementos você deve levar em conta para realizar uma Demissão Humanizada:

- **Prepare um plano:** idealmente, você já identificou os passos a seguir para realizar todo o processo e ter um plano.
- **Agende uma reunião de funcionários:** a primeira coisa é marcar uma reunião com o funcionário para comunicar a decisão pessoalmente. Apenas as pessoas necessárias devem estar presentes. O melhor é que quem comunica a demissão é o funcionário mais alto com quem o empregado teve um relacionamento.
- **Tenha em mãos todos os documentos e informações:** é necessário ter em mãos todos os documentos necessários e os valores a serem pagos.
- **Comunicar a demissão de forma cuidadosa:** explique claramente os motivos da demissão. Comunique cuidadosamente como todo o processo acontecerá, use argumentos honestos e diálogo amigável. O mesmo líder deve comunicar ao resto da equipe a demissão do funcionário dando uma explicação sobre o fato, evitando a possibilidade de divulgação de boatos falsos.
- **Oferecer ajuda e suporte:** dentro do que pode oferecer está a extensão do plano de saúde e outros benefícios que a pessoa tinha na empresa. Além disso, pode oferecer as ferramentas que ele usou na empresa para facilitar o colaborador a procurar um novo cargo no mercado de trabalho, como notebook, telefone, monitor, entre outras.
- **Dê-lhe uma chance de dizer adeus:** a ideia é que o funcionário possa retirar seus pertences e dizer adeus aos seus colegas.
- **Prepare uma carta explicativa:** geralmente nem todos os pontos são esclarecidos no momento da entrevista, por várias razões que surgem do momento tenso. Por isso, é útil preparar uma carta explicativa contendo todas as razões para a rescisão do contrato e seus direitos legais. Também inclui as propostas de auxílio e bônus extras que você ofereceu. Isto é, caso algum dos pontos não tenha sido claro na entrevista e possa estar gerando dúvidas ou mal-entendidos, então a pessoa poderá ler a carta e se acalmar.
- **Exalte os pontos positivos:** depois de tornar compreensível o motivo da retirada, mostre sua gratidão pelo trabalho realizado e enalteça seus pontos positivos para que a pessoa não se retire da empresa com a autoestima prejudicada e não se sinta afetada em seus novos empreendimentos.

- **Conceda um bônus:** uma demissão humanizada é uma demissão correta e legal, portanto, todos os regulamentos para o caso devem ser cumpridos. A ideia deste ponto é oferecer um bônus como um sinal de agradecimento pelas tarefas realizadas. É aqui que você pode oferecer extensão de plano de saúde, seguro de vida, vale-transporte ou alimentação, e até mesmo um bônus financeiro.
- Entregar uma carta de recomendação: a ideia é ajudar a pessoa a poder se realocar dentro do mercado de trabalho da melhor forma possível. Esta ação dá confiança na forma como você trabalha e cumpre obrigações.

Como superar a desmotivação

Dissemos que existem dois tipos de motivação, interna e externa. A proposta neste momento é que você estabeleça tudo o que for necessário para resolver a motivação externa, que é o que você como líder pode contribuir para a saúde integral de seus liderados. Lembre-se de que uma boa política na gestão dos recursos humanos da empresa resultará em uma mão de obra mais competitiva e motivada.

Uma boa política para superar a desmotivação deve incluir:

- **Bom espaço de trabalho:** você deve incentivar um espaço em que os trabalhadores se sintam confortáveis. Você já viu isso em plantas, os galhos não devem ser empilhados, para evitar o crescimento defeituoso. O resultado de uma tarefa bem-feita também depende de uma boa atmosfera. Uma atitude Eco-LÓGICA, melhorando o ambiente com plantas ou áreas de descanso, pode fazer toda a diferença.
- **Mostre interesse pelas pessoas:** a ideia é que as pessoas não são uma substituição sem vida. A empresa integra um valor econômico e moral, e dentro da parte moral estão os valores humanos e a relação das pessoas. Entender que a pessoa é uma totalidade é valorizar todos os lados da mesma realidade sem desconsiderar os elementos que não geram lucros.
- **Obter o consenso nas mudanças:** envolver os funcionários nas mudanças que devem ser feitas em suas áreas de influência. Pedir suas opiniões e levá-las em conta antes de tomar decisões ajuda que quaisquer mudanças sejam aceitas de forma positiva. Além disso, acentua o comprometimento e proporciona à liderança pontos de vista inestimáveis e colaboração criativa.
- **Oferecer planos de treinamento contínuo:** o treinamento contí-

nuo ajuda o colaborador a planejar sua carreira profissional dentro da empresa. Você sente que tem mais chances de melhorar seu padrão de vida através de melhores posições na empresa desenvolvidos pelo seu próprio esforço.

- **Reconheça o esforço com um salário proporcional:** a remuneração de acordo com os próprios esforços e resultados é sempre motivadora, exceto para aqueles que cumprem a lei de menor esforço, que não são os colaboradores que você deseja para sua empresa. Quando o salário não estiver de acordo com seu esforço, o trabalhador possivelmente cairá na desmotivação de fazer o menor esforço. E isso é prejudicial tanto para o trabalhador quanto para a empresa.
- **Avaliar as tarefas executadas:** valorizar as tarefas se consegue por meio de um programa de reconhecimento. E como é um ponto muito importante, detalho a seguir.

Imagem: freepik.com

Programa de Reconhecimento

De acordo com o que estudamos até agora, a natureza humana é maravilhosa. E nosso cérebro nos surpreende todos os dias descobrindo processos internos que ele próprio desenvolveu, como é o caso da heurística, que estudamos no capítulo 5. Esses atalhos que nosso cérebro toma para tomar decisões ou executar ações de forma rápida e eficiente. Só para economizar tempo e esforço. Na maioria dos casos, cumpre sua função, outras vezes cometemos erros, e a heurística se torna um viés. Fazer o quê? São "ossos do ofício".

Vamos ver como a heurística funciona na motivação.

A equação da motivação é muito simples, já vimos quando estudamos a desmotivação do trabalho:

- O colaborador tem uma ideia.
- Transforma a ideia em um objetivo.
- É motivado para atingir esse objetivo.
- Finalmente, cumpre seu objetivo.

Já dissemos que às vezes algo acontece, entre esses passos, certamente algum viés cognitivo, que faz com que se perca o foco e o entusiasmo. E não importa quanta força de vontade ele coloque, ele não alcança o objetivo. O que aconteceu? O colaborador perdeu a motivação interna, e isso pode ser catastrófico a tal ponto que pode levar ao suicídio se tiver Síndrome de *Burnout*.

Quando isso não acontece e o liderado mantém sua motivação interior, e alcança seu objetivo, é ótimo. Ele se sente capaz de dominar o mundo. Depois disso:

> **Primeira opção:** nesse momento, o líder disse que o que fez foi razoavelmente bom. O que aconteceu? A motivação interna esbarrou na apatia externa. Provavelmente, ele sinta essa reação neutra pior do que um insulto. E é muito provável que perca sua motivação interna, pelo menos parte dela. Está recebendo uma força contrária negativa que diminui a força que o liderado trazia com a sua motivação interna. É como se seu filho dissesse a primeira palavra e você o corrigisse em vez de aplaudi-lo.
>
> **Segunda opção:** o líder faz uma crítica por alguma imperfeição na conquista de seu objetivo ou mesmo o compara com outro que faz melhor. Digamos que o líder está aplicando uma força negativa igual ou maior do que o que o liderado trouxe com sua motivação interior. E isso destrói sua capacidade de realização, e a menos que ele tenha grande energia interior, ele o condena à mediocridade do trabalho cumprido com a lei do menor esforço. E sem motivação, nem interna nem externa.
>
> **Terceira opção:** se o líder pula com entusiasmo, abraça-o (mesmo que levemente), e diz a ele que sabia que ele era uma dessas pessoas que

alcançam seus objetivos, e que é com pessoas como você que levarão a empresa ao topo. Como se sentiria? O melhor de tudo é que é verdade.

Quando a motivação interna é adicionada à motivação externa, há uma multiplicação de forças. Não é o dobro, é dez vezes mais poderoso. É por isso que todos os estudos indicam que a melhor e mais rápida maneira de levar uma empresa ao sucesso é com pessoal altamente motivado.

Como podemos adicionar motivação externa à motivação interna? Como eu disse antes, com uma política para superar a desmotivação. E um dos pontos mais importantes é implementar um programa de reconhecimento.

Somos seres humanos, ansiamos por reconhecimento, a ponto de que se ninguém nos der um reconhecimento, estamos em frente ao espelho e dizemos a nós mesmos: "Que bom que você fez isso". Mas é muito melhor quando alguém nos nota e nos oferece validação. Além disso, precisamos de validação tão forte que as reações neutras, como dissemos acima, consideramos negativas. Isso é válido para todos os setores de experiência em nossas vidas.

Todo reconhecimento é agradável de ouvir. Mas quando é o reconhecimento do líder, seu reconhecimento deve ser autêntico e específico. Você tem que reconhecer os fatos e comportamentos que levaram ao alcance do seu objetivo. Desta forma, o liderado se sentirá realmente valorizado e terá a tendência de repetir o comportamento positivo.

Benefícios de dar reconhecimento aos funcionários:

- **Aumentar o engajamento dos funcionários:** as descobertas da Quantum Workplace revelaram que quando os funcionários acreditam que serão reconhecidos, eles têm 2,7 vezes mais chances de serem altamente engajados no trabalho. E faz sentido. Porque, como eu disse antes, o ser humano anseia por reconhecimento e validação. A expectativa de que seu esforço seja reconhecido motiva fortemente para a realização de objetivos.
- **Reforça a tendência de repetição de conquistas:** quando os membros da equipe recebem reconhecimento regular dos líderes por seu trabalho e conquistas, realmente enfatizando os tipos de comportamentos e tomadas de decisão como valores efetivos da organização. De acordo com um relatório de retenção de engajamento de 2020 da Achievers, 92% dos funcionários são mais propensos a repetir uma ação específica novamente quando são devidamente reconhecidos por isso.

- **Fomenta as conexões:** quando o líder toma cuidado para que os membros da equipe celebrem suas vitórias juntos, tanto pequenas quanto as grandes, a relação entre eles é aprofundada. É essencial permitir e incentivar o reconhecimento entre indivíduos e grupos, o que os faz sentir parte da mesma missão. A ideia é ajudar a criar oportunidades para que os membros reconheçam as ações de seus pares ou outros grupos. Você pode considerar abrir um bate-papo para coletar *feedback* sobre o escopo de pequenas conquistas ou instituir uma reunião semanal ou quinzenal específica para reconhecer o cumprimento de metas e organizar celebrações em situações maiores.
- **Inibe a fuga de talentos:** uma análise da Bonusly e da Survey Monkey revelou recentemente que era altamente improvável que 63% dos funcionários que recebem reconhecimento em sua organização frequentemente procurassem um novo emprego. É evidente que para a maioria das pessoas o reconhecimento regular dá um senso de pertencimento e um propósito. Um sentimento de que eles estão no lugar certo e nenhum pensamento de procurar novas oportunidades surge.

CAPÍTULO 17

Essa é a LÓGICA da liderança:

"Não basta apenas conquistar a liderança, é preciso melhorá-la sempre: Esse caminho se chama excelência."

Fagner Gouveia

Faça uma colheita controlada

Imagem: freepik.com

- ***Soft Skills* e *Hard Skills***
- **As *Hard Skills***
- **As *Soft Skills***
- **Inteligência Emocional**
- **De volta às *Soft Skills***

Faça uma colheita controlada

Comece a colher os frutos quando estiverem maduros. Olhe para os frutos no topo e fora da árvore, pois eles provavelmente estarão prontos para a primeira colheita. Se os frutos não têm mais características verdes, é porque estão prontos para a colheita. Para soltá-los, você deve fazê-los girar ligeiramente.

Tenha cuidado, pêssegos são famosos porque eles se machucam facilmente.

Há algo muito importante a ter em mente: nunca regue em demasia a árvore. As raízes são delicadas, então muita água pode causar danos.

A analogia entre o plantio de uma árvore de pêssego e a liderança de uma empresa ou organização termina neste capítulo.

A colheita dos frutos é análoga a permitir que os liderados assumam sua própria liderança .

Você já deu a eles uma escala de valores que guiam suas ações, deu-lhes preparação e ensino, você explicou como o fator humano funciona, e que eles têm que colocar o foco nas pessoas e em todos os *stakeholders*.

Você os ensinou a se comunicarem e a praticar uma escuta ativa, descobrir de que eneatipo são e a se conhecerem mais profundamente. Você ensinou a tomar decisões, o que são os heurísticos e como eles podem degenerar em vieses. Como são diferentes tipos de liderança e que um bom líder deve saber como aplicar as punições correspondentes. Você ensinou-lhes o que é a motivação e como desenvolver tanto motivação interna quanto externa deu-lhes as ferramentas da felicidade.

É hora de muitos dos seus liderados assumirem sua própria liderança e desenvolverem a responsabilidade de treinar os próximos líderes, cada um de acordo com seu eneatipo, características mais autênticas e valores pessoais. Alguns permanecerão em seu grupo e outros desenvolverão sua própria semente em uma nova árvore.

Você só tem que ter certeza de que eles estão maduros ou preparados, e que eles têm as qualidades necessárias e suficientes para que cumpram sua tarefa com excelência. De acordo com a teoria dos eneatipos, cada um deles vai fazê-lo de forma diferente, você não pode esperar que eles o façam como você o faz.

As qualidades que eles precisam conhecer e desenvolver são análogas àqueles que compõem um computador: software e hardware. Se você pensar no seu computador, no seu laptop ou até mesmo no seu celular, ele pode ser muito moderno em tecnologia, mas se você não tiver os programas e aplicativos necessários, o software, ele não vai funcionar. O mesmo acontecerá se você tiver os melhores programas, mas não a tecnologia para fazê-los funcionar.

Imagine enviar um engenheiro atual para um mundo há 100 anos. Ele terá o conhecimento, que será absolutamente inútil, porque a tecnologia não existiu, ele perguntará:

"Com que programas fazem as planilhas, se não tiverem Excel?", e a resposta será:

"O que é um programa?"

O mesmo se você trouxer um engenheiro de 100 anos atrás até o presente. O conhecimento será ultrapassado e a tecnologia parecerá mágica para você. E pensará:

"Eu sou um engenheiro, não um mágico, não sei fazer magia".

Mas em pouco tempo ambos seriam super-heróis em sua nova situação.

O engenheiro que viajou para o passado aprenderia a usar os mecanismos antigos e estaria muito acima dos engenheiros da época, porque ele teria a mesma tecnologia, mas 100 anos de conhecimento e descobertas.

E o engenheiro que vem para os dias atuais do passado se tornaria um super-herói porque aprenderia a usar a tecnologia moderna, mas com muito mais capacidades e engenhosidade que ao longo dos anos foram substituídas pela tecnologia.

No caso dos líderes, os softwares são as *soft skills*, e hardware correspondentes à *hard skills*, o que valida a analogia.

Soft Skills e Hard Skills

Soft Skills traduzem-se como habilidades de relacionamento, criatividade e inteligência emocional, *Hard Skills* são habilidades técnicas.

Ter um bom conjunto de Soft Skills transforma um líder comum em um líder Eco-LÓGICO, um jogador completo, que tem excelentes qualidades sociais e uma forte ética de trabalho que ele aplica à sua liderança através de sua formação técnica.

Esses dois tipos de habilidades trabalham em conjunto, com bom conhecimento técnico, o líder é capaz de entender e implementar os projetos que lhe são atribuídos. Mas você também poderá entregar tais projetos a tempo enquanto colabora com seus pares e colaboradores. Apresentar principalmente bom senso, pensamento criativo e habilidades para ouvir e dar aos seus funcionários a liberdade e confiança para desenvolver sua própria liderança.

Sabemos que existem muitos profissionais altamente qualificados e até experientes, mas todos nós conhecemos muitos deles, que não têm as habilidades interpessoais e têm dificuldade em se adaptar às altas demandas dos tempos modernos. Pensava-se anteriormente que bastava possuir conhecimento acadêmico para não apenas ocupar posições importantes, mas também para desenvolvê-las com sucesso. No entanto, a experiência nos mostra o contrário, a ponto de ser capaz de afirmar que um conjunto de *Soft Skills* são essenciais para poder levar o processo de uma grande empresa adiante.

> Em geral, diz-se que as habilidades técnicas ou Hard Skills são aquelas que o treinam para cargos de liderança, mas que Soft Skills são as que lhe conseguem a posição. Porém, ouso dizer que elas também são as únicas que podem mantê-lo na posição com sucesso depois de assumir o cargo. **As Soft Skills têm tudo a ver com a atitude Eco-LÓGICA.**

As Hard Skills

Hard Skills são as habilidades que podem ser ensinadas e aprendidas por meio de programas de treinamento e ambientes acadêmicos em cursos, treinamentos, livros, oficinas, escolas e universidades. Essas habilidades podem ser obtidas em diferentes momentos da vida profissional.

Entre as principais *Hard Skills*, podemos mencionar:

- Graduação universitária
- Mestrados
- Doutorados
- Proficiência em Língua Estrangeira
- Cursos Técnicos
- Cursos de Extensão
- Cursos de Capacitação
- Domínio de mídia social
- Conhecimento e Gestão de Software Especializado
- Conhecimento e Gestão de Máquinas e Ferramentas Especializadas
- Habilidades Técnicas
- Treinamento Técnico

O bom líder sempre aprenderá e aplicará novas *Hard Skills* tanto à sua vida e quanto à sua tarefa. Algumas maneiras de fazer isso são:

- Aprenda novos idiomas.
- Faça cursos de treinamentos.
- Participe de eventos e da área.
- Aprenda *Software* Mestre na sua área de especialização.
- Atualize-se permanentemente em sua área de competência

As Soft Skills

Soft Skills são traços de personalidade e habilidades interpessoais que se desenvolvem ao longo do tempo através do crescimento pessoal e da maturidade.

> As Soft Skills são uma mistura de atributos pessoais, qualidades e valores que permitem que as pessoas se desempenhem corretamente.

Embora seja possível que ninguém esteja totalmente preparado para enfrentar todos os problemas que serão apresentados na vida, as *Soft Skills* são habilidades que tornam a vida mais agradável e que tenhamos uma melhor relação com as demais pessoas. Aqueles que não sabem o nome ou o acham muito improvável podem dizer: "Isso se chama Senso Comum ou Sabedoria Prática." Bem, na liderança preferimos chamá-los de *Soft Skills*, o que soa mais elegante.

Soft Skills também podem ser aprendidas, embora, geralmente, elas não sejam tão fáceis de aprender quanto as *Hard Skills* e são baseadas na integridade da pessoa. Além disso, podemos dizer que elas são decisivas para alcançar o sucesso.

Entre as principais *Soft Skills*, podemos citar:

- **Comunicação Interpessoal:** é a capacidade de se fazer entender claramente quando você está se comunicando. É uma aptidão muito útil em todas as áreas da vida, e significa levar em conta a pessoa que você quer alcançar. Por outro lado, você deve ter em mente que comunicar não é apenas falar, você também tem que saber ouvir, controlar suas próprias palavras e levar em conta a linguagem corporal.

- **Persuasão:** como tudo, é composta de vários elementos, é necessário ter bons argumentos, mas também o poder de convencer. A capacidade de persuadir é essencial para um bom desempenho profissional. É preciso aprender a estabelecer uma narrativa que chegue ao ouvinte, e principalmente ela é alcançada conhecendo bem o público, transmitindo as ideias de forma mais eficaz.
- **Proatividade:** ser proativo é antecipar as ações que devem ser tomadas diante de um problema. É a capacidade de fazer as coisas acontecerem, assumindo a responsabilidade pelas ações.
- **Trabalho sob pressão:** mesmo nos ambientes mais pacíficos, as pessoas enfrentam eventos inesperados. Você deve ter a capacidade de trabalhar sob pressão para que os resultados não sejam comprometidos por alguma circunstância imprevisível. Há sempre situações desafiadoras que requerem equilíbrio emocional.
- **Habilidade analítica:** é uma habilidade essencial para um líder. Você deve ter o pensamento analítico para sugerir soluções e ideias inovadoras baseadas em uma análise lógica do problema. Portanto, é necessário deixar de lado as emoções e usar o raciocínio na resolução de situações complexas.
- **Resolução de problemas:** essa habilidade é um companheiro do pensamento analítico. É a capacidade de tomar a melhor decisão possível, após analisar o cenário sendo observador e detalhado, considerando o quadro completo antes de decidir o conflito.
- **Liderança:** claro, é a principal habilidade que o líder deve ter. Embora não seja a mais frequente. Podemos considerá-la a combinação da maioria das outras habilidades. Adicionando também a capacidade de saber quando usá-las. Então, quando se diz que uma pessoa tem liderança é porque ela tem todas as outras habilidades.
- **Trabalho em equipe:** as habilidades que permitem o trabalho em equipe são indispensáveis. Já dissemos isso no início do livro: "O objetivo do líder é o impacto construtivo sobre outros seres humanos". Para isso, ele deve saber trabalhar com eles criando um ambiente agradável para guiá-los para a realização de uma tarefa eficiente.
- **Assertividade:** a assertividade consiste em expressar opiniões adequadamente, bem como fazer sugestões ou defender o ponto de vista. Para isso, é vital falar e escrever com clareza e, principalmente, saber ouvir.

- **Compromisso Social:** ter essa habilidade significa ser confiável e justo. É indispensável no mundo dos negócios e a habilidade que lhe permite ter sucesso em longo prazo. O compromisso social ou responsabilidade social é uma das mais importantes formas de ser Eco-LÓGICO.
- **Adaptação à mudança:** essa é outra habilidade indispensável para o sucesso. Significa estar disposto a aprender coisas novas, assumir novos desafios e fazer ajustes para se adaptar às mudanças.
- **Confiabilidade:** esta habilidade consiste em duas peças necessárias e obrigatórias. Em primeiro lugar, a autoconfiança que o líder apresenta é decisiva quando se trata de ser considerada uma pessoa confiável. Em segundo lugar, desde o início o líder deve apresentar uma trajetória sólida e indestrutível, expressando a verdade e não decepcionando. Isso implica total responsabilidade, por exemplo, não se comprometer a fazer algo que você não sabe se você pode fazer, se você comprometer é porque você vai fazê-lo.
- **Inteligência Emocional:** deixo essa *Soft Skill* no final para poder elaborar um pouco por causa de sua importância. Inteligência Emocional ou EI, como outras *Soft Skills*, tem um impacto direto no desenvolvimento profissional. Conhecer e gerenciar nossa inteligência emocional ajudam a melhorar a convivência e a produtividade das equipes de trabalho.

Inteligência Emocional

Inteligência Emocional no trabalho é a capacidade de identificar, gerenciar e comunicar emoções ou reações que possam ocorrer em um ambiente de trabalho. A IE ajuda a manter um ambiente de trabalho saudável, pois sempre encontraremos situações estressantes e de tomada de decisão em situações difíceis. Pessoas com alta inteligência emocional no trabalho geralmente têm relações cordiais com a maioria de seus pares.

A IE será refletida em:

- **A capacidade de aprender com os erros:** ajuda a superar erros e continuar tentando de forma resiliente. Aprenda com os erros e aceite quando erros são cometidos.

- **Saber como responder quando estiver sob pressão:** ou quando uma situação irrita a pessoa. Ela percebe que a solução ou a resposta tem a ver com paciência e a análise completa da situação.
- **Conhecer a si mesmo:** os fundamentos da inteligência emocional fazem com que a pessoa preste atenção nos outros e em si mesma. Com foco no aprendizado constante e resolução de problemas.
- **Conversar de forma eficiente:** a forma de se comunicar é fundamental na relação com os outros, é necessário tomar extremo cuidado na expressão e na escuta. Mas principalmente em estar genuinamente interessado no que os outros dizem.
- **Melhorar pedindo conselhos**: isso envolve o crescimento de ambos os envolvidos, é um círculo virtuoso no qual melhoram tanto quem dá quanto quem recebe o conselho. A melhor maneira de aprender é aprender com quem conhece e faz as coisas bem. Além disso, lhe dá a oportunidade de oferecer sua própria ajuda ou conselho.

Desenvolver inteligência emocional saudável é importante para cada pessoa que está em contato com os outros. Mas, para um líder, é absolutamente indispensável. Se você é um líder, eu vou lhe dizer que coisas você deve ter em mente em relação à Inteligência Emocional:

- **Você deve ser o exemplo:** não basta você baixar instruções ou fornecer *feedback* positivo. Você deve fazer a diferença em projetos difíceis. Lembre-se de que sua atitude em tempos difíceis deve ser realista, mas não pessimista. Proporcionando assim resiliência, adaptabilidade e perseverança em situações desafiadoras.
- **Ofereça sua ajuda:** você já sabe que os líderes não são apenas os funcionários, o que significa que você deve estar disposto a ajudar emocionalmente qualquer uma das partes interessadas que possa precisar. Mas, para saber quem são aqueles que precisam da sua ajuda, você tem que pedir e oferecer sua ajuda. Claro, tanto a pergunta quanto a oferta têm que ser discretas, quando as emoções estão em jogo as proporções só têm a ver com a energia interna acumulada pela pessoa, sempre o que você vê é a ponta do *iceberg*.

Tenha em mente que, como dizem no Oriente, "a alma é um terreno sagrado", e se você entrar, você deve fazê-lo com total respeito e consideração.

Claro que a situação exige adequação, se você não tem o conhecimento ou não está preparado, é melhor que você não entre nesse campo, e se você entrar, tem que dar tudo sem esperar qualquer tipo de retribuição.

- **Resolva os conflitos entre colaboradores:** uma das consequências de observar com atenção e intenção é perceber quando surgem conflitos entre as pessoas. Nesses casos, o líder pode se oferecer para ajudar a ver a verdadeira proporção do problema, e se tem permissão para interceder, tem que permitir que cada pessoa envolvida expresse seu ponto de vista para que outros percebam o problema, colocando-se no lugar dos outros. Quando isso acontece, normalmente, as mentes dos envolvidos são sincronizadas para procurar soluções e não complicar ainda mais a situação, colocando o ego no meio. Da mesma forma que no ponto anterior, isso deve ser feito com respeito e consideração. E, se eles chegarem a uma conclusão satisfatória, podem solicitar sua autorização para colocar o caso como um exemplo para o restante de seus colaboradores.
- **Coloque-se no lugar do seu colaborador:** desta forma, você terá diferentes pontos de vista e não será tão crítico na avaliação dos acontecimentos. Além disso, você tem que fazer um grande esforço para não fazer julgamentos precipitados, pressionado pela urgência, nunca fazer um julgamento até que você tenha todos os elementos necessários para julgar. É a maneira de continuar aprendendo e crescendo em inteligência emocional.
- **Realize reuniões informais:** realizar reuniões regulares com a apresentação de um determinado problema e a forma como deveria ter sido resolvido permite que os membros do grupo entendam os diferentes pontos de vista (incluindo você). A empatia colocada em prática faz você crescer emocionalmente porque percebe que não só existem outros pontos de vista, mas que você mesmo pode estar errado e não ser o dono da verdade. Por outro lado, permite que você

perceba atitudes hostis ou tóxicas de certos liderados que o levam a prestar mais atenção à sua maneira de fazer as coisas e seu desempenho em geral, e que pode terminar na remoção de sua posição, de modo a não continuar prejudicando o grupo e a empresa. Você também pode usar as reuniões para destacar as conquistas de cada pessoa e realizar uma motivação externa. Lembre-se de que uma de suas obrigações é melhorar a satisfação da equipe, o que resulta em melhor produtividade.

- **Reconheça seus erros:** é sabido que quando um líder não reconhece seus erros e procura ou inventa justificativas para não fazer isso, ele está ensinando seus colaboradores como eles têm que se comportar, ou seja, justificando para não reconhecer seus erros. E quando a justificativa é a norma, a empresa está em perigo, porque corrompe a realização de objetivos e trai a confiança. Continuando com a analogia, é como se em uma árvore de pêssego, a planta, em vez de lhe dar um fruto, lhe dá uma explicação do porquê de não ter frutos.

  Não é o bastante reconhecer os seus erros, você tem que fazer algo para compensar o erro, ser criativo, mas fazê-lo; seus colaboradores vão apreciá-lo, assim como a empresa.

- **Reconheça a autoria:** nunca conceda a autoria de algo que outra pessoa tenha feito, especialmente se for um colaborador. E não deixe ninguém fazer isso, tanto nas lideranças horizontais quanto nas verticais. O reconhecimento do mérito é a base do desenvolvimento e da principal motivação do ser humano.

Em conclusão, a inteligência emocional é necessária para obter um desempenho adequado no trabalho, pois mantém uma convivência harmoniosa entre as pessoas.

Um aspecto importante é que, como a inteligência emocional é relativa ao ser humano, um esforço sempre pode ser feito para melhorá-la e, dessa forma, evoluir como pessoa.

Algo mais sobre Soft Skills

As *Soft Skills* são difíceis de medir e desenvolver em relação às *Hard Skills*.

A melhor maneira de desenvolver *Soft Skills* é enfrentar constantemente desafios. Cada desafio força você a crescer como pessoa e desenvolver novas habilidades, e, logicamente, entre elas está entrar em acordo com outras pessoas. Dessa forma, você entra em uma zona de aprendizado contínuo que não permite que você se acostume com qualquer zona de conforto, pois você está sempre evoluindo.

E quando pensar que não há mais desafios para você, use suas capacidades para ajudar outras pessoas a enfrentar e superar seus próprios desafios. Isso o levará a obter um novo aprendizado e uma sabedoria que determinará o crescimento e o desenvolvimento da empresa em que você atua, e em outros setores da sua vida.

CAPÍTULO 18

Essa é a LÓGICA da liderança:

"A autoliderança é o segredo de um bom líder."

Heliel de Oliveira

Como aplicar a liderança Eco-LÓGICA na sua vida, na sua autoliderança?

Agora vamos falar sobre, independentemente de você ser um líder empresarial, ser líder da sua vida. Como exercer a liderança Eco-LÓGICA em sua vida no dia a dia?

Na sua autoliderança no dia a dia, com a família, amigos e demais relações, você pode exercer atitudes Eco-LÓGICAS.

Como?

Primeiro: aplicar a regra de ouro.

"O que não quero para mim, não farei ao outro."

Exercer no dia a dia a empatia e a compaixão. A compaixão é o amor em ação. Não é só se colocar no lugar do outro, mas agir em prol do outro.

Segundo: atitudes sustentáveis.

Fazer todos os dias um pouco em prol do planeta. Seguem dez dicas:

1. **Reduzir o uso de papéis.**
2. **Economizar água.**
3. **Separar o lixo. Recicle.**
4. **Utilizar mais o transporte coletivo.**
5. **Diminuir o consumo de energia.**
6. **Utilizar sacolas recicláveis.**
7. **Revisar o carro regularmente.**

8. **Procure comprar eletrodomésticos com o Selo Procel.**
9. **Compre de forma inteligente. Opte por produtos biodegradáveis.**
10. **Reduza o uso de plásticos. Use canecas em vez de copos plásticos.**

Construir de forma consciente. Um exemplo é a bioconstrução. Muitos seres humanos com consciência Eco-LÓGICA estão optando pela bioconstrução.

O que é bioconstrução?

É uma técnica construtiva que faz uso de materiais de baixo impacto, bem como a adequação da arquitetura ao clima local, desperdício mínimo e tratamento de resíduos, minimizando os impactos ambientais causados pela construção civil.

Precisamos repensar em alternativas sustentáveis para justamente preservar o meio ambiente.

Veja este exemplo de atitude Eco-LÓGICA.

Uma bioconstrução realizada em Bicas-MG.

Imagem: Arquivo Artur Lettenmaier e Simone Lettenmaier.

Imagem: Arquivo Artur Lettenmaier e Simone Lettenmaier.

A bioconstrução está diretamente ligada à permacultura.

O que é a permacultura?

É de suma importância para que possamos viver de forma ecológica. Podemos dizer que é uma filosofia de vida que procura produzir recursos básicos para o ser humano sem agredir a natureza. A prática da permacultura leva a um reencontro da cultura com a natureza.

Os três pilares da permacultura:

Cuidar da terra: o objetivo é manter a terra saudável, garantindo provisão a todos do sistema de vida para que eles se multipliquem e continuem a sua existência. Significa estar e atuar no planeta de maneira consciente, responsável, preservando a vida de todas as espécies, do ar, do solo, da água, garantindo o equilíbrio dos processos naturais, sempre a favor da natureza, potencializando o crescimento dos recursos que geram vida.

Cuidar das pessoas: o objetivo é respeitar de forma plena o outro, tanto o ser humano como as demais espécies. Assegurar que todas as pessoas tenham acesso aos recursos naturais, garantindo a sua existência. Levar em consideração o bem-estar do ser humano e cultivar relações saudáveis de amorosidade em comunidade.

Cuidar do futuro: o objetivo é incentivar os limites ao consumo e crescimento, garantindo que tudo seja partilhado de forma justa. Não acumular e não gerar desperdício.

Veja os 12 princípios da permacultura:

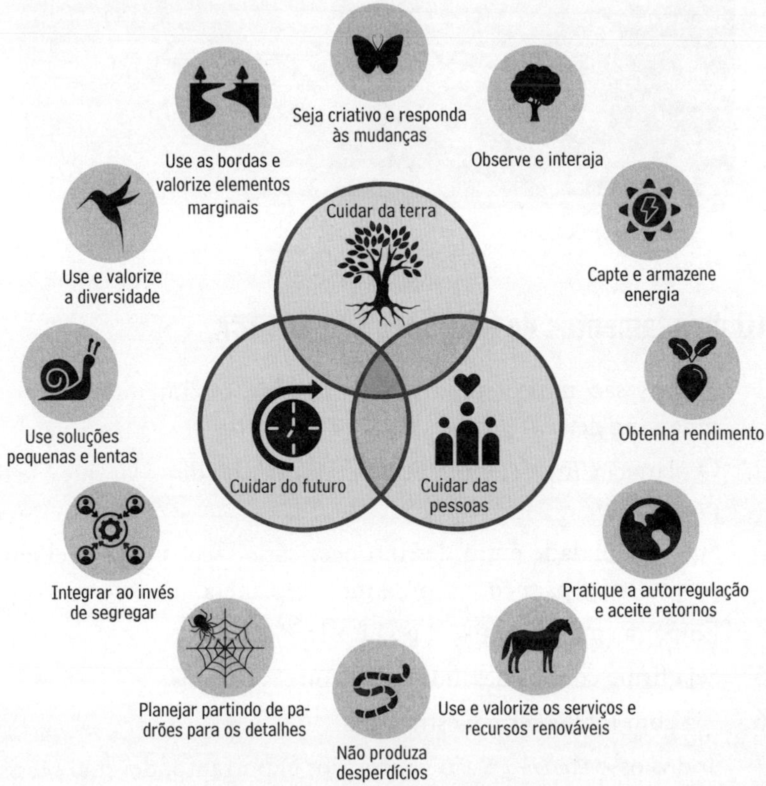

Figura adaptada pela autora.

A Liderança Eco-LÓGICA é uma liderança consciente. Cada um de nós pode contribuir com uma relação melhor com o outro e com o planeta.

Vamos selar uma atitude Eco-LÓGICA, deixando um legado na humanidade? O marcador do livro é de papel-semente. Plante-o e contribua com o planeta.

Imagem: freepik.com

Os 10 mandamentos da liderança Eco-LÓGICA

1. Pessoas são muito importantes. Demonstre interesse sincero por cada uma delas.
2. O planeta é importante. Cuide com carinho desse lar que Deus nos presenteou.
3. Sustentabilidade é um destino necessário. Seja sustentável em suas ações diárias para com o próximo e o planeta.
4. Empatia com compaixão, essa é a LÓGICA.
5. Seja firme com os desafios e leve com as pessoas.
6. Aja com inteligência e estratégia.
7. Todos os *stakeholders* são necessários e, portanto, deverão ser respeitados. Pratique a negociação Eco-LÓGICA.
8. Aja com a LÓGICA sempre.
9. Inovar é preciso.
10. Tenha o desejo apaixonado de fazer a diferença.

Finalizo este livro compartilhando os seguintes conselhos a serem aplicados em sua liderança:

Líder – cresça em direção ao seu objetivo positivo;

1 – Mantenha-se firme e em pé;
Líder – mantenha-se firme diante das adversidades. O mercado é cruel. Exerça a resiliência. Aprenda com a natureza que sofre com as tempestades, mas se regenera em seguida.

2 – Lembre-se de suas raízes;
Líder: não se esqueça de onde veio, pois, seus valores vieram de suas raízes.

3 – Ofereça sombra para as visitas;
Líder: ofereça apoio e suporte aos liderados, para que se sintam acolhidos e confiantes para executarem seus desafios.

4 – Aguente firme as estações desfavoráveis;
Líder: tenha resiliência para passar por crises. Na crise, crie!

5 – Floresça e frutifique;
Líder: estude continuamente, participe de feiras, congressos, palestras, cursos e treinamentos. Invista em você para que dê bons frutos pessoais e profissionais. Crie novos líderes.

6 – Aprecie a vista!
Líder: aprecie e desfrute dos resultados de seu excelente trabalho. Essa é a LÓGICA!

Kokhmahá! Essa é a LÓGICA para exercer a autoliderança e a liderança empresarial.

Líder, exerça todas essas LÓGICAS deste livro em sua autoliderança e ao liderar seus liderados. Essa é a LÓGICA!

Viva à liderança Eco-LÓGICA!

Cada um precisa fazer a sua parte, para que todas as partes sejam feitas.
Josemar Bosi

O ITA Riso-Hudson

Este teste é um pouco mais longo e detalhado, porém é muito útil e exato.

Identificador de eneatipo de acordo com atitudes.

Atribua pontos, de 1 a 5, em cada uma das seguintes declarações, dependendo se elas são verdadeiras ou aplicáveis a você.

1. Nem sempre
2. Raramente é verdade
3. Algo verdadeiro
4. Geralmente verdade
5. Muito verdade

Afirmações para Eneatipo 1 - O Reformador

1. Eu geralmente sou considerado uma pessoa séria e sensata, e eu acho que sou.
2. Eu sempre tentei ser sincero e objetivo sobre mim mesmo, e estou determinado a ser fiel à minha consciência, não importa o custo.
3. Embora uma parte de mim possa ser um pouco louca, de um modo geral esse não tem sido exatamente o meu estilo.
4. Tenho a impressão de que tenho um juiz na minha cabeça: às vezes esse juiz é sábio e perspicaz, mas, muitas outras, ele é simplesmente severo e duro.
5. Acho que paguei um preço alto por tentar ser perfeito.
6. Eu gosto de rir como qualquer outra pessoa, eu deveria fazer isso mais vezes!
7. Meus princípios e ideais me estimulam a fazer maiores conquistas e dar sentido e valor à minha vida.
8. Não entendo por que tantas pessoas têm valores morais tão frouxos.
9. Depende tanto de mim fazer as coisas que tenho que ser mais organizado e metódico do que os outros.
10. Suponho que tenho uma missão pessoal, talvez uma vocação para algo maior, e acredito que durante minha vida eu poderia realizar algo extraordinário.
11. Odeio erros, portanto, costumo ser muito minucioso para garantir que as coisas sejam bem-feitas.
12. Grande parte da minha vida, eu acreditei que o que é certo é certo, e que o que é errado, é errado, e é isso.
13. É difícil deixar as coisas serem feitas de forma apenas suficientemente boa.
14. Muitas responsabilidades caíram sobre meus ombros: se eu não estivesse à altura das circunstâncias, só Deus sabe o que teria acontecido.
15. Comove muito que a nobreza humana e que o bom humor seja preservado em tempos de dificuldades.

Adicione os pontos das quinze declarações para o tipo 1.

Seu resultado será entre 15 e 75 pontos. As seguintes diretrizes podem ajudá-lo a descobrir ou confirmar seu tipo de personalidade.

15 pontos - você provavelmente não é um cara submisso (não 1, não 2, não 6).

15-30 pontos - você provavelmente não é o tipo 1.

30-45 pontos - você é muito provável que tenha problemas ou características tipo 1 ou um pai tipo 1.

45-60 pontos - você provavelmente tem um componente 1.

60-75 pontos - Você é muito provável que seja o tipo 1 (mas você pode ser outro se você achar que este é muito limitado).

É bem possível que o 1 seja erroneamente identificado como tipos 5, 4 ou 6. Os tipos 3, 6 e 7 são muito propensos a se identificar erroneamente como tipo 1.

Afirmações para Eneatipo 2 - O Ajudante

1. Meu verdadeiro interesse pelos outros me faz profundamente envolvido com eles, com suas esperanças, seus sonhos e necessidades.
2. É natural para mim ser amigável. Eu me envolvo em conversas com facilidade e falo amigavelmente com todos.
3. Descobri que as pessoas reagem com simpatia quando eu presto atenção nelas e lhes dou encorajamento.
4. Não consigo ver um cachorro ou um gato na rua sem querer levá-lo para casa.
5. Eu me sinto bem em ser uma pessoa atenciosa e generosa.
6. Acho difícil acreditar nas muitas coisas que fiz pelas pessoas, mas me incomoda muito que elas não mostrem sinais de perceber ou que se importam.
7. É verdade que eu costumo fazer mais pelos outros do que deveria. Dou demais e não penso em mim o suficiente.
8. Muitas vezes me pego tentando conquistar as pessoas, especialmente se elas são indiferentes a mim no início.
9. Tenho grande alegria em receber em casa e atender meus amigos e familiares.
10. Eu sei como ser gentil e solidário, mas há mais dureza em mim do que poderia supor-se.

11. Sou capaz de expressar meus sentimentos pelas pessoas mais francamente do que a maioria.
12. Faço um esforço especial para saber o que acontece com as pessoas que amo.
13. Eu me considero uma espécie de "curador de corações partidos".
14. Minha saúde e minha economia têm sofrido muitas vezes porque eu coloquei as necessidades e os interesses dos outros antes das minhas.
15. Adoro sair do meu caminho para fazer as pessoas se sentirem acolhidas e apreciadas.

Adicione os pontos das quinze declarações para o tipo 2.
Seu resultado será entre 15 e 75 pontos. As seguintes diretrizes podem ajudá-lo a descobrir ou confirmar seu tipo de personalidade.

15 pontos - Você provavelmente não é um cara submisso (não 1, não 2, não 6).
15-30 pontos - Você provavelmente não é o tipo 2.
30-45 pontos - É muito provável que você tenha problemas ou características tipo 2 ou um dos pais tipo 2.
45-60 pontos - Você provavelmente tem um componente 2.
60-75 pontos - Você é muito provável que seja tipo 2 (mas você pode ser outro tipo se você achar este muito limitado).

É bem possível que os tipos 2 sejam erroneamente identificados como tipos 4, 7 ou 1. Os tipos 9, 6 e 7 são muito propensos a se identificar erroneamente como tipo 2.

Afirmações para Eneatipo 3 – O Triunfador

1. Eu me considero uma pessoa muito competente: na verdade, me incomoda não ser eficaz e eficiente.
2. Quando as coisas estão indo bem para mim, eu praticamente "brilho" com uma espécie de alegria interior por ser quem eu sou e ter a vida que tenho.
3. Eu tento me apresentar aos outros da melhor forma possível, mas é isso que todos fazem, certo?
4. Meus sentimentos tendem a ser estranhos para mim. Eu sinto as coisas muito intensamente por um momento, e então eu apenas continuo com minhas próprias coisas.

5. É importante para mim sentir que sou bem-sucedido, mesmo que ainda não seja o sucesso que eu quero.
6. Para o bem ou para o mal, eu sou bom em encobrir minhas inseguranças; ninguém nunca adivinha o que eu realmente sinto.
7. Quero causar uma boa impressão, então geralmente sou cortês, educado e amigável.
8. Sei o quanto meus amigos e colegas estão sendo bem-sucedidos, e costumo me comparar a eles.
9. Eu tendo a me esforçar para ser o melhor no que eu faço, mas se eu não puder me sobressair em algo, eu geralmente nem tento fazê-lo.
10. Às vezes eu tive que pegar alguns atalhos para alcançar meus objetivos.
11. Quando me sinto inseguro, posso ser um pouco reservado e frio com as pessoas.
12. Claro que me incomoda que outros não reconheçam a excelência no que faço.
13. Sou mais adaptável do que a maioria: se as coisas não vão bem, sei como mudar meu comportamento para obter os resultados que quero.
14. Eu sempre tenho um objetivo em mente, e eu sei como me motivar a alcançá-lo.
15. Eu tenho algo de *workaholic*. Sinto-me perdido se não estou fazendo coisas.

Some os pontos das quinze declarações para o tipo 3. Seu resultado será entre 15 e 75 pontos. As seguintes diretrizes podem ajudá-lo a descobrir ou confirmar seu tipo de personalidade.

15 - Você provavelmente não é um cara combativo (não 3, nem 7, nem um 8).

15 - 30 pontos - Você provavelmente não é do tipo 3.

30 - 45 pontos - É muito provável que você tenha problemas ou características tipo 3 ou um pai tipo 3.

45 - 60 pontos - É muito provável que você tenha um componente 3.

60 - 75 pontos - É muito provável que você seja do tipo 3 (mas você pode ser outro tipo se você achar muito limitado).

É bem possível que os tipos 3 já estejam identificados erroneamente como tipos 5, 1 ou 8.

Os tipos 8, 7 e 9 são muito propensos a se identificar erroneamente como tipo 3.

Afirmações para Eneatipo 4 - O Individualista

1. Muitos me consideram uma pessoa enigmática, difícil e contraditória, e eu gosto disso em mim!
2. Eu costumo ficar obcecado com meus sentimentos negativos por algum tempo antes de me libertar deles.
3. Normalmente, me sinto sozinho, mesmo quando estou com amigos.
4. Se eu sou criticado ou mal compreendido, eu costumo me aproximar de mim mesmo e ficar irritado.
5. Tenho dificuldade em participar de projetos se não tiver controle criativo.
6. Eu costumo não seguir regras ou expectativas porque eu quero colocar meu selo especial em tudo que eu faço.
7. Para muitos padrões, sou bastante dramático e temperamental.
8. Eu costumo passar um bom tempo imaginando situações e conversas que não necessariamente ocorreram.
9. Anseio por alguém me resgatar e me tirar de toda essa monotonia.
10. Quando as coisas ficam difíceis, eu tendo a desmoronar e desistir; talvez eu jogue a toalha muito facilmente.
11. Sou capaz de perdoar quase tudo, exceto mau gosto.
12. Normalmente não gosto de trabalhar muito perto dos outros.
13. Conhecer a mim mesmo e ser fiel às minhas necessidades emocionais têm sido motivações muito importantes para mim.
14. Não gosto de assumir ordens de comando ou obedecer.
15. Estou muito ciente das minhas intuições, se tenho ou não coragem para segui-las.

Some os pontos das quinze declarações para o tipo 4. Seu resultado será entre 15 e 75 pontos. As seguintes diretrizes podem ajudá-lo a descobrir ou confirmar seu tipo de personalidade.

15 pontos - Você provavelmente não é um cara reservado (não 4, não 5, não 9).

15 - 30 pontos - Você provavelmente não é tipo 4.
30 - 45 pontos - É muito provável que você tenha problemas ou características tipo 4 ou um pai tipo 4.
45 - 60 pontos - É muito provável que você tenha um componente 4.
60 - 75 pontos - É muito provável que você seja tipo 4 (mas você pode ser outro tipo se você achar muito limitado).

É bem possível que os tipos 4 sejam erroneamente identificados como tipo 2, 1 ou 9.

Os tipos 1, 6 e 5 são muito propensos a se identificar erroneamente com tipo 4.

Afirmações para Eneatipo 5 - O Pesquisador

1. Gosto de aprofundar as coisas, e estudo os detalhes cuidadosamente até entender o melhor possível.
2. Eu sou uma pessoa muito reservada, eu não deixo muitas pessoas entrarem no meu mundo.
3. Eu não me sinto muito importante ou poderoso, um pouco pequeno e invisível: eu seria um bom espião!
4. Se outros soubessem as coisas, acho que na maioria das vezes pensariam que sou louco.
5. Só por ter a informação certa, você pode tomar uma decisão racional, mas, é claro, a maioria das pessoas não são muito racionais.
6. Minha família me acha algo estranho ou excêntrico; com certeza me disseram que eu devo sair mais.
7. Falo bastante quando quero, mas na maioria das vezes prefiro observar a loucura ao meu redor.
8. Se um problema tem que ser resolvido, deixe-me trabalhar sozinho e eu vou sair com a resposta.
9. Pensando bem, não é possível ser mais estranho do que aqueles que se comportam normalmente.
10. Eu costumo levar muito tempo para aperfeiçoar os projetos em que trabalho.
11. A maioria das pessoas são incrivelmente ignorantes, é assombroso que algo funcione.
12. Eu sei muito sobre muitas coisas, e em alguns campos eu me considero um especialista.

13. Estou muito curioso e gosto de investigar por que as coisas são do jeito que são; mesmo as coisas óbvias não são tão óbvias se você olhar bem para elas.
14. Minha mente é tão veemente e ativa que às vezes me parece que está queimando.
15. Eu me concentro tanto no que faço que normalmente não percebo o passar do tempo.

Some os pontos das quinze afirmações para o tipo 5. Seu resultado será entre 15 e 75 pontos. As seguintes diretrizes podem ajudá-lo a descobrir ou confirmar seu tipo de personalidade.

15 pontos - Você provavelmente não é um cara reservado (não 4, não 5, não 9).
15 - 30 pontos - Você provavelmente não é tipo 5.
30 - 45 pontos - É muito provável que você tenha problemas ou características tipo 5 ou um pai tipo 5.
45 - 60 pontos - É muito provável que você tenha um componente 5.
60 - 75 pontos - Você é muito provável que seja tipo 5 (mas você pode ser outro tipo, se você achar muito limitado).

É bem possível que os tipos 5 sejam erroneamente identificados como tipo quatro, seis ou um.

Os tipos 9, 3 e 1 são muito propensos a identificar erroneamente como Tipo 5.

Afirmações para Eneatipo 6 - O Leal

1. Sou atraído pela autoridade, mas ao mesmo tempo eu desconfio dela.
2. Sou muito emotivo, mas não costumo mostrar meus sentimentos, exceto aos meus íntimos, e até mesmo a eles, nem sempre.
3. Se eu cometer um erro, temo que todos me critiquem imediatamente.
4. Eu me sinto mais seguro fazendo o que é esperado de mim do que agindo por conta própria.
5. Você pode nem sempre concordar com as regras, e você pode nem sempre as seguir, mas eu quero conhecê-las.
6. Eu costumo ter fortes primeiras impressões sobre as pessoas, e eu tenho dificuldade em mudá-las.

7. Há algumas pessoas que eu realmente admiro, elas são meio que heróis para mim.
8. Não gosto de tomar grandes decisões, mas certamente não quero que outra pessoa as faça por mim.
9. Algumas pessoas me consideram muito inquieto e nervoso, mas eles não sabem nem metade!
10. Eu sei o quanto de confusão eu provoco, então acho lógico desconfiar do que os outros pretendem.
11. Quero confiar nas pessoas, mas costumo me surpreender desconfiando de seus motivos.
12. Eu sou um trabalhador, realmente: eu não paro até terminar um trabalho.
13. Quando tenho que tomar uma decisão importante, consulto a opinião das pessoas em quem confio.
14. É muito estranho: eu posso ser cético, até mesmo cínico, sobre todos os tipos de coisas, e de repente eu me deixo ser totalmente enganado por algo.
15. Ansiedade pode ser meu segundo sobrenome.

Somando os pontos das quinze declarações para o tipo 6. Seu resultado será entre 15 e 75 pontos. As seguintes diretrizes podem ajudá-lo a descobrir ou confirmar seu tipo de personalidade.

15 pontos - Você provavelmente não é um cara submisso (não 1, não 2, não 6).
15 - 30 pontos - Você provavelmente não é o tipo 6.
30 - 45 pontos - Você é muito provável que tenha problemas ou características tipo 6 ou um pai tipo 6.
45 - 60 pontos - Você provavelmente tem um componente 6.
60 - 75 pontos - Você é muito provável que seja tipo 6 (mas você pode ser outro tipo se você defini-lo muito limitado).

É bem possível que os tipos 6 sejam erroneamente identificados como tipo 4, 8 ou 1.

Os tipos 2, 5 e 1 são muito propensos a se identificar erroneamente como Tipo 6.

Afirmações para o Eneatipo 7 - O Entusiasta

1. Adoro viajar e descobrir diferentes tipos de comidas, pessoas e experiências, todo o fabuloso turbilhão da vida!
2. Minha agenda geralmente está cheia, e eu gosto assim: a grama não vai crescer sob meus pés.
3. O importante para mim é a emoção e variedade, não o conforto ou a cautela, embora eu aproveite os confortos sempre que os encontro.
4. Minha mente não para de tagarelar, às vezes me parece que estou pensando em dez coisas ao mesmo tempo.
5. Uma coisa que não suporto é o tédio, e tento nunca me entediar.
6. Eu fico muito comprometido quando estou em um relacionamento, mas quando acaba, eu passo para outra coisa.
7. Sou curioso e arriscado; geralmente sou o primeiro entre meus amigos a tentar algo novo e interessante.
8. Quando não gosto mais de uma atividade, paro de fazer.
9. Eu não sou apenas uma "pessoa divertida", eu também tenho o meu lado sério, mesmo escuro, embora eu realmente não goste de ir lá.
10. Sou bom em geral, não tanto nos detalhes; gosto de ter muitas ideias mais do que cuidar de colocá-las em prática.
11. Quando eu realmente quero algo, eu geralmente acho uma maneira de obtê-lo.
12. As coisas me derrubam de vez em quando, mas muito em breve eu levanto minha cabeça.
13. Um dos meus principais problemas é que eu me distraio facilmente e me disperso demais.
14. Eu costumo gastar mais dinheiro do que eu provavelmente deveria.
15. Adoro estar com as pessoas, desde que queiram ir aonde eu for.

Adicione os pontos das quinze declarações para o tipo 7. Seu resultado será entre 15 e 75 pontos. As seguintes diretrizes podem ajudá-lo a descobrir ou confirmar seu tipo de personalidade.

15 pontos - Você provavelmente não é um cara combativo (não 3, nem 7, não 8).
15 - 30 pontos - Você provavelmente não é do tipo 7.
30 - 45 pontos - Você é muito provável que tenha problemas ou características tipo 7 ou um pai tipo 7.
45 - 60 pontos - Você provavelmente tem um componente 7.

60 - 75 pontos - Você é muito provável que seja tipo 7 (mas você pode ser outro tipo se você o defini-lo muito limitado).

É bem possível que os tipos 7 sejam erroneamente identificados como tipo 2, 4 ou 3.

Os tipos 9, 3 e 2 são muito propensos a se identificar erroneamente como tipo 7.

Afirmações para Eneatipo 8 - O Desafiador

1. Sou extraordinariamente independente e não gosto de depender de ninguém para o que preciso.
2. Eu acho que você tem que "quebrar alguns ovos para fazer uma omelete".
3. Quando amo as pessoas, as considero "meu povo" e sinto a necessidade de cuidar de seus interesses.
4. Eu sei como obter resultados, eu sei como recompensar e incitar as pessoas a fazer as coisas.
5. Não sinto muita compaixão pelos fracos e indecisos: a fraqueza só atrai problemas.
6. Tenho força de vontade e não desisto ou recuo facilmente.
7. Não há nada que me deixe mais orgulhoso do que ver alguém que eu tomei sob minha proteção começar a andar por conta própria.
8. Eu tenho um lado terno, até mesmo algo sentimental, que eu mostro para poucas pessoas.
9. As pessoas que me conhecem me agradecem por falar francamente com elas e dizer-lhes exatamente o que eu penso.
10. Eu tive que trabalhar duro por tudo que eu tenho. Acho que as dificuldades são boas porque o fortalecem e fazem-no ter consciência do que você deseja.
11. Eu me considero um desafiador, alguém que tira as pessoas de sua zona de conforto para fazer tudo o que são capazes de fazer.
12. Meu senso de humor é prosaico, até rude às vezes, embora eu ache que a maioria das pessoas são muito medrosas e sensíveis.
13. Sou capaz de explosões violentas de raiva, mas elas passam.
14. Sinto-me mais vivo quando faço o que os outros acham impossível. Gosto de correr riscos e ver se sou capaz de superar os perigos.
15. Normalmente alguém tem que viver uma situação desvantajosa, e não quero ser eu.

Somando os pontos das quinze declarações para o tipo 8. Seu resultado será entre 15 e 75 pontos. As seguintes diretrizes podem ajudá-lo a descobrir ou confirmar seu tipo de personalidade.

15 pontos - Você provavelmente não é um cara combativo (não 3, nem 7, não 8).
15-30 pontos - Você provavelmente não é tipo 8.
30-45 pontos - Você é muito provável que tenha problemas ou características tipo 8 ou um pai tipo 8.
45-60 pontos - Você provavelmente tem um componente 8.
60-75 pontos - Você é muito provável que seja tipo 8 (mas você pode ser outro tipo se você achar muito limitado).

É bem possível que os tipos 8 sejam erroneamente identificados como tipo 7, 6 ou 4.

Os tipos 6, 3 e 7 são muito propensos a se identificar erroneamente como tipo 8.

Afirmações para Eneatipo 9 - O Pacificador

1. Parece que o que as pessoas gostam em mim é que elas se sintam seguras ao meu lado.
2. Eu não me importo em estar com as pessoas, nem me importo em ficar sozinho; qualquer coisa me serve bem, desde que eu esteja em paz comigo mesmo.
3. Encontrei um certo equilíbrio na minha vida, e não vejo razão para estragá-lo.
4. Ser "confortável" em todos os sentidos da palavra me atrai muito.
5. Prefiro desistir a montar uma cena.
6. Não sei exatamente como faço, mas não me permito ficar deprimido com as coisas.
7. Sou muito fácil de agradar e geralmente acho que o que tenho é suficiente para mim.
8. Disseram-me que pareço distraído. A verdade é que eu entendo as coisas, mas eu não quero reagir a elas.
9. Não me considero teimoso, mas me dizem que fico muito teimoso após tomar uma decisão.

10. Muitas pessoas ficam frenéticas muito facilmente. Sou muito mais equilibrado.
11. Você tem que aceitar o que a vida traz, já que de qualquer maneira não há muito que possa ser feito sobre isso.
12. É fácil para mim entender diferentes pontos de vista e eu tendo mais a concordar do que a discordar das pessoas.
13. Prefiro enfatizar o positivo ao invés de insistir no negativo.
14. Eu tenho o que você pode chamar de uma filosofia de vida que me guia e me dá tanto conforto em tempos difíceis.
15. Durante o dia, eu faço tudo o que há para fazer, mas quando o dia acaba eu sei como relaxar e levar as coisas com calma.

Somando os pontos das quinze declarações para o tipo 9. Seu resultado será entre 15 e 75 pontos. As seguintes diretrizes podem ajudá-lo a descobrir ou confirmar seu tipo de personalidade.

15 pontos - Você provavelmente não é um cara retraído (não 4, não 5, não 9).
15 - 30 pontos - Você provavelmente não é o tipo 9.
30 - 45 pontos - Você é muito provável que tenha problemas ou características tipo 9 ou um pai tipo 9.
45 - 60 pontos - Você provavelmente tem um componente 9.
60 - 75 pontos - Você é muito provável que seja tipo 9 (mas você pode ser outro tipo se você o defini-lo muito limitado).

É bem possível que os 9 sejam erroneamente identificados como tipo 2, 5 ou 4. Os tipos 6, 2 e 7 são muito propensos a se identificar erroneamente como tipo 9.

Referências

AGÜERA, Enrique. *Liderazgo y compromiso social.* México: BUAP, 2004.

ARANJUEZ, Miguel Ángel. *El Otro Yo*. São Paulo: Editora PoloBooks, 2005.

ASSAD, Alessandra. Liderança tóxica. Rio de Janeiro: Editora Alta Books, 2017.

BARÓN, L.; ROTUNDO, G. Z Los sesgos cognitivos: de la psicología cognitiva a la perspectiva cognitiva de la organización y su relación con los procesos de toma de decisiones gerenciales. *Ciencia y Sociedad*, 43(1), 31-48, 2018.

BAUMAN, Z. *Vida líquida*. Rio de Janeiro: Jorge Zahar Editora, 2007.

BENNIS, Warren G. *On Becoming a Leader*. Perseus Publishing, Cambridge Mass, 2003.

BERK, L.; TAN, S.; FRY, W.; NAPIER, B.; LEE, W.; HUBBARD, R.; LEWIS, J.; EBY, W. Neuroendrocrine and stress hormone changes during mirthful laughter. American Journal of the Medical Sciences, 298 (6), 390-396, 1989.

BERMÚDEZ, Y.; ECHEVERRI, C.; MÚNERA, B.; OSORIO, A. *Gerenciamiento de la felicidad*. Disponível em: http://bibliotecadigital.usb.edu.co/handle/10819/2780. Acesso em jul. 2014.

BIOCONSTRUÇÃO. Disponível em: https://www.projetou.com.br/posts/bioconstrucao-principais-tecnicas/

BRASIL. Ministério do Trabalho e Emprego. Empresas brasileiras terão que avaliar riscos psicossociais a partir de 2025. Ministério do Trabalho e Emprego. Notícias e Conteúdo, 29 nov. 2024. Disponível em: https://www.gov.br/trabalho-e-emprego/pt-br/noticias-e-conteudo/2024/Novembro/empresas-brasileiras-terao-que-avaliar-riscos-psicossociais-a-partir-de-2025. Acesso em: 20 mar. 2025.

BROWN, Brené. A coragem para liderar. Tradução de Carolina Leocadio. Rio de Janeiro: Editora Best Seller, 2019.

CAPRA, F. As conexões ocultas: ciência para uma vida sustentável. São Paulo: Editora Cultrix, 2005.

CARNEGIE, Dale. Como fazer amigos e influenciar pessoas. Tradução de Lívia de Almeida. Rio de Janeiro: Editora Sextante, 2019.

CEBDS. Conselho Empresarial Brasileiro para o Desenvolvimento Sustentável. Guia da Comunicação e da Sustentabilidade, 2010. Disponível em: http://www.communita.com.br/assets/23_guia-decomunicacao-e-sustentabilidade_cebds.pdf.

CLARKE, BOYD & RON CROSSLAND. The Leader's Voice: How Communication Can Inspire Action and Get Results! Select Books, Nova Iorque, 2002.

FORBES. Como identificar problemas de saúde mental na sua equipe. Disponível em: https://forbes.com.br/carreira/2022/08/comoidentificar-problemas-de-saude-mental-na-sua-equipe

CONCHA, D., RAMÍREZ, M. Á. B., CUADRA, I. G., ROVIRA, D. P., & RODRÍGUEZ, A. F. Sesgos cognitivos y su relación con el bienestar subjetivo. Salud & Sociedad, 3(2), 115-129, 2012.

CRESPO, C. MARCHÁN, A. La relación entre la felicidad laboral y la responsabilidad social corporativa. Tese de Licenciatura em Psicologia, Psicologia Universidad San Francisco de Quito, Colegio de Artes Liberales; Quito, Equador.

DIMITRIADIS, NIKOLAOS E PSYCHOGIOS, Alexandros. Como liderar pessoas e empresas para o sucesso. São Paulo: Editora Universo dos Livros, 2021.

FELLIPELI, Adriana. Autoconhecimento para um mundo melhor. Rio de Janeiro, Editora Alta Life.

FERRADO, Mónica. Jefes Tóxicos, Alicante. Revista El País, Sección salud.

FREY, B. STUTZER, A. What can economists learn from happiness research? Journal of Economic Literature, 40(2), 402-435, 2002.

FURNHAM, Adrian. The Incompetent Manager. Londres, Whurr Publishers Ltd., 2004.

GOLEMAN, Daniel. Emotional Intelligence.Nueva York: Bantam Books, 2005.

GLOBAL_HUMAN_Spaces_Report_pt_BR – Artigo The Global Impact of Biophilic Design in the Workplace.

HOFFMAN, Reid & CASNOCHA, Ben. Comece por você: adapte-se ao futuro, invista em você e transforme a sua carreira. Tradução de Ana Gabriela Dutra. Rio de Janeiro: Editora Alta Books, 2019.

ISEN, A.M. Some ways in which positive affect influences decision making and problem solving" (abstract). Disponível em: http://psycnet.apa.org/psycinfo/2008-07784-034.

KAHNEMAN, D. DIENER, E. SCHWARZ, N.Well-being. Foundations of hedonic psychology. Russell Sage Foundation, 1999.

KELLERMAN, Barbara. Bad Leadership: What It Is, How It Happens, Why It Matters. Boston: Harvard Business Press, 2004.

KIM, Scott. Empatia Assertiva: como ser um líder incisivo sem perder a humanidade. Tradução de Cristina Yamagami. Rio de Janeiro: Editora Alta Books, 2021.

KLEIN, Gary A. Intuition at Work: Why Developing Your Gut Instincts Will Make You Better at What You Do. Nova Iorque: Doubleday Publishing, 2004.

LAWLER, Edward E. &&WORELY, Christopher. Built to Change: How to Achieve Sustained Organizational Effectiveness. San Francisco: Jossey Bass Publishers, 2006.

LENT, Roberto. Neurociência da mente e do comportamento. Rio de Janeiro, Editora Guanabara Koogan, 2008.

MACKEY, JOHN & SISODIA, Raj. Capitalismo consciente: como libertar o espírito heroico dos negócios. Tradução de Raj Sisodia. Rio de Janeiro, Editora Alta Books, 2018.

MAXWELL, John C. O líder 360°. Tradução de Valéria Lamim Delgado Fernandes. São Paulo: Editora Thomas Nelson Brasil, 2015.

MORENO, Jaime. Liderazgo Tóxico: Consecuencias para las Organizaciones, Revista Puce, (93), 297-317, 2011.

PASCALE, Richard Tanner; Millemann, Mark & Gioja, Linda. Surfing the Edge of Chaos: The Laws of Nature and the New Laws of Business. Nova Iorque: Crown Publishers, 2000.

PORTAL EKKO GREEN.GREEN. Permacultura: o que é e como beneficia a natureza. Disponível em: https://ekkogreen.com.br/permacultura/. Acesso em 8.4.2022.

REVISTA DINERO. El secreto para construir el lugar de trabajo perfecto. Revista Dinero, outubro de 2015. Disponível em: http://www.dinero.com/empresas/articulo/como-tener-lugar-perfecto-para-tranajar/207536

Revista Dinero, outubro de 2015. Disponível em: http://www.dinero.com/empresas/articulo/como-tener-lugar-perfectopara-tranajar/207536

Comprendiendo el Eneagrama. España: Editorial Cuatro Vientos, 2011.

RISO, Don Richard & Russ. Nueva York: Disponível em: www.internationalenneagram.org. España, 2011.

RISO, Don Richard & HUDSON, Russ. The Wisdom of the Enneagram: The Complete Guide to Psychological and Spiritual Growth for the Nine Personality Types, Nueva York: Bantam Books, 1999. Disponível em: www.internationalenneagram.org

ROCHA, Alfredo. Quem lidera prospera: o guia definitivo para gerar resultado e se tornar um líder de sucesso. São Paulo: Editora Academia, 2020.

RODRÍGUEZ, Juan Manuel Liderazgo. Estudios en la Universidad de Ohio, El Ergonomista (en línea), Galicia, 2002. Disponível em: http://www.elergonomista.com/lidohio.html.

RODRÍGUEZ, Julio. El Jefe Tóxico (en línea). Madrid, 2010. Disponível em: http://juliorodriguezdiaz.wordpress.com/2010/07/21/eljefe%C2%A0toxico/. 2010.

SELIGMAN, M. Flourish: a visionary new understanding of happiness and wellwell-being. Nova Iorque: Free Press Publisher, 2012.

TVERSKY, A. & KAHNEMAN, D. Availability: a heuristic for judging frequency and probability. Cognitive Psychology, 5, 207-232, 1973.

ZAMORA, Angélica (2008). El síndrome de *burnout*, Geosalud (en línea). San José. Disponível em: http://geosalud.com/Salud_Mental/*burnout*.htm

“Se eu, se tu, se nós deixarmos de SE e passarmos a conjugar o FAÇO eu, FAZES tu, FAZEMOS nós, em pequenas ações, conjugaremos o lindo verbo CUIDAR; cuidado este de mim, de ti, de todos e do PLANETA. Essa é a LÓGICA!”

Cláudia Barros